# 后发制造企业低端颠覆创新的理论与案例研究

刘美玲　著

ZHEJIANG UNIVERSITY PRESS
浙江大学出版社
·杭州·

**图书在版编目（CIP）数据**

后发制造企业低端颠覆创新的理论与案例研究 / 刘
美玲著. —杭州：浙江大学出版社，2022.12
ISBN 978-7-308-23366-8

Ⅰ.①后… Ⅱ.①刘… Ⅲ.①制造工业－企业发展－
研究－中国 Ⅳ.①F426.4

中国版本图书馆 CIP 数据核字（2022）第 235337 号

后发制造企业低端颠覆创新的理论与案例研究

刘美玲　著

| | | |
|---|---|---|
| 责任编辑 | 杜希武 | |
| 责任校对 | 董雯兰 | |
| 封面设计 | 刘依群 | |
| 出版发行 | 浙江大学出版社 | |
| | （杭州市天目山路 148 号　邮政编码 310007） | |
| | （网址：http://www.zjupress.com） | |
| 排　　版 | 杭州好友排版工作室 | |
| 印　　刷 | 杭州杭新印务有限公司 | |
| 开　　本 | 710mm×1000mm　1/16 | |
| 印　　张 | 15.5 | |
| 字　　数 | 254 千 | |
| 版 印 次 | 2022 年 12 月第 1 版　2022 年 12 月第 1 次印刷 | |
| 书　　号 | ISBN 978-7-308-23366-8 | |
| 定　　价 | 69.00 元 | |

# 前　言

　　制造业是国民经济的物质基础和产业主体,是富民强国之本,是国家科技水平和综合实力的重要标志,是在新科技革命条件下实现科技创新的主要舞台。制造业是国家国际竞争力的重要体现,是目前世界产业转移和调整的承接主体,决定着一个国家在经济全球化格局中的国际分工地位。改革开放以来,我国制造企业产业规模不断壮大,但大多数企业处于全球制造业价值链低端的劳动密集型制造环节,利润率低,主要竞争优势是低成本,并且在基础能力方面对外依赖度仍旧较高。2018 年,习近平总书记在两院院士大会上提出"以关键共性技术、前沿引领技术、现代工程技术、颠覆性技术创新为突破口",[①]将颠覆性技术创新正式纳入国家宏观战略,并将其作为实现创新驱动、建设世界科技强国的重要手段。

　　颠覆性创新最早由美国哈佛大学教授克里斯坦森提出。他认为颠覆性创新是一种"发端于非主流的低端市场或新市场,通过技术的不断进步和发展,逐步削弱主流市场产品和技术的竞争力,最终侵蚀甚至取代现有产品或产业"的技术创新过程。从国家层面而言,颠覆性创新通过技术突袭打破发达国家对于核心技术的垄断,对于提升国家自主创新优势、引领经济的高质量发展具有重要的战略价值。在当前的市场背景下,颠覆性创新已成为在非对称战略对比下取胜的关键,这种创新范式改变了顾客与供应商的关系,重塑了市场结构,取代了当下的产品。历史证实世界经济中心的每一次转

---

　　① 2018 年 5 月 28 日,习近平出席中国科学院第十九次院士大会、中国工程院第十四次院士大会上讲话。

移都发生于科技革命的高潮,后发市场企业凭借科技上的颠覆性创新可以改变整个产业竞争格局,甚至开辟全新市场。

近年来,中国制造业的创新步伐明显加快。工信部发布数据显示,我国制造业研发投入强度从 2012 年的 0.85％增加到 2021 年的 1.54％,规上工业企业新产品收入占业务收入比重从 2012 年的 11.9％提高到 2021 年的 22.4％。在此过程中,以华为、大疆、吉利等为代表的一批后发企业颠覆传统产品、技术乃至商业模式,企业迅速崛起,市场地位和竞争实力不断提升,实现了从追赶者向领先者的身份转变。业界的实践和反馈表明,颠覆性创新正引起越来越多企业的重视,并逐渐成为后发企业实施创新追赶的重要途径和手段,颠覆性创新也成为学界关注的新方向。基于此,本研究以后发制造企业颠覆性创新为研究对象,通过质性案例研究,厘清创新外部环境(宏观政策、市场环境、技术变迁等)、企业创新内外部影响因素(创新网络、全球生产网络、企业家精神、动态能力、价值网络、企业合法性、企业家政治能力等)在后发企业颠覆性创新活动中的作用,揭示后发企业实现颠覆性创新的机制和规律,进而为其他制造企业创新战略制定提供理论参考和借鉴。

作者

2022 年 9 月

# 目　　录

# 第1章 绪 论

后发经济体的大多数企业处于全球制造业价值链低端的劳动密集的制造环节,利润率低,主要竞争优势是低成本,并且在基础能力方面对外依赖度仍旧较高。这些企业想要超越就必须投资高端、前沿的技术,通过另辟蹊径布局低端市场或开发新产品,从低端积累优势进而突破高端市场来超越在位企业,实现赢得市场的颠覆性创新战略。这种创新范式改变了顾客与供应商的关系,重塑了市场结构,取代了当下的产品,也让颠覆性技术成为新的主导标准。历史证实世界经济中心的每一次转移都发生于科技革命的高潮,后发经济体凭借科技上的颠覆性创新可以改变整个产业竞争格局,甚至开辟全新市场。

## 1.1 研究背景

### 1.1.1 颠覆式创新是国家创新驱动战略的重要组成

颠覆性创新是一种另辟蹊径,对已有传统或主流技术途径产生整体或根本性替代效果的创新方式。回顾历史,颠覆性创新作为把握科技和产业变革的重要抓手,在历次工业革命都发挥了重要的推动作用,成为各国战略布局的重点。譬如,在第二次工业革命之前,以英国为首的西欧国家完成了工业化的进程,虽然美国和德国受到英国的影响,引进了蒸汽机,但仍处于

1

模仿阶段,工业化进程还远远落后于英国。为了进一步提高生产力,努力赶超英法,新技术的创新需要有更高要求,为此德国和美国尤其重视引进科学研究,而英国由于第一次工业革命带来巨大的生产力,热衷于开拓海外殖民地,资本偏好于海外殖民地的开拓,不愿意在技术上进行再投资,这为德国和美国的技术赶超提供了良机。同期,德国发明了发电机,美国人发明了电报、电话、电车等。通过持续不断的创新,电气技术突破发展,引领"工业时代"步入了"电气时代",美国和德国也在此过程中崛起,成为世界强国。

党的十九大报告提出,要加强应用基础研究。创新是引领发展的第一动力,要突出关键共性技术、前沿引领技术、现代工程技术、颠覆性技术创新,为建设科技强国、质量强国、网络强国、交通强国、数字中国、智慧社会提供有力支撑。当前,以新一代信息技术与制造业深度融合为特征的第四次工业革命蓄势待发,大量颠覆性技术不断涌现,推动新产业、新业态、新模式、加速迭代。颠覆性创新不仅是企业获取竞争优势的关键途径,也是重塑产业格局的重要驱动力。有效把握颠覆性创新的产生与演进规律,敏锐识别、捕捉、培育到关系经济社会发展、对国防和军队建设具有战略影响的颠覆性技术,营造适合颠覆性创新技术发展的政策环境,有利于我国加快抢占国际竞争制高点,奠定在世界竞争格局中的优势地位。

## 1.1.2 颠覆式创新是制造业提升行业竞争力的重要手段

制造业是国民经济高速发展的发动机,是以信息化带动和加速工业化的主导产业,也是发挥后发优势、实施跨越战略的中坚力量,是在新科技革命条件下实现科技创新的主要舞台。强大的制造业是国家国际竞争力的重要体现,是目前世界产业转移和调整的承接主体,决定着一个国家在经济全球化格局中的国际分工地位。近年来,制造业领域涌现了一批以数字经济为特征的新业态、新模式,不断扩容就业"蓄水池",在一定程度上充分彰显出其吸纳就业主战场优势。从数据上看,自 2001 年起,中国加入世贸组织以来,我国制造业对 GDP 的贡献份额约占 1/3。制造业总产值从 2001 年的 33047.2 亿元增长到 2021 年的 313365.6 亿元,2021 年,我国 GDP 总量为 1143670 亿元,其中制造业增加值达 313365.6 亿元,拉动经济增长 2.2 个百分点,对经济增长的贡献为 27.2%(详见表 1-1)。同期,2021 年第二产业就业人数达到 21723 万人,占比 29.1%。我国制造业增加值占全球比重从 2012 年的 22.5% 提高到 2021 年的近 30%,持续保持世界第一制造大国地位。

表 1-1  制造业产值情况及第二产业就业人数情况

| 年份 | 制造业总产值/亿元 | 制造业所占 GDP 比重/% | 第二产业就业人数/万人 | 第二产业就业人数占总就业人数占比/% |
|------|------|------|------|------|
| 2001 年 | 33047.2 | 30.1 | 16234 | 22.3 |
| 2002 年 | 34900.7 | 29.0 | 15682 | 21.4 |
| 2003 年 | 41520.1 | 30.6 | 15927 | 21.6 |
| 2004 年 | 51748.5 | 32.4 | 16709 | 22.5 |
| 2005 年 | 60118.0 | 32.8 | 17766 | 23.8 |
| 2006 年 | 71212.9 | 33.6 | 18894 | 25.2 |
| 2007 年 | 87464.8 | 32.9 | 20186 | 26.8 |
| 2008 年 | 102539.5 | 32.7 | 20553 | 27.2 |
| 2009 年 | 110118.5 | 32.3 | 21080 | 27.8 |
| 2010 年 | 130325.0 | 32.5 | 21842 | 28.7 |
| 2011 年 | 156456.8 | 32.0 | 22544 | 29.5 |
| 2012 年 | 169806.6 | 31.4 | 23241 | 30.3 |
| 2013 年 | 181867.8 | 30.6 | 23170 | 30.1 |
| 2014 年 | 195620.3 | 30.4 | 23099 | 29.9 |
| 2015 年 | 199436.0 | 29.0 | 22693 | 29.3 |
| 2016 年 | 209508.9 | 28.1 | 22350 | 28.8 |
| 2017 年 | 233876.5 | 28.1 | 21824 | 28.1 |
| 2018 年 | 255937.2 | 27.8 | 21390 | 27.6 |
| 2019 年 | 269175.0 | 27.2 | 21305 | 27.5 |
| 2020 年 | 265944.0 | 26.18 | 22539 | 29.58 |
| 2021 年 | 313365.6 | 27.4 | 21723 | 29.1 |

资料来源:根据历年国家统计公报数据整理而得。

当前,全球经济发展趋势的急剧变化以及中美"贸易摩擦"持续升级使得越来越多的中国企业聚焦于颠覆式创新,重新思考如何实现"弯道超车"和打破技术封锁的创新之路。我国制造产业创新能力不强、关键核心技术受制于人、产业共性技术供给不足、创新成果产业化不畅的问题依然存在,现有的制造业创新体系已难以适应经济社会发展需要,亟须在发挥已有各类创新载体作用的基础上,围绕产业链部署创新链,围绕创新链完善资金链,瞄准制造业发展薄弱环节,打造高水平有特色的国家制造业创新平台和网络,形成以制造业创新中心为核心节点的制造业创新体系,为推动我国制造业向价值链中高端跃升提供有力支撑。

### 1.1.3 颠覆式创新是后发制造企业实现追赶超越的重要路径

随着全球经济增速放缓,创新成为各国竞争的焦点。面对跨国公司强大的技术实力和市场优势,中国后发企业正面临着前所未有的竞争压力,企业创造新技术、新市场、新模式和新制度等,成为推动技术创新和产业升级的关键力量。党的十八大以来,我国陆续出台了"发展引领产业变革的颠覆性技术"和"突出颠覆性技术创新"等重要举措。当前,随着新一轮科技革命和产业变革加速演进,颠覆性创新及其成果的应用呈现指数级的加速态势。新时代背景下,我国企业被赋予牵引、整合颠覆性创新的使命。颠覆性创新不仅是企业获取竞争优势的关键途径,也是重塑产业格局的重要驱动力。

近年来,中国制造向中国创造迈进的步伐明显加快。从创新投入看,我国制造业研发投入强度从 2012 年的 0.85% 增加到 2021 年的 1.54%,其中,专精特新"小巨人"企业的平均研发强度达到 10.3%,570 多家工业企业入围全球研发投入 2500 强。从创新结果看,规上工业企业新产品收入占业务收入比重从 2012 年的 11.9% 提高到 2021 年的 22.4%,大国重器亮点纷呈,"蛟龙"潜海、双龙探极、C919 试飞、"嫦娥"揽月、"北斗"组网、"九章"问世,一大批重大标志性创新成果引领中国制造业不断攀上新的高度。在此过程中,以华为、大疆、吉利等为代表的一批后发企业颠覆传统产品、技术乃至商业模式,企业迅速崛起,市场地位和竞争实力不断提升,实现了从追赶者向领先者的身份转变。但与此同时,我国多数企业核心技术受制于人的局面没有从根本上改变,许多后发企业仍处于全球价值链的中低端(魏江等,2017)。例如,在工业机器人领域,高端市场几乎被发那科、安川、库卡、ABB 等企业垄断,多数中国企业只能在中低端市场赚取微薄的利润;基础零部件、基础工艺、基础材料等"三基"领域技术发展水平的滞后也使得中国企业的后发追赶之路走得愈发艰难,"缺芯"之痛更是长期制约了中国 ICT企业的发展,2017 年的华为危机、2018 年的中兴危机,都给中国企业敲响了警钟。

当今世界正经历百年未有之大变局,以数字技术为代表的新一轮科技革命和产业变革加速演进,颠覆性创新不断涌现,为后发经济体实现产业赶超提供了机会窗口。业界实践和反馈也表明,颠覆性创新正引起越来越多企业的重视,并逐渐成为后发企业实施创新追赶的重要途径和手段。基于此,本研究拟在颠覆式创新、后发追赶、创新战略等理论基础上,以后发制造企业颠覆性创新为研究对象,通过质性案例研究,厘清创新外部环境(宏观政策、市场环境、技术变迁等)、企业创新内外部影响因素(创新网络、全球生产网络、企业家精神、动态能力、价值网络、企业合法性、企业家政治能力等)在后发企业颠覆性创新活动中的作用,揭示后发企业实现颠覆性创新的机制和规律,进而为其他制造企业发展创新战略制定提供理论参考和借鉴。

## 1.2　研究意义

### 1.2.1　进一步深化颠覆性创新理论研究

1997 年,哈佛大学商学院教授 Christensen(克里斯坦森)在《创新者的窘境:当新技术使大公司破产》一书中首次提出了破坏性创新(颠覆式创新)理论,即一些企业通过低廉的价格、便利的服务、不断提升的产品性能逐步侵入非主流市场,继而进一步扩大市场份额,直至在主流市场也处于领先地位的具有极大破坏性的创新活动。不同于持续性创新的"顺势而为",破坏性创新优先选择边缘或空白地带的开拓,利用极具破坏性的技术与商业模式充分提升企业竞争优势,最终摆脱低端而跻身中高端市场(林春培等,

2017）。颠覆性创新研究源自后发追赶理论及产业链升级理论的发展,旨在通过突破路径锁定来降低对原有发展轨道的依赖,进而在新的轨道上占据有利位置,实现后发赶超(Lee,2013;杨桂菊等,2020)。颠覆性技术从边缘市场或者低端市场切入,伴随着以方便、低廉和简洁为要素的基础特征,并随着功能和性能的不断更新迭代与强大完善,取代了现有的技术,形成新市场,以及新市场的价值体系。而随着科学技术的快速进步和科技创新的加速发展,颠覆性创新概念得到广泛应用,从商业领域扩展到国防、军事、工程应用、航空等各个领域,不同学者也从不同视角对颠覆性创新进行内涵界定。

近年来,随着新科技革命和产业革命的不断推进,越来越多的后发企业探索寻求新的发展领域,试图通过颠覆性创新来重构竞争优势并实现企业的跨越式发展(Giachetti 和 Marchi,2017)。国内外学者和机构对颠覆性创新的内涵研究已突破克里斯坦森关于颠覆性技术在商业领域中以低端切入方式破坏现有在位者市场地位的原有定义范畴,研究范围从最初的低端和新市场切入扩展至高端切入,应用范围从最初的市场竞争领域不断扩展至国防及国家科技发展领域,并逐渐发展至国家战略引领的高度。国内学者关于颠覆性创新的这一领域的研究,相关主题文献数量有所增加,但相较于国外仍处于探索阶段。目前,学术界对于颠覆性创新及其概念并未能有统一的、明晰的、本土化的界定,颠覆性创新的理论研究框架还不是很充实,可进一步深入研究。

## 1.2.2 立足中国情境总结后发制造企业创新路径

为实现我国从制造大国向创新大国转变,中国后发企业的转型升级、提高创新能力已经成为重大战略问题。颠覆性创新是国家建设科技强国、提升自主创新能力的重要方式,颠覆性创新价值创造是企业构建竞争优势的关键途径。后发企业在缺乏世界领先的市场资源和技术资源的条件下,仅仅通过内部研发难以获得足够的企业特质以参与国际竞争。同时,相比内部研发而言,新兴经济体背景下制度缺失的存在,使得外部研发合作充满风险。国内企业在出口市场中面临技术和市场的双重竞争劣势,它们属于后发企业范畴,往往通过工艺技术学习与产品技术学习实现竞争优势(吴晓波等,2017),进而提升企业整体实力。

改革开放以来,部分后发企业的发展最早是以技术的引进模仿为起点,并在此基础上不断进行技术的提升和创新,后发企业处于刚起步或者创业的阶段,核心刚性尚未形成或较小(谢福泉,2011),更容易突破刚性约束实现颠覆性创新。这些企业通过创造全新的用户价值,突破现有技术轨道,创造全新的市场和价值体系,以颠覆性创新实现后发追赶及超越。与传统技术的发展轨道相比,颠覆性创新的发展路径是存在明显区别的,并且颠覆性创新能对现有的技术市场产生巨大的破坏力,改变长期发展的技术体制,从而影响社会经济发展。新发展时代下,为增强我国创新实力水平,要及时并迅速地把握颠覆性创新技术发展先机,从而在市场上获得竞争优势。基于此,本研究以中国改革开放特殊情境下后发企业创新为研究对象,通过质性案例研究方法探索研究后发企业颠覆性创新演化与实现问题,并揭示其内在机理。与此同时,通过理论与案例研究,从颠覆性创新的现实需求与突出问题出发,围绕企业颠覆性创新的展开进行深入研究,进一步拓宽、深化学术界对颠覆性创新理论的认识,为企业实施颠覆性创新战略提供理论借鉴与参考,进而促进企业更好地发展颠覆性创新。

## 1.3 研究思路和研究方法

### 1.3.1 相关概念界定

(1)颠覆性创新

颠覆性创新相对渐进性创新而言,其起源于熊彼特的"创造性破坏"思想。颠覆性创新是一种高度非连续性的、具有革命性本质的创新(Tushman 和 Anderson,1986),其旨在引入包含与现有产品不同的技术或比现有技术(产品)能更好满足关键客户需求的新产品(Chandy 和 Tellis,1998),或是将独特、新奇、精妙的技术运用于新的产品,并能显著改变市场消费模式的一种创新。基于已有研究,本书将颠覆性创新定义为"企业在产品、技术、商业模式、过程等方面实施创新,对现有产品(服务)进行重大改进,使产品(服务)的主要性能指标发生重大改变,甚至创造出一种全新的产品有效地改变市场需求,对当前产业结构和市场竞争状态产生巨大影响的创新"。

（2）创新网络

创新网络是创新的组织形式,其本质为基于交互作用而将参与创新的各个行为主体成员的资源关联聚拢于一体的协同网络关系（Lavie 和 Rosenkopf,2010)。基于能力视角,创新的关键在于企业如何获取、整合、配置组织内外部的知识与技能改变技术,从而实现企业战略目标（Hobday等,2004;Tripsas,2007)。在经济全球化背景下,创新网络是指企业超越自身组织边界、在全球范围内参与研发合作、创新资源获取和新技术扩散的动态开放式系统。

（3）机会窗口

恰当时机是企业进入活动社会认同收获市场利润回报的重要前因（长青等,2019)。基于组织市场和社会属性,时机来源于外部环境和内部条件,后发企业换道时机选择是组织内条件对外部环境的应对（徐雨森等,2014)。结构理论认为,组织变革是组织认知对环境结构反思监控下的反思性行动（陈逢文等,2019)。因此,创新变革中机会识别、整合及重构等正是企业基于组织认知所作出的反馈。基于现有理论,外部"机会窗口"影响因素主要包括市场、技术、产业及政策等维度（臧树伟、胡左浩等,2017),考虑到产业包含政策因素,本研究将"机会窗口"归纳为市场、技术和产业时机。

（4）动态能力

随着外部经济环境的复杂化,资源观难以解释动态环境下企业的竞争优势,Teece(1997)最早提出动态能力概念,认为企业核心资源能效发挥离不开动态能力,同时将动态能力分为市场感知、学习吸收和变革重构等三方面能力,奠定了动态能力观的基本研究方向。综合已有研究,动态能力是企业迅速应对环境变化,整合、构建和重新配置内外部资源,提升自身能力进而获取持续竞争力的能力（Sapienza 等,2006;Teece,2007)。

（5）全球生产网络

在全球价值链、全球商品链和生产网络研究基础上,国外学者以 Dicken(2003)、Coe(2004)等人为代表的曼彻斯特大学学派及夏威夷大学的 Ernst(2002)相继提出了全球生产网络的研究框架。跨国公司全球生产网络构建是跨国公司通过对外直接投资在境外建立子公司,从而实现全球研发、生产与营销网络体系。基于现有研究,全球生产网络可分为深度、广度和结构三个维度,网络深度和广度指通过对外直接投资规模扩大获取创新资源的丰裕程度;网络结构通过对外直接投资国别、区域分布使得异质性网络伙伴增加,获取差异化和多元化的信息和资源。

(6)价值网络

价值网络是以用户价值为中心,成员企业利用核心资源和能力互补共同创造和传递价值,通过合作机制和数字化网络所联结起来的价值交换系统。Slywotzky(2002)认为企业生存环境的变化导致了企业价值链、供应链转变为价值网络;Sriniras(1999)等认为价值链作为价值网的基础,多条价值链在成员企业的推动下形成复杂的价值链网络。所以,价值网络是传统价值链的分解与集成。

(7)企业家政治能力

企业家政治能力研究起源于国外对企业政治能力(Dahan,2005)的研究。企业家泛指企业高层中负责企业经营管理、具有影响力的管理者及其组成的团队,包括董事会主席、副主席、CEO、总经理等。现有研究一般认为企业高层领导是企业战略决策的主体,而企业家通常是企业的最高决策权人,属于企业高级领导与管理人员,代表整个组织(赵曙明和孙秀丽,2016)。此外,借鉴已有研究观点,企业情境下的政治能力,是指有效应对政治环境及其中以政府为主体的利益相关者的能力,包括非市场能力。

(8)组织合法性

合法性来源于利益相关者、政府及公众对组织信念的认同,也是组织结构存在的重要基础。关于合法性的构成,从组织视角分为内部和外部合法性,外部合法性涉及社会、政治及商业等多领域是合法性战略的重点(Desa 和 Basu,2013)。合法性绩效有实务(企业层)、道德(法规层)和认知(公众层)三个层次,合法性获取也随层次迁移难度加大(Suchman,1995),目前也是研究中应用较为广泛的观点。根据不同社会情境以及组织资源结构基础,基于组织视角合法性战略研究,合法性策略包括组织声誉、关系及成就传递等,合法性绩效通过实务、道德及认知合法性测度(Zott 和 Huy,2007)。

## 1.3.2 研究思路与方法

(1)研究思路

随着创新管理的研究不断深入,国内外学者分别从创新外部环境(宏观政策、市场环境、技术变迁等)、企业创新内外部影响因素(创新网络、全球生产网络、动态能力、价值网络、企业合法性、企业家政治能力等)等不同视角对现有企业创新实践进行研究。中国作为新兴市场国家,近年来得益于改革开放下体制机制创新,部分后发制造企业在成长发展过程中突破现有技术轨道,创造全新的市场和价值体系,以颠覆性创新实现后发追赶及超越,成为后发企业突破"低端锁定"创新发展的典型和示范。与此同时,颠覆性创新研究虽已取得较大发展,但现有研究并未系统梳理颠覆性创新的动因、内外影响因素,以及颠覆性创新的发展机制和路径规律。

本研究将立足中国后发制造企业低端颠覆性创新特殊情境,研究创新外部环境(宏观政策、市场环境、技术变迁等)、企业创新内外部影响因素(创新网络、全球生产网络、动态能力、价值网络、企业合法性、企业家政治能力等)与后发企业颠覆性创新的关系,构建后发企业颠覆性创新理论研究的系统分析框架。从理论层面看,本研究扎根本土企业创新实践深化颠覆性创新情境,对后发制造企业颠覆性创新追赶等问题进行系统研究,贡献新战略情境下的理论新认知。在实践层面,本研究针对后发企业提供颠覆性创新发展理论依据,为中国后发企业创新战略的制定提供重要启发。本研究的研究思路详见图 1-1。

(2)研究方法

本研究依托知网(CNKI)、维普、中国资讯库(China Inforbank)、EB-SCO 等中外文网络数据库和 Google、百度学术搜索平台,广泛搜集与本研究相关的各类资料文献。根据研究目标、研究内容和拟解决的关键问题,认真研读 ABS 期刊分级目录三星以上相关期刊和国家自然科学基金委管理科学部认定的权威期刊,对有关的各种理论进行梳理,对主要理论产生和运

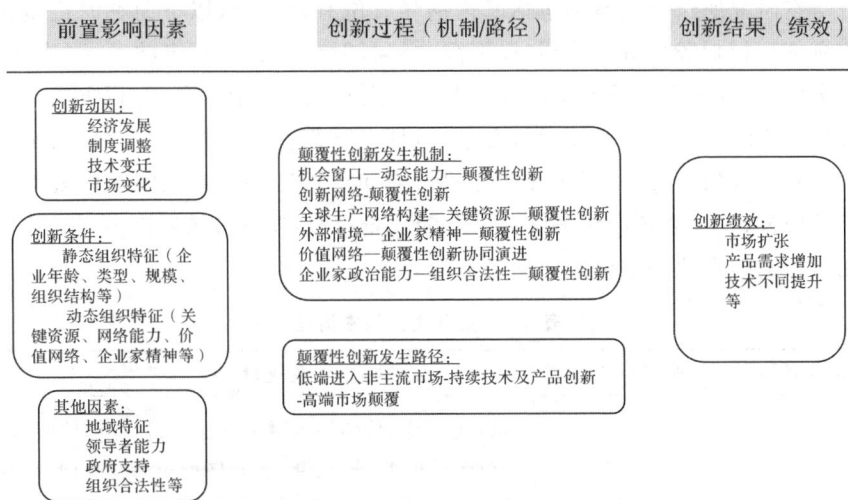

图 1-1　研究思路

用的实际背景进行历史比较分析。基于对颠覆性创新领域相关文献进行梳理和归纳,结合计量分析法、可视化分析法等对前期积累的文献资料进行综述,明确后发企业颠覆性创新研究的现状、不足及未来方向,在此基础上形成本研究的基本思路,为本书研究奠定最基本的理论基础。

在明确本研究所关注的相关问题基础上,本研究以后发制造企业颠覆性创新为研究主线索,分析颠覆性创新的外部环境(宏观政策、市场环境、技术变迁等)、颠覆性创新的内外部影响因素(创新网络、全球生产网络、企业家精神、动态能力、价值网络、企业合法性、企业家政治能力等),以及颠覆性创新的发生机制。通过案例研究分析,能较好地解析组织"为什么"开展颠覆性创新、"如何"开展颠覆性创新及"怎么样"获取颠覆性创新所需关键资源等质性议题(Yin,2014;吴晓波等,2019)。同时,颠覆性创新是内外部时机叠加情境下的企业战略行动的过程,纵向案例以组织发展时序提炼关键数据构建研究证据链,有助于归纳呈现后发企业颠覆性创新战略逻辑。基于不同案例研究方法的应用逻辑,结合本研究超越升级主线索的持续、动态、演进等特点,本研究进一步选用单案例研究方法,以保证完整、全面地呈现案例样本纵贯发展。

本研究所选择的案例包括海伦钢琴股份有限公司(以下简称海伦钢琴或海伦)、杉杉股份有限公司(以下简称杉杉股份或杉杉)、宁波圣龙(集团)有限公司(以下简称圣龙集团或圣龙)、海天塑机集团有限公司(以下简称海天塑机或海天)、激智科技股份有限公司(以下简称激智科技或激智)、宁波如意股份有限公司(以下简称如意股份或如意),这些企业在颠覆性创新追赶发展过程中,逐渐成长为细分行业的领先企业,在各自领域内确立了竞争优势。案例企业基本情况详见表1-2。

表1-2 案例企业基本情况

| 企业名称 | 所属行业 | 企业特点 |
|---|---|---|
| 海伦钢琴 | 钢琴制造 | 2001年成立,从事钢琴零配件加工、核心部件制造及钢琴整机生产。近年,公司转型布局智能钢琴制造,逐渐从传统钢琴制造商发展为国内少数具有自主知识产权品牌钢琴生产商及艺术教育综合供应商之一。 |
| 杉杉股份 | 锂电池原材料制造 | 1992年成立,中国服装行业第一家上市公司,在杉杉品牌最辉煌的时候,杉杉股份跨界布局新能源领域,经过30多年的发展,成为全球最大的锂离子电池正极、负极、电解液的综合材料供应商。 |
| 圣龙集团 | 汽车零配件制造 | 1986年成立,集团涵盖汽车核心零部件、地水源热泵空调产业。汽车零部件是集团支柱产业,其中汽车动力系统油泵产品产销量全球前三、国内第一。 |
| 海天集团 | 注塑机制造 | 创建于1966年,全球领先制造型跨国集团,全国首批创新型企业、国家重点高新技术企业、国家认定企业技术中心、博士后工作站。 |
| 激智科技 | 光学膜制造 | 2007年成立,入选国家级制造业单项冠军企业,扩散膜市占率在全球范围内的领先。 |
| 如意股份 | 搬运车制造 | 1985年创立,典型的外向型企业,销量中出口产品份额占比较大,"西林"商标被评为中国驰名商标。 |

## 1.4 内容与结论

### 1.4.1 章节安排

本研究基于浙江后发制造企业颠覆性创新实践,对典型案例企业进行准确翔实的观察,深入探讨外部市场、环境等因素及内部组织、管理、文化等因素对颠覆性创新发展的影响,梳理后发制造企业颠覆性创新的发生机制,总结后发制造企业低端颠覆性创新的路径,进而提出适用于后发制造业创新发展的策略及建议。具体研究章节安排如下:

第一章为"绪论"。重点介绍研究的现实和理论背景,概述研究的思路、方法和主要内容等。

第二章为"国内外研究综述"。基于本书的研究主题和视角,研究综述围绕颠覆性创新理论演变、颠覆性创新外部环境(宏观政策、市场环境、技术变迁等)、颠覆性创新内外部影响因素(创新网络、全球生产网络、企业家精神、动态能力、价值网络、企业合法性、企业家政治能力等)展开。

第三章为"海伦钢琴:基于创新网络演进的后发企业颠覆性创新案例研究"。后发企业通过开放式创新网络,整合全球研发资源等策略,克服后来者劣势和技术进步路径依赖的发展瓶颈,实现颠覆性创新。海伦钢琴依托创新网络,通过"创新网络嵌入—创新网络扩张—创新网络重构"战略行动进行关键资源整合重构,推动企业实现"学习跟随—创新追赶—颠覆性创新超越"的发展路径。本章基于资源观、战略观视角,对海伦钢琴成功的创新网络演进及创新网络战略行动进行梳理,研究分析后发企业颠覆性创新发展路径机理。

第四章为"杉杉股份:机会窗口视角下后发企业颠覆性创新案例研究"。机会窗口的精准分析和把握,成为颠覆性创新转型成功与否的前提和关键,企业是否具备发现机会、识别机会以及采取行动的动态能力也是企业实施颠覆性创新转型战略需要考虑的重要因素。本章基于外部政策、市场、技术等颠覆性创新转型时机变化,结合杉杉股份的发展历程与颠覆性创新转型战略实施,研究杉杉股份如何利用机会窗口通过动态能力实施颠覆性创新转型,实现企业能力与市场份额的大幅提升与追赶。从机会窗口选择、动态能力提升及跨界战略决策等不同方面总结出杉杉的创新经验,为其他企业实施创新转型战略提供参考与借鉴。

第五章"圣龙集团:基于全球生产网络构建的后发企业颠覆性创新案例研究"。新兴市场后发企业一直通过"被动嵌入"的方式融入其中,在全球化生产和利益分配链条中处于不利地位,部分企业以"被动嵌入"为"主动构建",通过全球生产网络的"主动构建",进一步增强对全球生产网络的控制能力,成为颠覆性创新的典型。本章采用探索性纵向案例研究方法,对圣龙集团国际化发展及颠覆性创新成长进行深入研究,探讨构建全球生产网络关键因素及对企业颠覆性创新成长的影响机制,梳理总结后发企业颠覆创新发展路径,进而提出适用于培养大型跨国企业的策略及建议。

第六章"海天集团:权变因素变迁下后发企业战略导向与颠覆性创新案例研究"。在新经济领域,充满新市场机会。后发企业发展中从国外源源不断地吸纳和补充新技术领域的创业活动所需的关键性资源,率先涉足新技术和新业务的企业家,推动业务持续增长。本章以海天塑机颠覆性创新为研究对象,动态分析企业家视野、能力、精神等内部因素与制度、市场、技术等外部因素共同作用的影响,研究权变因素演进与企业颠覆性创新的关系,进而为新兴市场国家后发传统制造企业转型发展提供借鉴。

第七章"激智科技:价值网络与后发单项冠军企业颠覆性创新协同演进案例研究"。在当前我国产业结构调整和升级的重要背景下,后发企业开展颠覆性创新存在技术落后、管理难同步和指导方法缺失等问题,难以与技术和资源领先的主流企业进行市场竞争。部分后发企业利用价值网络演变能够快速占领市场,形成创新追赶,面对复杂多变的市场需求和个性化的用户偏好,可巧妙规避主流企业价值网络的攻击,在相对低端的市场开展价值活动以获取成长空间。本章从价值网络演变视角研究后发单项冠军企业颠覆性创新,找出影响颠覆性创新能力提升的薄弱环节、关键影响因素和路径,这对我国实现后发赶超、提升全球产业价值链的地位有重要意义。

第八章"如意股份:企业家政治能力与后发企业颠覆性案例创新"。后发企业在发展过程中,受政治、经济、社会等宏观环境影响,而政治环境是企业外部环境中十分重要的一个方面,已成为现代企业经营发展与战略决策不可忽视的重要外部因素。尤其是随着企业面临的政治环境不确定性与复杂性的提高,企业的政治竞争能力能有效提升企业组织合法性,成为企业获取创新关键资源的重要因素。本章以高层领导的政治能力视角分析企业颠覆性创新追赶,结合如意股份的发展,研究后发制造企业如何利用高层领导的政治能力,提升企业颠覆性创新合法性,推动企业成功实现颠覆性创新。

## 1.4.2 主要结论

本书借鉴现有相关理论,基于"结构—行为—绩效"经典研究范式,构建"创新动因—创新行动—颠覆性创新绩效"的理论框架,聚焦后发企业颠覆性创新这一核心问题开展研究。本研究采用质性案例研究与半结构式访谈等研究方法,进一步完善颠覆性创新内涵及测量维度,同时探究颠覆性创新的前置因素、发生机制、创新路径及创新绩效。本研究主要结论如下:

(1)创新网络是企业获取知识及资源,促使企业追赶与超越的重要路径。企业通过网络获取知识及资源实现企业升级,同时,企业颠覆性创新提升企业竞争优势,创新网络联结关系增加,知识资源吸收增强。企业创新网络行动与追赶与超越交互影响,网络创新溢出收益即获取企业转型升级的创新能力,同时企业追赶与超越又增强企业创新网络行动能力,有助于企业实现更高阶的升级。

(2)颠覆性创新是企业对机会窗口的精准把握,即对制度政策、市场、技术等外部时机的把握。企业进行颠覆性创新面临不同外部环境,企业要根据外部环境的实际变化,仔细辨别机会窗口的种类,选择合适的进入时机。因此,颠覆性创新是企业动态能力与外部机会窗口因素相互影响的过程,面对外部机会窗口变化,组织能够顺利识别机会、有效整合资源以及顺利实现价值重构,直接影响颠覆性创新转型战略实施效果。

(3)企业通过从"被动嵌入"转变为"主动构建"全球生产网络,充分利用国际市场获取技术信息、市场渠道、生产制造资源等,实现颠覆性创新。全球制造网络、全球研发网络、全球营销网络等不同网络路径是颠覆性创新的前置影响,网络构建过程中创新资源获取对企业颠覆性创新发挥中介影响。

（4）在社会外部环境与企业家精神演化影响下，企业通过战略导向行动提升企业创新能力，进而实现战略导向演进与企业升级协同发展。企业家是企业感受社会环境变迁威胁及机遇，驱动企业制定相应战略的重要纽带。社会外部环境及企业家精神权变因素交互影响且动态演化。因此，企业家精神推动企业创新网络行动，战略导向演进积累提升企业行动能力，进而促进企业颠覆性创新发展。

（5）颠覆性创新过程中后发企业价值网络与颠覆性创新呈现协同演变。在价值网络识别组建阶段，后发企业识别市场机会，抓住用户的痛点并利用成熟技术进行低成本创新，主动与具有资源优势的企业合作，构建企业的价值网络。在价值网络迭代更新阶段，强化价值网络的韧性从而扩大市场影响力和竞争力。在价值网络拓展深化阶段，后发企业与众多合作企业构筑的价值网络引领行业技术创新方向。

（6）企业家政治能力共同作用影响公司颠覆性创新。企业在进行颠覆性创新转型时要明确开展颠覆性创新转型活动将面临的外部环境影响。与此同时，企业的组织合法性在企业家政治能力与企业创新之间具有中介作用，企业创新能力不能独立发挥中介作用，需与组织合法性共同在企业家政治能力与企业颠覆性创新之间发挥中介作用。

# 第 2 章　文献综述

对于后发企业而言,颠覆性创新还是一种相对新颖的创新形态,高层管理者对于如何通过颠覆性创新获取超额市场绩效还缺乏经验。近年来,我国逐渐涌现出一些后发企业创新追赶的成功案例,但这些创新大多集中在关注产品小幅度迭代改造的渐进性创新、利用学习他人技术进而更新产品的模仿性创新,以及基于市场结构颠覆的商业模式创新等创新模式,相对缺乏能够重构市场格局的颠覆性创新。基于此,本章通过梳理现有颠覆性创新相关文献,厘清影响颠覆性创新的关键因素,为后续案例研究奠定理论基础。本章从如下四点进行阐述:第一,对带有"颠覆性创新"的标题或主题的文献进行可视化分析,总结颠覆性创新的研究分布和和发展趋势。第二,梳理总结颠覆性创新的内涵特征、动机以及影响因素等。第三,厘清颠覆性创新与创新网络、组织合法性等因素的关系。第四,基于已有研究基础,分析现有研究不足,进而提出本研究的主要创新和方向。

## 2.1　颠覆性创新研究发展现状

### 2.1.1　研究文献数量

研究团队在 CNKI 数据库中以"颠覆式创新""破坏性创新""颠覆性创新"为关键词进行检索,相关主题的文献逐年增加,由此可知颠覆性创新逐渐成为学界关注的热点。从图 2-1 可以看出颠覆创新理论的大致发展态势：2003 年以前颠覆性创新相关主题的发文数量寥寥无几，2004 年相关主题的研究数量明显增长。2014—2015 年，围绕"破坏性创新""颠覆性/颠覆式创新"的研究快速增加。2016 年以来，发文数量有波动下降趋势，且研究重点也开始由初始阶段的"破坏性创新"逐渐转移至"颠覆性创新"。

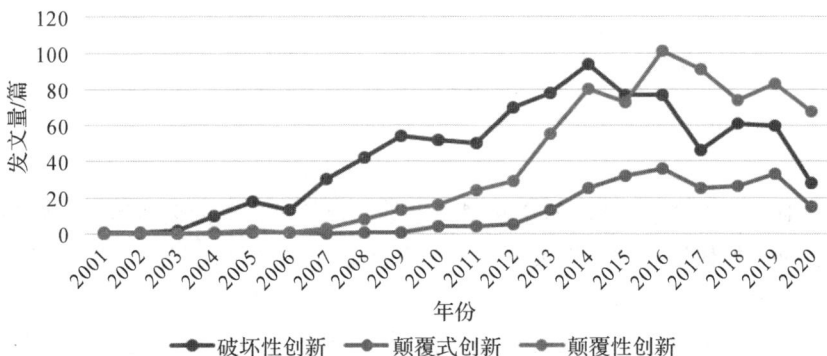

图 2-1  颠覆性创新相关主题发文量年度分布情况

### 2.1.2  研究期刊分布

近十年来，颠覆性创新相关文献数量稳步上升，学者们对这一主题的研究也呈蓬勃发展状态。从文献的期刊分布情况来看（详见表 2-1），文献选取的范围是 2011 年至 2020 年排名前 20 的期刊，*The Journal of Product Innovation Management*、*Journal of Engineering*、*Technological Forecasting & Social Change*、*Research Technology Management*、科技管理研究等六种技术创新管理领域的专业性期刊所发表的文献数量占所有文献的 44.6%，说明颠覆性创新的文献来源具有集中性。与此同时，几类国际顶尖的管理类期刊，近年逐渐增加了颠覆性创新领域研究的载文量。

从国内刊物发表数量分析，现有颠覆性创新理论研究的文献大多集中于科技类、经济类期刊。其中湖北省科技信息研究院主办的《科技进步与对策》、中国科学学与科技政策研究会主办的《科学学研究》与中国科学技术发展研究中心主办的《中国科技论坛》等刊物是颠覆性创新理论研究的重要阵地。

表 2-1 颠覆创新主题相关发文期刊分布情况

| 期刊 | 文献篇数（2011—2020 年） |
| --- | --- |
| The Journal of Product Innovation Management | 41 |
| Journal of Engineering | 40 |
| Technological Forecasting & Social Change | 36 |
| Research-Technology Management | 36 |
| Technology Analysis & Strategic Management | 27 |
| 科技管理研究 | 27 |
| 科技进步与对策 | 26 |
| Strategic & Leadership | 24 |
| Industrial Marketing Management | 21 |
| Technovation | 20 |
| Journal of Business Research | 20 |
| Research Policy | 19 |
| Journal of Business & Industrial Marketing | 19 |
| Creativity and Innovation Management | 19 |
| 科学学与科学技术管理 | 16 |
| International Journal of Innovation and Technology Management | 15 |
| 科学学研究 | 15 |
| 技术经济 | 15 |
| 中南大学学报 | 14 |
| Science Letter | 13 |

资料来源：根据中国知网期刊数据统计整理而得。

### 2.1.3 研究领域分布

从颠覆性创新相关文献的学科分布情况看,颠覆性创新理论涉及企业经济、工业经济、信息经济与邮政经济、贸易经济、宏观经济管理等多个学科领域,研究范围极其广泛。根据图 2-2 显示,企业经济学科文献共计 820篇,所占比重高达 41%。工业经济、经济体制改革、信息经济与邮政经济、贸易经济等经济学科领域也都在颠覆性创新理论研究方面出现频率较高。因此,颠覆性创新活动大多集中于实体经济领域,其中企业经济与工业经济相关领域的文献数量更是占据了各领域研究文献的半壁江山。结合我国企业的实际发展情况,我国大部分中小微制造企业正面临转型困境,颠覆性创新理论研究能够为这些企业的创新追赶提供了重要的借鉴和参考。

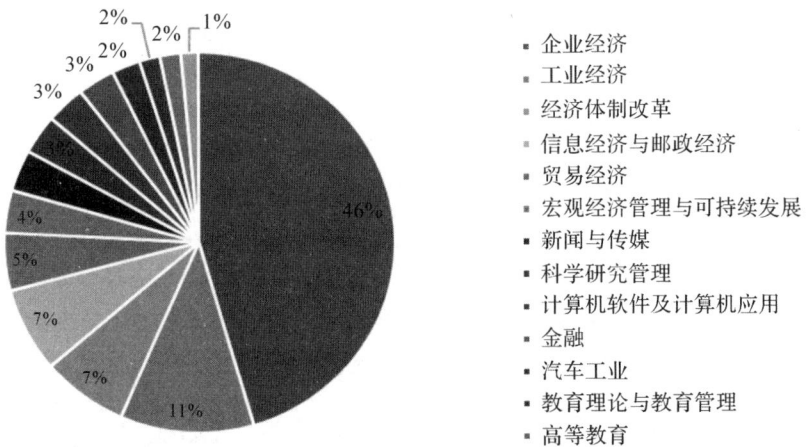

图 2-2　颠覆创新相关文献的行业分布情况

资料来源:根据中国知网期刊数据统计整理而得。

## 2.2  颠覆性创新的内涵及特征研究

### 2.2.1  内涵界定

熊彼特(1912)最早提出创新的概念,并将其定义为包括新的质量、新的方法、新的市场、新的供给来源和新的企业组织,为"颠覆性创新"概念的衍生奠定了基础。1942 年,熊彼特出版专著《资本主义、社会主义和民主》,书中提到"颠覆性创新",并指出这种创新是不断从内部革新经济结构,即让过去的固定资产设备和资本投资过时、无效,或者贬值,通过创新产生大量的资本(利润)来弥补上述贬值和无效。1997 年,哈佛大学商学院教授 Christensen 正式提出"颠覆性创新是一种另辟蹊径,会对已有传统或主流技术产生颠覆性效果的技术创新和商业模式创新"。

在此基础上,国内外学者从不同角度对颠覆性创新做了新的定义。Abernathy 和 Utterback(1978)将颠覆性创新定义为能够改变竞争格局和创造新的市场机会的创新子集。Gillbert(2003)认为颠覆性创新是通过改变产品性能来满足非主流消费者的需求。之后,Song(2008)等将颠覆性创新定义为一种技术、产品、过程和商业模式的创新,该创新对当前的产品和服务进行了很大的改进,能够满足现有和潜在的顾客。Brondoni(2012)研究认为颠覆性创新定义了新的需求关系及竞争关系,可使企业获得先发优势及较高市场占有率,提高行业进入壁垒,并维持自身在市场竞争中的领先地位。Haas 和 Ham(2015)定义颠覆性创新为一种新颖而有用的解决方案,导致产品/服务的实质性改进,并对行业和市场产生巨大的影响。Fores 和 Camison(2016)认为颠覆性创新是一种技术、产品、过程和商业模式上的创新,能对现有的产品和服务进行改造以此可以在市场获得一席之地,赢得市场。

我国学者关于颠覆性创新的研究起步较晚,清华大学教授吴贵生(1997)最早关注并研究企业颠覆性创新问题。之后,柳卸林(2000)研究中提出,颠覆性创新将不同种类的技术糅合起来,赋予了产品全新的功能与地位。付玉秀和张洪石(2004)提出颠覆性创新是导致产品性能主要指标发生巨大跃迁,并且对市场规则、竞争态势、产业版图具有决定性影响,甚至引起产业重新洗牌的一类创新。秦剑(2012)认为颠覆性创新是指企业引入与现状产品不同,但能更好满足关键用户需求的新技术,它有效地改变了主流市场的需求,并且突破了以往的竞争范式。朱建民和朱彬(2015)把商业模式的创新与颠覆性创新画上了等号,认为由市场需求、商业模式引领的技术创新构成了创新发展轨迹。邵云飞等(2017)认为颠覆性创新包含技术和市场两个维度,是指前沿科学与新兴技术结合起来而产生的巨大的创新变化。王睿智等(2017)认为颠覆性创新是价值理念的创新,是产品市场的创新,这两方面相互作用提升经济价值的过程。

### 2.2.2　颠覆性创新的特征

颠覆性创新的特征主要包括两点:一是技术改善,指通过技术的提高,改变产品的性能,颠覆性创新往往是在技术的方向发展,所以具有高风险性、非线性、不连续性等。二是科学突破,关注基础研究,在科学发展过程中取得重要成果并产生一定学术影响力,具有前瞻性、学科交叉性。

(1)长期性

颠覆性创新的突出特点是创新周期长(林春培等,2012),根据创新程度的不同,从新思想的提出到发明成功直到取得创新成功,所需要的时间从数年上百年不等,虽然随着技术创新管理工具的发展,创新周期有缩短的趋势。但根据近年来企业创新实践情况看,颠覆性创新的平均完成周期一般是 10 年以上。因此,颠覆性创新仍需要长期的知识积累。

(2)非确定性

颠覆性创新往往是在新的技术轨道上发展(Christensen,1997),由于颠覆性创新往往处于新的技术轨道的前端,对技术发展的历史数据没有积累,无法对技术发展趋势进行推理,很难确定技术的发展方向。同时,颠覆性创新的过程也是不连续和非线性的。

(3)偶然性

新思想的产生大多是随机的,许多偶然、随机出现的新思想导致了颠覆性创新(付玉秀、张洪石,2004)。例如打字机的发明者邵尔斯,在美国的一家烟厂工作,跟打字机毫无关系,妻子在一家公司当秘书,但是由于妻子工资繁忙,经常将做不完的工作带回家,连夜赶写材料,邵尔斯怕妻子累坏了,只好帮助他抄写,有时候写到深夜,两人都写的十分辛苦,于是在产生了发明写字机器的想法,在一次次的研究下,1867 年冬天发明了世界上第一台打字机。

(4)学科交叉性

新技术的产生,往往综合没有关联的多个领域的知识,在此过程中也伴随产生新的理论和方法。因此,颠覆性创新大多从看似不相关的领域组合、演化而来,多学科知识的交叉融合更容易产生颠覆性创新。

### 2.2.3　颠覆性创新与破坏性创新、渐进性创新的区别

颠覆性创新是依托全新的知识对技术进行研发和创新,这种创新能对现有的市场和产业进行根本性的变革。破坏性创新所提供的产品或服务的属性不断提升直至满足主流市场消费者的需要,从而逐步渗透主流市场。在很长一段时间内,不少学者将颠覆性创新与破坏性创新混淆。斯晓夫等(2020)认为两者在起源上都部分来自熊彼特的创造性破坏理论,但破坏性创新(disruptivetechinnovation)和颠覆性创新(breakthroughtechinnovation)的侧重点是不同的。综合现有学者研究,本研究梳理破坏性创新与颠覆性创新区别详见表 2-2。

表 2-2　颠覆性创新与破坏性创新的区别

| 项目 | 破坏性创新 | 颠覆性创新 |
|---|---|---|
| 性质 | 破坏型不连续创新 | 提升型不连续创新 |
| 概念划分 | 强调市场价值破坏,与维持性创新对应 | 强调技术性能上的飞跃变迁,与渐进性创新对应 |
| 技术 | 在原有技术上改良 | 技术发展前沿 |
| 入侵方式 | 由下而上 | 由上向下 |
| 特征 | 初始阶段的低端性 | 随机性与偶然性,高风险性 |

**续表**

| 项目 | 破坏性创新 | 颠覆性创新 |
|------|-----------|-----------|
| 目标 | 强调新的,超过客户预期的价值结构,牺牲部分性能的同时加强其他性能。 | 强调技术克服发展障碍,从理论到实践的运用 |
| 客户群体 | 从低端市场价格敏感客户 | 注重功能性、高技术性的高端客户 |
| 企业选择 | 资金投入少,回报率高的发展中国家的企业 | 能承受高风险性高投入性,技术创新大量投入的企业 |

渐进性创新是改良性创新行为,通过对既有知识与新知识进行整合,实现现有技术和能力改进、拓展以及提升,这类创新形态具有风险性低、可预测的特点(Majchrzak,2015)。与渐进性创新相比,颠覆性创新具有创造新市场以及塑造消费者偏好和行为的潜力,从而帮助企业获得竞争优势和市场地位(Zhou 等,2005)。但是,颠覆性创新比渐进性创新要承担更多的风险,具有更高的技术不确定性和市场不确定性。少数学者认为两者存在量变到质变的关系,只有通过渐进式创新的不断积累,才能逐步过渡到颠覆性创新(孙笑明,2020)。综合现有学者研究,本研究梳理渐进性创新与颠覆性创新两者的区别详见表 2-3。

表 2-3　颠覆性创新与渐进性创新的区别

| 项目 | 渐进性创新 | 颠覆性创新 |
|------|-----------|-----------|
| 创新目标 | 迎合市场 | 改变行业规则和产业模式 |
| 创新层次 | 较低 | 较高 |
| 重点 | 原有产品成本和性能提高 | 开发新产业、产品、工艺、技术 |
| 技术 | 对技术进行小幅度的改进优化 | 颠覆旧技术开发研究新技术 |
| 技术轨道 | 线性、连续的 | 发散、不连续的 |
| 过程 | 正式的阶段模型 | 从非正式的柔性到正式的柔性 |
| 主要参与者 | 正式的交叉功能团队 | 多种功能知识的个人、创业网络、组织联盟 |

| 项目 | 渐进性创新 | 颠覆性创新 |
|------|-----------|-----------|
| 发展空间 | 短期竞争优势 | 持续性竞争优势 |
| 商业实现模式 | 利用现有商业模式 | 寻找新的商业模式 |
| 适合的企业类型 | 适合中小企业的二次创新,资金投入少,风险低、成功率高 | 高风险和不确定性使企业需要投入大量的资金,才能实现颠覆性创新 |

## 2.3 颠覆性创新的影响因素分析

### 2.3.1 外部环境因素

(1)技术层面

张可(2013)提出企业可以通过颠覆性创新,实现技术跨越,开发新的技术,新产品的技术优势是其他企业在短时间内无法模仿和替代的。企业需要超越当前主流技术的发展趋势和当前主流顾客对技术技能的需求,关注新思想、新技术的发展态势,并先于对手开发新的流程和技术、引入新的产品和服务,以确保颠覆性创新的快速决策和成功实施。

(2)市场层面

现代市场经济下,企业之间的竞争不仅是产品技术的竞争,更多的是市场的竞争。张可等(2013)指出颠覆性创新对企业市场方面能力的提高体现在产品性能、潜在客户开发和市场地位三个方面。颠覆性技术创新产品是填补市场空白的产品,新产品所具有的主要性能是市场上从未出现过的,这种产品的上市无疑对原有产品的冲击力非常大,而且颠覆性技术创新的产品往往是针对一部分潜在客户而设计的,能够获得用户的喜爱,从而占领更大的市场份额。

(3)社会环境

张洪石(2005)认为企业与外部组织的联系(包括大学和研究机构、竞争企业、风险投资机构、政府主管部门、现有市场用户等),是企业获取外部资源和提高技术创新能力的非常关键的途径。例如,企业与大学或科研机构的联系程度越高,从中获得的技术创新能力越高,越可能进行颠覆性创新。

(4)机会窗口

对于后发企业而言,选择恰当的时机进入市场往往能够带来高额的利润回报、获得较大的市场份额、形成良好的品牌认知、有效降低企业的成本投入,而选择不恰当的时机进入市场,企业不但要承担较高的市场风险和竞争压力,还很难获得令人满意的利润回报(Helfat 和 Lieberman,2002)。因此,后发颠覆性创新是内外部时机匹配下,后发企业内外部资源整合重构与知识创造的行动过程。

### 2.3.2 企业内部因素

创新主体的静态、动态组织特征都会影响企业创新绩效。组织静态特征包括企业规模、组织结构等。Hewitt 和 Roper(2000)认为,小型企业在技术创新中的组织障碍和战略障碍较小,在颠覆性技术创新活动中,小企业比大型企业更具优势。陈建勋等(2011)研究发现,具有较低复杂性、正规化和集权化的组织结构能灵活配置资源,保障内外部沟通的及时性与准确性,对企业颠覆性创新能力提升具有促进作用。张洪石和付玉秀(2005)认为,柔性化、扁平化组织结构更有利于企业灵活应对快速变化的市场需求、及时获得市场信息,促进颠覆性创新产生。

组织动态特征包括吸收能力、研发投入能力、网络能力、知识整合能力等。Zahra 和 George(2002)对吸收能力促进创新持肯定态度,认为吸收能力越强就越能够对其获取的知识进行有效性辨别并加以利用,以此来提高创新绩效。李贞等(2012)指出知识资源吸收能力即知识的获取与消化能力,较强的吸收能力利于提升企业创新绩效。Uzzi(1997)研究认为有效的创新网络,可以使企业借助外部资源提高企业内部资源的利用率,为颠覆性技术的不断完善提供基础条件。范钧(2014)认为,网络能力不仅能帮助中小企业从外部网络中获取知识资源,同时还能对企业颠覆性创新绩效直接促进作用。Reilly 和 Tushman(2008)提出资源的整合能力能够改善企业的沟通和协调,不仅能吸收来自外部的知识和技术,也能推动知识和技术在一个组织广泛传播,从而促进企业的创新绩效。

### 2.3.3　其他影响因素

(1)创新网络

王大洲(2001)认为,企业创新网络是企业创新活动中所发生的联系,即在创新过程中围绕企业形成的各种正式与非正式合作关系的总体结构,企业参与的双边合作关系是企业创新网络的基本组成部分。沈必扬和池仁勇(2005)认为,企业创新网络就是一定区域内的企业与各行为主体(大学、科研院所、地方政府、中介机构、金融机构等)在交互式的作用当中建立的相对稳定的、能够激发或促进创新的、具有本地根植性的、正式或非正式的关系总和。Ahuja(2000)研究表明,创新网络嵌入有利于提高组织创新绩效。池仁勇(2007)考察浙江省中小企业创新网络发现,网络节点连接强度对企业销售增长、利润增长、新产品开发都有显著的正影响。Boschma 等(2017)研究发现企业嵌入本地网络以及外部网络都会促进其创新绩效。

(2)组织合法性

合法性即外部利益相关者根据特定社会的制度和文化环境,对组织行为的认知和评价。现有文献对合法性界定较为宽泛,大部分的定义及相应研究都基于组织理论中两个主要的传统研究视角,即战略视角和制度视角。战略视角将合法性看作是组织的关键资源,其能给组织带来良好绩效和实现组织目标(Ashforth 和 FGibbs,1990)。制度视角认为合法性不是拥有或用于交换的商品,它体现了组织同所感应的规则、社会规范和文化信仰等一致性的程度(Scott,2001)。

按合法性来源包括内部合法性和外部合法性,也可分为社会政治合法性和市场合法性(Dacin 等,2007)。按产生机制可划分为规制、规范和认知合法性(Scott,1995),按层次可分为实用、道德和认知正当性(Suchman,1995)。国内学者高丙中(2000)结合中国情境因素的考虑,提出了社团合法性的四种类型,即社会合法性、政治合法性、法律合法性和行政合法性。此外,Dacin 等人(2007)对组织与联盟的关系进行了探讨并提出了五类合法性,包括:投资合法性、社会合法性、市场合法性、关系合法性和联盟合法性。

颠覆性创新是企业打破既有内外资源均衡,从原业务轨道迁移至新轨道的动态过程,其本质是新组织的建立又称为二次创业(长青等,2019)。企业颠覆性创新蕴含不确定因素,也必然面临环境约束和资源缺陷等问题,组织合法性成为贯穿后发企业颠覆性创新全过程的常态问题。

## 2.4 研究述评

综上所述,颠覆性创新是当前国内外创新管理和战略管理理论研究的热点,国内外学者近年来对颠覆性创新的关注,使得相关的研究成果大量涌现。通过总结梳理发现,颠覆性研究取得了长足发展,为本研究的开展提供了重要参考。但是,现有研究视角和内容较为分散,缺乏一定系统性。一方面,现有颠覆性创新的前置影响因素研究相对较为分散,缺乏系统框架;另一方面,当前颠覆性创新研究主要以模式识别、经验总结为主,缺乏颠覆性创新的机制和实施路径研究;第三,缺乏立足中国情境的颠覆性创新企业案例研究。基于此,本研究强调"颠覆创新追赶"情境,通过后发企业颠覆创新案例研究,揭示颠覆性创新的动因、关键因素及后发企业颠覆性创新发生机制,为同类企业创新发展提供借鉴参考。具体包括如下内容:

(1)从不同视角剖析企业颠覆性创新的前置因素。通过不同类型的颠覆性创新企业案例,研究后发企业颠覆性创新的影响因素,揭示各因素之间的内在关联,进而总结后发企业颠覆性创新的规律。

(2)开展后发企业颠覆性创新演化过程研究。颠覆性创新具有高度的不确定性和非连续性。"静态视角"的传统竞争理论无法有效解释动态环境中颠覆性创新过程中"演进轨迹→扩散路径→商业实现"的互动。因此,本研究聚焦于颠覆性创新演化的非连续性特征,探讨企业颠覆性创新演化轨迹与扩散规律,以明晰商业价值的实现方式。

(3)聚焦中国情境下后发企业的颠覆性创新战略研究。近年来,中国的后发企业充分利用中国经济转型的制度和市场优势,在技术追赶中实现颠覆性创新。基于此,本研究将立足中国转型经济背景,结合后发企业颠覆性创新实践,探索研究中国后发制造企业颠覆性创新问题。

# 第 3 章　海伦钢琴:基于创新网络演进的
# 后发企业颠覆性创新案例研究

## 3.1　概　述

### 3.1.1　案例研究背景

伴随着经济全球化进程的加深,以中国为代表的新兴经济体在全球化经济中的地位得到了显著提高,在制造业的全球产业链分工中占据着越来越重要的位置。中国近年来的经济转型升级、供给侧结构性改革以及中国制造 2025 等政策给制造企业提供了巨大的历史发展机遇窗口,同时全球经济环境复杂性带来的不确定性和高风险也给中国企业带来了巨大的挑战。相比于发达国家和地区的企业,中国民营企业由于起步较晚,对市场机会和消费者偏好感知能力不足,企业缺乏核心技术和复杂技术研发能力等严重限制企业可持续发展,这一现象引起了学术理论界、实业界、政府决策部门的高度重视。

宁波作为一个浙东地区的海港城市,交通便利、地理位置得天独厚,民营企业约占宁波企业总数的 90%,中小型企业为主体的民营经济既是经济的主角,也是经济增长的主要动力,为宁波经济的发展做出了重大贡献。近年来以吉利汽车、均胜电子、海伦钢琴等为代表的众多宁波制造企业进入技术能力快速发展阶段,它们在各自的领域较好地实现了技术追赶乃至超越。这些企业扎根于全球化经济和转型经济的中国企业运营情境,通过开放式创新网络,整合全球研发资源等策略,很好地克服了后来者劣势和技术进步路径依赖的发展瓶颈。与此同时,现在越来越多的中国制造企业也对创新网络在构建企业核心竞争力过程中的重要性有了更清晰的认识。

在此背景下,本章选择以海伦钢琴股份有限公司(以下简称海伦钢琴)为研究对象,跟踪案例企业在发展不同阶段如何通过创新网络整合全球技术资源,在核心技术方面实现从引进学习到吸收转化再到颠覆性创新的发展。基于市场能力和技术水平的逐渐积累,海伦钢琴进一步通过创新网络开拓进军智能钢琴制造及互联网艺术教育领域,推动企业取径"学习跟随—创新追赶—颠覆性创新超越发展"实现从传统制造企业转型成为新型互联网智能教育企业。通过本案例研究,研究揭示后发企业如何通过创新网络构建技术创新联盟,将利益相关者融入价值网络中,重塑行业竞争优势的路径规律,以及总结后发企业颠覆性创新追赶超越发展的经验。

### 3.1.2 案例企业典型性

海伦钢琴位于浙江省宁波市,2001年正式成立后坚持技术创新战略,成功实现了从钢琴零配件加工、核心部件码克制造到钢琴整机规模化生产的转型升级。目前,海伦钢琴产品产销量位居世界前列,公司产品远销欧洲、美国、日本等地。海伦钢琴从成立发展到现在,通过与国际品牌合作完成了从 OEM 贴牌生产、ODM 合作到打造 HAILUN 自主品牌的蜕变。近年来,海伦钢琴转型布局智能钢琴制造,已逐渐从传统钢琴制造商发展为国内少数具有自主知识产权品牌钢琴生产商及艺术教育综合供应商之一。海伦钢琴从跟随到追赶再到颠覆性创新超越,公司跨越式发展与创新网络战略密不可分,正是依托创新网络集聚整合技术、市场、品牌等关键要素。因此,海伦钢琴的发展极具后发企业颠覆性创新追赶超越发展的代表性和创新网络应用的典型性。

其一,海伦钢琴是后发颠覆性创新追赶超越的代表。海伦钢琴自 2001年成立以来,公司在创始人陈海伦为核心的管理团队带领下,以资金和人才投入为保障,始终坚持技术工艺创新,培育自主品牌等发展战略。经过多年的努力和发展,企业逐渐掌握核心技术,同时推动了企业呈现快速成长。2001 年,陈海伦成立了宁波海伦乐器制品有限公司,2002 年开始先后投入巨资,引进了日本全数控高科技钢琴专用设备和生产线,并聘请了全球钢琴制作大师来公司长期指导组装、生产工艺,率先研发码克(钢琴制造最核心部件),同时,引进了世界最先进的五轴联动 CMC 加工技术,克服码克制造中部件组装的定位问题,进行钢琴的音板加工。2009 年,公司生产的钢琴约有 50% 出口欧洲、日本、美国,并被欧洲的近 300 家琴行、日本的 40 多家琴行代理销售。

2012 年 6 月,海伦钢琴在深圳证券交易所创业板挂牌上市。2012 年至 2018 年,连续在北美斩获 MMR 年度声学钢琴大奖,并于 2015 年荣获终身成就奖。随着在国际上获奖无数,海伦钢琴在国内市场的销量也不断增长。2018 年,海伦钢琴的销量就达到 43100 架,国内市场占比接近 10%,市场占有率跃居国内第二。2019 年,公司积极开拓二三线城市市场,不断挖掘销售市场份额,扩大营销渠道,实现营业收入 5.50 亿元。2020 年,受到新冠肺炎疫情影响,公司业绩有所下滑。2021 年,在国内疫情大部分地区基本得到控制的情况下,公司钢琴产品销售市场有所恢复,公司营业收入为 5.2 亿元。

其二,海伦钢琴是创新网络战略应用的典范。海伦钢琴自 2001 年正式成立,企业历经初创起步、扩张发展、转型升级不同阶段。公司成立初期,海伦钢琴先后投入巨资,进口了全数控高科技钢琴专用设备和生产线,并聘请了来自维也纳的传承了百年家族造琴技术经验的钢琴制作大师彼德·维莱茨基(Peter Veletzky)、美国钢琴工业研发设计大师乔治·弗兰克·爱默生(George Frank Emerson)、奥地利整音与调音权威大师兹拉科维奇·斯宾(Zlatkovic Sibin)、日本钢琴专家江间茂(Ema Shigeru)等专家来公司长期指导组装、生产工艺,从而实现了现代高新科技与欧洲传统钢琴制造工艺的精湛结合。与此同时,海伦快速成为产品覆盖欧美主要市场的中国钢琴品牌。

随着现代互联网科技及智能化制造的飞速发展,海伦钢琴转型企业定位,将传统制造业向智能化制造转换,紧跟智能化艺术教育带来的整体品质提升,从而实现产业全面升级,公司产品覆盖欧美主要市场,海伦品牌也成为享誉国际的行业知名品牌。纵观海伦的发展,公司以为国内外钢琴企业生产配套零件业务起步,公司沿着"引进学习—吸收转化—颠覆性创新变革"的组织发展路径渐进成长,逐渐从传统钢琴制造企业颠覆性创新转型成为具有自主知识产权品牌钢琴生产商及艺术教育综合供应商。海伦的成长发展一方面是企业利用创新网络实现技术追赶的过程,另一方面也是后发企业通过颠覆性创新战略实现超越发展的缩影,因此,海伦钢琴是众多后发制造企业颠覆性创新成功实现追赶超越的典型。

### 3.1.3　案例研究思路

海伦钢琴的成长经历了技术追赶到颠覆性创新超越的发展历程,企业逐渐从零部件到核心部件生产,从贴牌到创立自主品牌,从产品销往国外到自主建立海外渠道,从传统钢琴制造延伸到智能钢琴制造及互联网艺术教育。海伦钢琴依托创新网络,通过"创新网络嵌入—创新网络扩张—创新网络重构"战略行动进行关键资源整合重构,推动企业实现从"学习跟随—创新追赶—颠覆性创新超越"的发展。基于海伦钢琴的颠覆性创新超越发展实践,本案例在创新网络、颠覆创新和后发追赶等理论基础上,按照"结构—行动—绩效"的研究思路,对海伦钢琴的创新网络演进及创新网络战略行动进行梳理,研究分析后发企业颠覆性创新追赶超越发展路径,归纳总结后发企业颠覆性创新追赶超越发展的优势和不足,以及如何充分利用创新网络资源,获取和改善资源条件,提升企业竞争优势。案例研究思路详见图 3-1。

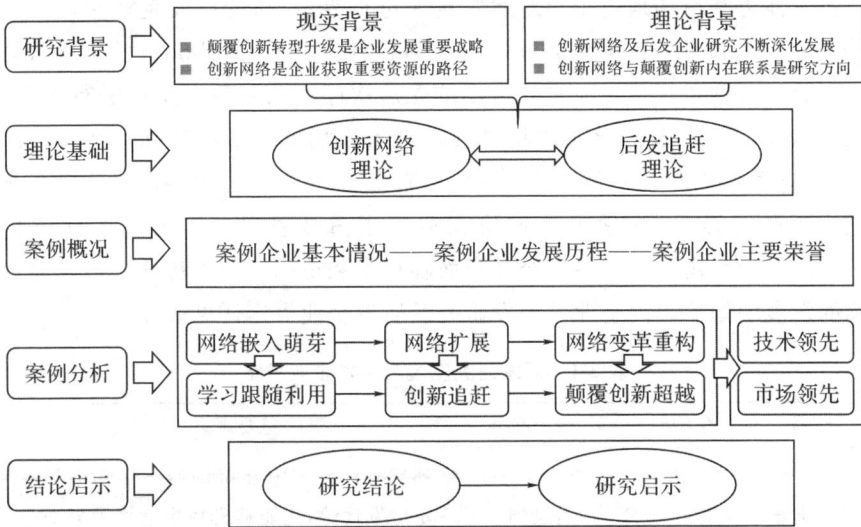

图 3-1　案例研究思路

## 3.2　理论基础

### 3.2.1　后发企业界定

后发追赶现象涌现于 20 世纪 60 年代,个别学者以欧洲部分后发国家进行研究从而推动了后发研究。这些国家在市场经济活动中不但具有一定的后发优势,还能够避免由制度差异而带来的创新约束。随着日本、韩国、新加坡等亚洲国家的崛起,后发理论研究的聚焦点开始由欧洲转向亚洲,研究对象也逐渐由早期的国家层面转向以产业和企业为核心(Lee 和 Ki,2017)。产业组织学从产业结构演变角度解释分析市场进入时机、价格制定、技术开发与推广等因素对后发产业的影响。

之后,大量学者对后发企业进行了深入研究。但在这一过程中,学者们对于后发企业的界定却呈现出不同的观点。其中,一部分学者倾向于从企业技术能力和市场地位视角对后发企业进行界定,认为后发企业应该是那些面临技术和市场双重劣势并以追赶为目标的企业(Hobday,1995);而另一部分学者则选择从企业进入市场的先后次序视角对后发企业进行界定,认为后发企业应该是指那些相对较晚进入市场的企业(Lilien,1990)。此外,也有学者从产业进入、资源禀赋、战略意图、竞争地位等层面对后发企业进行了严苛界定,为学者后期研究奠定了重要基础。本书基于江诗松(2012)的研究观点界定后发企业是面临技术和市场双重劣势并以追赶为目标的发展中国家国内企业。后发研究及后发企业界定详见表 3-1。

表 3-1 后发研究发展及后发企业界定

| 阶段 | 起始时间 | 研究重点 | 主要观点 |
| --- | --- | --- | --- |
| 第一阶段 | 19 世纪 60 年代 | 后发国家 | 欧洲部分后发国家在市场经济活动中具有一定后发优势,还能够避免由制度差异而带来的创新约束。 |
| 第二阶段 | 19 世纪 80 年代 | 后发产业 | 日本、韩国、新加坡等亚洲国家崛起,部分产业基于市场时机、技术开发及推广等原因快速发展,呈现后发优势。 |
| 第三阶段 | 19 世纪末 | 后发企业 | 发展中国家国内企业基于核心资源、战略选择、企业能力等因素,驱动企业通过学习、转化利用及自主创新实现后发追赶。 |

### 3.2.2 后发企业颠覆性创新超越

随着后发企业的快速崛起,对于创新追赶方式的探索和实践也呈现出一定的差异性。后发企业技术赶超是一种连续或非连续的技术进步方式,旨在迅速提高技术水平,缩短与技术领先者的差距,赶上或超过技术领先者。从实践层面上来说,追赶是后发国家通过产业发展赢得产业国家竞争优势的过程,超越指在追赶过程中摆脱先发国家的路径依赖,实现发展路径的优化跃迁。后发企业颠覆性创新发展战略及主要举措详见表 3-2。

部分后发企业强调通过"技术导向"方式开展创新追赶。一方面,企业可以通过对市场上已有技术的引进、模仿逐渐形成早期产品雏形,然后借助后期在工艺设计、质量控制、成本控制、生产管理等方面的投入,生产出更具竞争力的新产品并借此在市场上占据一席之地(Guo 等,2018);另一方面,企业还可以通过自身努力对相关技术进行独立研发,形成具有自主知识产权的核心技术并推出基于此类技术的新产品,从而凭借产品性能优势在激烈的市场竞争中取得领先地位(许庆瑞等,2013)。而另一部分后发企业则强调采取"市场导向"方式开展创新追赶,即追赶早期先从获得非主流市场用户的青睐开始,通过提供与主流市场有差别的产品构建起一个基于市场优势和成本优势的价值网络,然后通过对技术和产品的不断创新逐渐满足主流市场用户的需求,从而吸引主流市场用户并最终实现对在位企业的超越(Christensen 等,2015)。

表 3-2　后发企业颠覆性创新追赶超越战略及主要举措

| 导向 | 战略 | 主要举措 |
| --- | --- | --- |
| 技术导向 | 技术、产品创新 | 一方面,通过引进、模仿市场已有先进技术,再借助工艺质量控制及生产管理等,生产更具竞争力的新产品并在市场占据一席之地。另一方面,通过开展独立研发,形成具有自主知识产权的核心技术,并推出基于此类技术的新产品,从而在竞争中取得领先地位。 |
| 市场导向 | 商业模式创新 | 首先,通过提供与主流市场有差别的产品构建基于市场优势和成本优势的价值网络。然后,通过技术和产品创新逐渐满足主流市场用户的需求,进而吸引主流市场用户并最终实现对在位企业的超越。 |

### 3.2.3　创新网络与颠覆性创新

创新网络包含创新主体与网络连接两部分,创新主体为企业,网络连接为企业间的研发合作与技术合作关系。后发企业理论指出,全球化、网络化企业组织以及日益复杂和分散的技术知识使发展中国家企业通过创新网络边界拓展进行追赶(Herrigel,2013)。企业创新网络的构建和演进受外部环境影响,同时也收到企业内部因素影响。Fleming 和 Frenken(2007)对比分析了硅谷和波士顿创新网络的形成及演化,研究发现 IBM 等企业作为核心节点的进入导致硅谷创新网络结构从分散向聚集转型,波士顿的转型则较为滞后;Gantner 和 Graf(2006)通过考察网络中节点的进入和退出、网络连接的变化及其对网络结构的影响发现,处于边缘的创新者会逐步退出网络,而新进入的创新者倾向于向网络中心靠拢。从企业内部影响因素看,创新网络演进受到企业和企业家两个层面因素的影响,企业的进取型战略意图、网络导向的人力资源管理、开放的组织文化、整合度较高的内部交流结构、充足的内部资源配备、较高的信任感和强有力的承诺,以及企业家的性别、出生地、年龄、教育程度、职业背景、合作意识和扩张愿望,都会影响到企业创新网络的范围扩展、关系强化和长期化(邬爱其,2006)。

近年来,创新网络逐渐成为开放型经济环境企业开展创新的主要方式(Dittrich 和 Duysters,2007),大量学者基于静态视角从网络位置、网络权力及组织吸收等角度分析了创新网络对创新的影响因素及作用机制(Pittaway et al. 2004;沈必扬、池仁勇,2005;Flores et al. 2012)。随着全球创新环境的飞速变化,全球生产网络本质特性就是内外协同(Lavie,2006),全球生产网络演进中企业内外知识、资源交织互补,进而提升企业创新能力,创新网络研究逐步转向动态研究。有些学者通过研究发现,组织在创新网络中的位置对其创新绩效的影响具有不确定性。Graf(2011)考察德国典型区域创新网络发现,组织在网络中的守门人位置与其创新产出之间呈正 U 型关系;范群林等(2010)研究发现结构洞特征与企业创新绩效不存在显著的正向关系;钱锡红(2010)等则发现占据网络中心和富含结构洞的网络位置有利于提升企业创新绩效,企业间接联系对创新绩效的影响依赖于企业的网络位置。位于网络中心的企业要比位于网络边缘的企业从间接联系中获得更少的创新收益,拥有丰富结构洞的企业要比拥有较少结构洞的企业从间接联系中获得更多的创新收益。国内学者进一步研究了全球生产网络动态演进以及技术创新绩效。张宝建(2011)、孙林杰(2017)分别从社会资本、网络能力视角将创新网络演进划分为初建、发展、成熟和转型四个阶段。

### 3.2.4　案例研究内容

从已有研究来看,创新网络与企业技术创新和成长发展逐渐成为学界关注的热点,学者对创新网络的创新效应也形成共识,国内外学者的研究成果为本课题研究奠定良好基础。但现有研究中针对网络维度及创新网络影响创新能力的机制等细化研究尚处于起步阶段。本研究在海伦钢琴成长实践基础上,研究企业如何利用创新网络开展技术追赶,又是如何通过创新网络重构资源成功实施颠覆性创新战略,进而实现后发追赶到颠覆性创新超越的跨越式发展路径。

基于以上分析,本案例主要从以下几方面展开分析:①企业通过嵌入创新网络,如何获取更多资源;②基于外部环境驱动,企业快速响应市场实施创新网络行动;③企业通过创新网络战略行动,使企业获得先进知识、市场信息等有效资源;④基于创新网络获取关键资源,提升企业创新能力,从而推动企业从"学习跟随—创新追赶—颠覆性创新超越发展"。

## 3.3　案例研究对象介绍

### 3.3.1　海伦钢琴基本情况

海伦钢琴位于浙江省宁波市北仑区龙潭山路 36 号,成立于 2001 年,主要从事钢琴的研发、制造、销售与服务,同时开展智能钢琴的研究与开发,拓展艺术教育培训产业等。公司主要产品包括立式钢琴、三角钢琴、智能钢琴,拥有的自有品牌有"海伦"和"文德隆",合作品牌有"弗尔里希""佩卓夫""罗瑟""齐默曼"等。公司还率先开启国内自主品牌钢琴与动漫联手,与迪士尼共同研发海伦·迪士尼系列钢琴。公司不仅研发具备静音系统的智能钢琴,还推广优于传统钢琴基础教学的智能钢琴教室,海伦智能钢琴教室涵盖广泛,拥有全套自主教具、教材、师资培训、APP 软件,全方位保障学习进度和效果,最大程度上调动孩子的学习兴趣,解决学习痛点,让学习乐理和学习钢琴不再枯燥单调,获得了众多家长的关注和欢迎。海伦钢琴主营业务详见表3-3。

**表 3-3　海伦钢琴主营业务**

| 业务板块一<br>(钢琴零配件生产) | 业务板块二<br>(钢琴整机生产) | 业务板块三<br>(智能钢琴及艺术教育) |
|---|---|---|
| 钢琴配件:五金件、钢琴支架等 | 三角钢琴:HG178 等系列、VG278 等 | 智能钢琴:电钢琴、智能钢琴教室产品 |
| 钢琴核心部件:码克 | 立式钢琴:H-3P、CS1、CS3等系列 | 艺术教育:教师、教材、教室等,线上+线下教育 |
| 其他部件:钢琴凳 | 其他小乐器 | |

公司成立以来,先后投入巨资,进口了全数控高科技钢琴专用设备和生产线,并聘请了欧美及日本钢琴制造专家来公司长期指导组装、生产工艺,从而实现了现代高新科技与欧洲传统钢琴制造工艺的精湛结合。目前,海伦钢琴现拥有发明专利 3 项、实用新型专利 58 项、外观设计专利 4 项、智能钢琴软件著作权 1 项。海伦钢琴制造的立式钢琴、三角钢琴在国际上已获广泛认可和好评,产品远销欧洲、美国、日本等地。在欧洲、北美有近 300 家琴行,在日本有 40 多家琴行正在代理销售海伦钢琴的产品,全世界范围内代理经销海伦钢琴产品的琴行超过 800 家。目前,海伦钢琴是国家重点火炬计划实施高新技术企业、中国乐器协会副理事长单位、国家文化产业示范基地、国家文化出口重点企业。公司钢琴产品产销量位居世界前列,曾荣获"中国名牌产品"称号,商标成为受法律特别保护的"中国驰名商标"。

经过不断地坚持努力,海伦钢琴产品成为首个进入维也纳金色大厅演奏的中国制造钢琴,以及丹麦王室御用钢琴。2008 年,海伦钢琴被选为北京奥运系列演出用琴,同年,海伦钢琴的产品在欧洲举行的权威音乐杂志DIAPASON 的国际钢琴盲弹评比中获得六星国际评价,此前中国钢琴尚未在如此权威的钢琴评比中取得如此高度的荣誉。2012 年,海伦钢琴通过证监会审核于深交所创业板上市。借助资本市场资金支持,海伦钢琴调整发展战略,进入快速发展通道,拓展企业产业链,进军艺术教育培训市场,2014 年,公司成立全资子公司"海伦艺术教育投资有限公司"。2015 年,海伦钢琴推出第一代智能钢琴,这标志着公司钢琴生产技术迈入新台阶。近年来,公司实施钢琴制造及艺术教育双轮驱动战略,随着公司品牌影响力提升,销售市场进一步拓展,公司产品销售收入逐年稳步提高,2020 年受疫情影响公司营业收入有所下滑,2021 年公司钢琴销量大幅增长,营业收入继续保持增长。目前,海伦钢琴已发展为国内少数具有自主知识产权的品牌钢琴生产商及艺术教育综合供应商。近年来公司营业收入增长情况详见表 3-4。

表 3-4 2012—2021 年海伦钢琴营业收入增长情况

| 年度 | 营业收入/亿元 | 增长率/% |
|------|------|------|
| 2012 年 | 3.03 | 0.06 |
| 2013 年 | 3.39 | 11.66 |
| 2014 年 | 3.53 | 4.27 |
| 2015 年 | 3.69 | 4.53 |
| 2016 年 | 3.89 | 5.45 |
| 2017 年 | 4.70 | 20.68 |
| 2018 年 | 5.27 | 12.30 |
| 2019 年 | 5.51 | 4.43 |
| 2020 年 | 4.76 | −13.6 |
| 2021 年 | 5.22 | 9.67 |

### 3.3.2 公司经营模式

公司采取的是"以销定产"和"安全库存"相结合的生产模式。以销定产即根据市场订单安全生产;安全库存是基于公司钢琴生产周期较长,为了缩短产品的交货周期,提高市场反应能力,增强市场竞争力,公司建立了安全库存制度。海伦钢琴公司销售包括国内销售和国外销售。公司对国内经销商实行分区域管理制度,分设华东区、华南区、华中区、华北区、东北区、西南区和西北区等区域经理,分别负责各区域内经销商的日常管理工作。公司外销区域主要包括欧洲、美洲和亚太地区。公司在营口设立全资子公司建立生产基地,主要为更好地服务于北方市场;公司参股南雄市海伦罗曼钢琴有限公司,合理化利用当地资源,主要为公司提供外壳配套,同时生产部分型号钢琴及开发水晶钢琴系列,以缓解公司产品释放的配套压力,进一步丰富公司产品结构;在象山设立全资子公司主要用于扩建钢琴及钢琴配件生产基地,全面保障产量的提升。

近年来,公司大力拓展电子商务销售业务。2019 年,在电子商务销售方面,公司、经销商和电商通过联动的合作模式,线下体验线上下单,更好地促进了线上销售渠道进一步发展。报告期内,在"双十一"活动中,公司钢琴线上销售业绩又创新高。报告期内,电子商务平台销售收入为 4398 万元,同比增长 43.09%。受全球性的新型冠状病毒肺炎疫情的影响,国内外钢琴销售市场都受到严重的冲击,市场终端消费需求呈现阶段性下降,公司钢琴产品的生产和销售,以及投资的艺术教育培训业务均受到影响。随着新冠肺炎疫情的逐步控制与动态清零,公司继续深耕钢琴领域,加强企业产品附加值和文化性,依托互联网技术,积极探索智能制造,洞察新媒体思维,挖掘网络销售市场潜力,促进传统钢琴产业的改造和消费渠道的升级,拓展艺术教育业务方面,积极组织团队创新业务模式,双向拉动企业业务增长,促进企业发展。

### 3.3.3 历年荣誉

海伦钢琴自成立以来,始终重视自有技术进步和自主品牌建设,先后入选国家重点火炬计划实施高新技术企业、中国乐器协会副理事长单位、国家文化产业示范基地、国家文化出口重点企业。海伦钢琴成立以来历年重要事件及主要荣誉详见表 3-5。

表 3-5　海伦钢琴发展重要事件及主要荣誉

| 年份 | 重要事件及主要荣誉 |
|---|---|
| 2004 年 | 文德隆开始委托海伦钢琴加工整琴业务。 |
| 2005 年 | 公司在音乐之都奥地利首都维也纳成功开办"中国海伦钢琴城",卢永华(时任驻奥大使)亲临现场祝贺。 |
| 2006 年 | 公司制造的钢琴获得维也纳金色大厅永驻权,为第一架进入维也纳金色大厅的中国制造钢琴。 |
| | 在法国钢琴调律师协会和琴行联合评比中,钢琴键盘工艺、音色、手感、性价比等几个方面相比日本生产的钢琴都具有明显的优势。 |
| | 公司制造的钢琴被丹麦王室选为御用用琴。 |
| | 海伦钢琴被国家市场监督管理总局认定为"中国名牌"产品。 |
| | 在美国成立海伦钢琴销售公司。美国代理商主要销售 7 个品牌钢琴,海伦钢琴为亚洲唯一品牌。与世界顶级名琴同放在纽约著名的克拉维亚豪斯琴行。 |
| | 接受中国乐器标准化中心委托,公司和珠江钢琴为首,共同修订《钢琴》国家标准,将引领中国钢琴制造业整体水平的进一步提升。 |
| 2007 年 | HAILUN 钢琴被选为北京奥运会倒计时一周年大型晚会使用钢琴。 |
| 2008 年 | HAILUN 牌钢琴被美国 The Piano Book 2008—2009 世界钢琴质量排名列入 4A 组,为唯一一家列入 4A 组的中国制造钢琴,是目前中国制造钢琴的最好排名。 |
| | HAILUN 钢琴被指定为 CCTV 首届钢琴小提琴大赛唯一指定用琴。 |
| | 被文化部评为国家文化产业示范基地,成为钢琴行业第一家获此荣誉的企业。 |
| | 获得由中国民营经济研究会、中国管理科学研究院名牌与市场专家委员会在首届中国品牌国际化发展高层论坛上颁发的"30 年中国品牌创新奖",为我国钢琴制造业唯一获此荣誉的企业。 |

**续表**

| 年份 | 重要事件及主要荣誉 |
|---|---|
| 2009 年 | 被轻工业联合会和乐器协会评定为乐器行业十强企业。 |
| | 公司列入 2009—2010 年度国家文化出口重点企业。 |
| | 荣获浙江省工商行政管理局和浙江省商标协会颁发"浙江省著名商标"证书。 |
| 2010 年 | 海伦钢琴被轻工业乐器监督中心认定为行业标尺。 |
| 2012—2014 年 | 在 MMR 国际乐器评选中,连续荣膺年度声学钢琴大奖。 |
| 2015 年 | 获得美国 MMR 终身成就奖,入选"名琴堂"。 |
| 2016 年 | 被评为"2016 宁波品牌百强";创始人陈海伦先生及夫人在奥地利荣获"尚彼德奖"(又译"尚彼得奖"、"熊彼特奖")。 |
| 2017 年 | 成为第 55 届意大利布塞托维尔第之声国际声乐比赛中国赛区选拔赛指定用琴。 |
| | 海伦钢琴产品获得 2017 美国 MMR 声学钢琴大奖;董事长陈海伦入列百名世界甬商风云人物。 |
| | 公司获得 2016—2017 年度"浙江省重点文化企业"殊荣;获得 2016—2017 年度"浙江省重点文化企业"殊荣。 |
| | 沈阳音乐学院与海伦钢琴股份有限公司校企合作教学实践基地正式揭牌。 |
| 2018 年 | 被工业和信息化部评定为"服务型制造示范项目"。 |
| | 董事长陈海伦入围"中国文化产业年度人物"百人候选名单。 |
| | 海伦 HG178 和 HG218 三角钢琴获英国西伦敦大学 John Beilby 博士高度赞誉。 |
| | 海伦钢琴东北基地项目正式落户营口。 |
| 2019 年 | 宁波品牌评选活动中荣获"突出贡献奖";蝉联 2019—2020 年度国家文化出口重点企业。 |

| 年份 | 重要事件及主要荣誉 |
| --- | --- |
| 2020 年 | 第三届音才奖国际钢琴邀请赛决赛在宁波成功举行。 |
| | 中国品牌研究中心,甬商发展研究会评选中,"海伦"被评为"2020 宁波品牌百强"。 |
| | 被中国轻工业联合会、中国乐器协会评为"中国轻工业乐器行业十强企业";重新通过了"高新技术企业"认定。 |
| | 被中国轻工业企业管理协会评为"全国轻工业企业管理现代化创新成果三等奖"。 |
| 2021 年 | 成立中国轻工业钢琴工程技术研究中心;荣获中国轻工业乐器行业十强;荣获 2021—2022 年度国家文化出口重点企业;荣获 2021 年度中国乐器行业科技创新活动组织奖。 |

## 3.4　案例主体分析

从模具学徒起步,到成为国际知名钢琴品牌的带头人,海伦钢琴股份有限公司董事长陈海伦的心中始终承载着"中国人制造世界一流钢琴"的梦想。他带领海伦钢琴成功研制出"码克"核心技术,打造自主品牌,将海伦钢琴送上了世界舞台,弹奏出"中国好声音"。纵观海伦钢琴的发展,大致可划分为初创成长、创新发展和颠覆性创新转型三个阶段。

### 3.4.1　初创成长:主营钢琴零配件生产(2001—2004 年)

海伦钢琴其历史可追溯到成立于 1986 年的宁波北仑钢琴配套厂,当时主要从事钢琴五金件及琴凳生产。公司创始人陈海伦早年五金学徒出身,改革开放后进入当地农机厂,从模具技术工人做到当地农机五金厂长,因五金市场不景气,工厂开始为上海钢琴厂做钢琴配件。1999 年,陈海伦带公司配件参加世界最大乐器展览——德国法兰克福国际乐器展览会,制造精良价格昂贵的世界知名钢琴触动了他的中国制造钢琴梦。2001 年,海伦公司正式成立,公司起步阶段主要为国内外钢琴厂生产加工钢琴零配件。

欧洲音乐艺术历史文化悠久,也是钢琴企业网络的核心。基于创始人陈海伦成立公司前对钢琴业务及企业网络的积累,海伦早期与欧洲文德隆等企业合作,主动嵌入欧洲钢琴生产网络。搞技术出身的陈海伦深知钢琴整机技术关键在于核心部件码克,2002年海伦钢琴开始研发码克。2003年,陈海伦携带海伦制造的码克参加国际展会,公司产品迅速得到大家的认可。同年,海伦钢琴开始研发试制第一个型号钢琴HL121立式钢琴。公司专门成立技术团队,聘请知名行业技术专家,引进合作方生产设备和生产线,消化吸收国内外先进钢琴制造工艺流程及技术标准。创新网络的知识溢出,创始人和团队的不懈努力,海伦逐步实现从核心部件生产到整机生产的飞跃。

### 3.4.2　追赶发展:自主品牌整机钢琴制造(2005—2012年)

2002年,海伦攻克码克关键技术,陈海伦携带公司生产的码克再次来到法兰克福国际乐器展览会。凭借高水准的技术工艺,海伦自制的码克在2003年的法兰克福乐器展上引起了欧洲大批顶尖钢琴制造企业的关注,奥地利百年钢琴制造商文德隆就是其中一家。公司并未满足仅生产码克,海伦邀请与之合作的奥地利文德隆第四代传承人彼德·维莱茨基先生,以及美、日、法等国家钢琴制造大师,融合现代技术与欧洲传统工艺,不断完善钢琴整机技术方案。

2004年,海伦钢琴凭借自己优良的生产工艺成为文德隆的ODM伙伴。此后,海伦钢琴又相继与德国"贝希斯坦"、捷克"佩卓夫"等国际知名钢琴企业合作,以ODM方式为其代工整机成为他们的原始品牌制造商。2005年,公司完全实现钢琴整机生产,自主品牌HAILUN钢琴正式面向国内外市场。同时,公司利用国际经销商与合作企业开展联合品牌推广,例如海伦与文德隆合作推出"文德隆-HAILUN"联合品牌钢琴。公司用三年的时间,让HAILUN钢琴走进欧洲各国音乐学院和教堂,永久入驻维也纳音乐厅,成为丹麦王室御用钢琴。随着产品日益成熟和市场接受度提升,海伦钢琴国内市场份额不断增加,企业发展进入快车道,并于2012年通过IPO

审核成功上市。

### 3.4.3　颠覆创新：转向综合文化产业（2013—至今）

2013 年以来，互联网、智能制造等新一代技术逐渐颠覆传统制造模式，未有生存压力的海伦钢琴主动响应市场变化，投身钢琴智能技术的研发。面对国内艺术教育的巨大潜力，公司探索现有业务与互联网的融合，着手布局智能钢琴产品和线上线下艺术教育业务开启转型之路。资本市场为海伦赢得更广泛的关注，也为企业建立产业内、行业间的合作网络提供了可能。2014 年，公司先后成立海伦艺术教育投资有限公司、海伦网络信息科技有限公司，拓展艺术教育培训业务进入教育产业链。2015 年，公司首款智能钢琴增加了连接互联网匹配 APP 的智能化功能。为加速艺术教育的产业化进程，海伦以此作为战略核心，主动构建艺术教育创新网络。

传统钢琴技术方面继续与文德隆、贝希斯坦、佩卓夫等 ODM 合作。公司一直秉承着科技创新的理念，结合实际市场客户反馈问题，技术研发部门不断加大研发科技力度，优化产品技术参数，来满足日益变化的市场需求。科技创新与新产品定向研发，是公司成功打开中高端市场，提升市场占有率的有力保障，是企业实现转型升级的关键因素。面对移动互联网＋乐器互联网音乐生态的构建，企业更要积极拥抱互联网，深化音乐教育布局，深入研究开发全国智能钢琴音乐课室项目，创意延伸乐器产业链，谋求新的市场增量空间。

品牌推广方面，海伦钢琴积极参与国际知名乐器展会，同时与国际国内声乐赛事、主流影视节及名家巡演等活动组织合作进行品牌推广，如：举行海伦·迪士尼系列钢琴新产品发布会，助力 2019 中国大运河国际钢琴艺术节开幕式等。智能化教育核心技术方面公司与中央音乐学院、互联网科技公司联合研发智能钢琴教材及 APP 软件。2017 年，海伦与沈阳音乐学院等机构签约校企合作加强校企联盟建设，牵手辽宁（营口）沿海产业基地建设东北基地项目。2019 年，是乐器制造产业继续贯彻落实供给侧结构性改革、深入是中国制造 2025、产业结构趋向中高端的转型之年。顺应创新、绿色、环保发展理念，精研市场需求，推进产品创新、市场创新、品牌创新，乐器产业不断促进产品趋向中高端化、智能化、个性化发展。同年,海伦钢琴与中央音乐学院成功签约共同开发"中央音乐学院继续教育学院海伦智能钢琴实验课室"项目,开启艺术教育和钢琴教学的新时代。公司的钢琴制造及艺术教育双轮驱动战略,逐步推动着公司功能升级和跨产业升级。

## 3.5 案例分析

### 3.5.1 海伦钢琴创新网络战略

第一阶段,创新网络萌芽起步。初创企业往往通过嵌入产业内垂直网络,利用与垂直网络直接合作企业的共生依存关系,学习引进先进知识。网络嵌入初期,新创企业产品业务影响力不高,合作企业数量有限,领先企业为使嵌入企业生产原件达到标准,会为其提供先进工艺流程和技术标准。在此过程中,随着网络嵌入者的知识积累和技术吸收,知识学习吸收效应显现,公司逐渐获得技术创新收益。在此基础上,嵌入企业能力增强可以吸引更多合作伙伴,加快提升网络创新溢出效果,从而帮助嵌入企业实现工艺及产品升级。

我国钢琴消费起步较晚,2001年我国城镇居民家庭平均每百户拥有钢琴量仅为1.26架,同期欧美及日本等发达国家该指标超过20架。中国传统儒家文化望子成龙教育思想固化,钢琴演奏艺术事业发展促进了乐器消费日渐升温,钢琴产业有着巨大市场空间。海伦钢琴成立初期阶段,产品技术创新能力难以达到业界领先水平。欧美及日本等发达国家一直是钢琴消费的主要市场,欧美在声学品质方面掌握世界最先进技术,日本精密数控设备在零部件标准化和制造工艺方面代表着世界领先水平。钢琴产业链中高端设计大多集中在欧美市场,生产制造集中于日本和中国台湾。与大多创业企业相似,海伦钢琴利用创始人多年积累的业务关系,与文德隆知名品牌企业合作产品设计,从日本引进数控生产设备和生产线,最终攻克钢琴核心部件码克的关键技术。公司先后聘请美国的乔治·弗兰克·爱默生(George Frank Emerson),法国钢琴设计大师斯蒂芬(Stephan),维也纳钢琴制作大师彼得·维莱茨基(Peter Veletzky),奥地利钢琴调音权威大师兹拉特科维奇·斯宾(Zlatkovic Sibin),日本钢琴整理检验大师江间·茂(Ema Shigeru)等多位专家加入研发,最终实现从零配件生产制造商向钢琴整机生产制造商的成功转型。第一阶段公司创新网络战略行动如图 3-2。

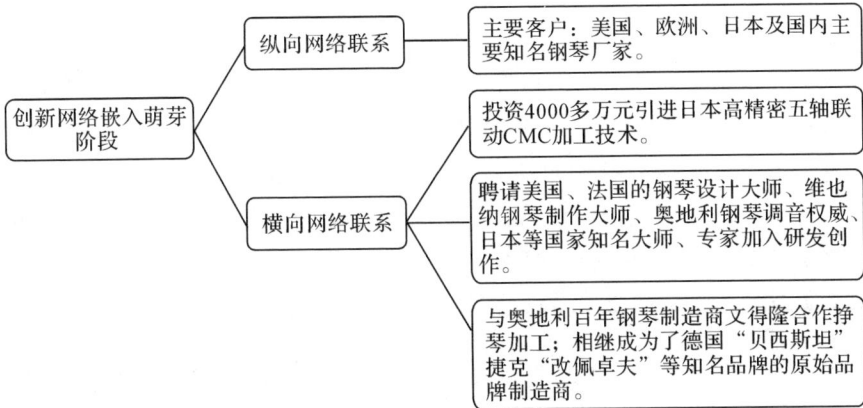

图 3-2 的结构内容如下：

创新网络嵌入萌芽阶段

- 纵向网络联系
  - 主要客户：美国、欧洲、日本及国内主要知名钢琴厂家。
- 横向网络联系
  - 投资4000多万元引进日本高精密五轴联动CMC加工技术。
  - 聘请美国、法国的钢琴设计大师、维也纳钢琴制作大师、奥地利钢琴调音权威、日本等国家知名大师、专家加入研发创作。
  - 与奥地利百年钢琴制造商文得隆合作挣琴加工；相继成为了德国"贝西斯坦"捷克"改佩卓夫"等知名品牌的原始品牌制造商。

图 3-2　海伦钢琴创新网络萌芽阶段战略行动

第二阶段,创新网络扩张发展。随着企业的成长升级,创新能力带动企业网络扩张能力提升,初创企业创新网络关系及规模随之调整变化。一方面,产业链内升级使得初创企业与垂直网络直接合作企业的共生依存关系发生变化。从市场竞争视角看,双方关系由简单互补转为合作竞争,网络关系兼具垂直及水平网络特征。例如,企业双方以合作研发、品牌联合及市场共享等方式相互捆绑,实现利益交叉共享,成为竞合依存关系。另一方面,初创企业逐渐获取创新网络间接参与者的信任,双方开展共生或竞合依存关系的业务合作,创新网络参与者数量不断增加,创新溢出规模效果也相应增强。

受 2007 年全球次贷危机深度影响,欧美钢琴消费市场再度受挫,中国逐步崛起成为钢琴制造及消费主要市场。在此期间,海伦引进日本自动化工艺及生产线,结合欧美传统钢琴制造技术形成独特制造工艺技术,取得了专利知识产权,推出自主品牌整机钢琴。随着收入增加及消费认识提升,专业型消费取代普通型消费成为市场主流,为海伦主营的立式、三角钢琴等中高档乐器提供了机遇。海伦通过研发战略实现技术追赶,自主品牌系列钢琴也逐渐被德国贝希斯坦、捷克佩卓夫等多家国际知名钢琴认可,产品也随之走进欧美市场。海伦转为钢琴整机生产后,以 ODM 方式为文德隆代工整机,与文德隆继续合作研制开发不同型号钢琴整机,双方并以联合品牌方式进行市场推广。随着市场需求的多元化,为了提升用户对产品良好的体验感,公司致力于钢琴技术研发。依托钢琴制造工程技术中心,海伦引进国外钢琴先进技术和工艺检测技术,继续深化与国际品牌贝希斯坦、捷克佩卓夫等技术战略合作,确保海伦钢琴技术的核心竞争力和创新力。与此同时,海伦钢琴通过扩大与德国贝希斯坦、捷克佩卓夫等其他钢琴制造商建立 ODM 合作,积极开拓国内市场。创新网络规模扩张促进信息异质多元,也深化了网络内企业间的技术交流和研发合作,海伦钢琴实现业务稳健增长。第二阶段公司创新网络战略行动如图 3-3。

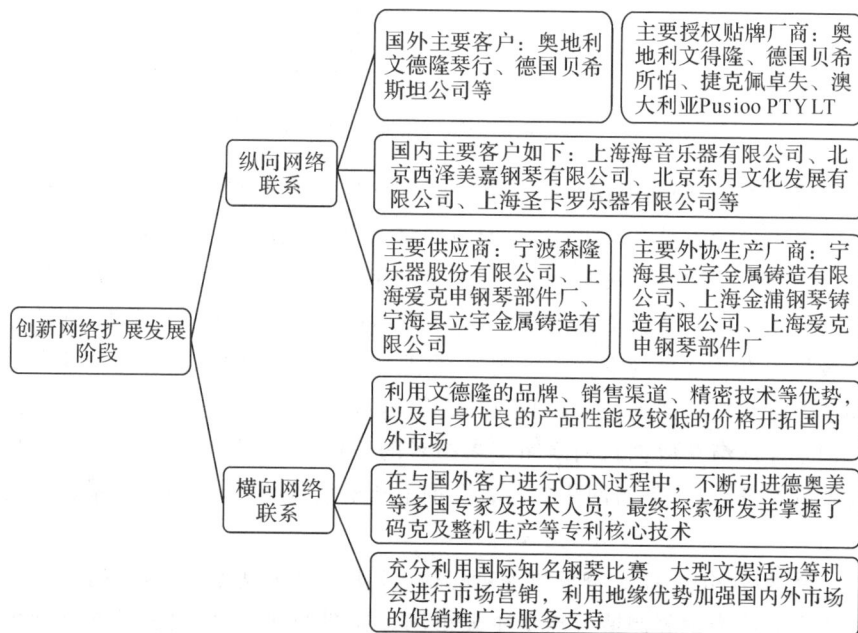

图 3-3　海伦钢琴创新网络扩展阶段网络行动

　　第三阶段,创新网络转型重构。随着创业企业创新网络扩张,网络的创新溢出效果达到最大化,企业发展也接近规模边界。在此背景下,完成工艺升级和产品升级的企业会寻求更高层次的跃升,获取持续市场竞争优势。受外部技术、市场等环境因素影响,市场需求变化及技术变迁给企业发展提供新的信息。相关产业领域企业成为创新网络中的新参与者,为创业企业构建高层次跃升所需的网络关系提供了可能。企业以变革导向,拓展侧向网络联系,形成纵横交互更复杂的网络模式。部分企业或者迫于原创新网络创新收益衰减压力深化网络发展,挖掘新的网络溢出效果,企业以二次创新实现功能完成产业链内升级,或者主动响应环境变化捕捉市场机遇,重构跨产业合作网络。

　　随着钢琴艺术教育普及化加快,信息化、智能化、网络化技术成为技术变迁主要特征,再次打开艺术教育窗口期。海伦钢琴以技术、品牌为核心提升产品竞争力,国内外市场份额不断增强。考虑到现有市场增长空间有限,公司主动响应互联网及智能制造等一代信息技术变革机遇。2014 年,公司成立全资子公司——海伦艺术教育投资有限公司、北京海伦信息网络有限公司,并与多家知名教育培训机构合作设立教育公司,进军音乐教育与智能钢琴领域。2015 年海伦钢琴的非公开发行股票募投项目“智能钢琴及互联网配套系统研发与产业化”稳步推进,包括智能钢琴生产线、智能操控系统生产线及互联网互动教育平台等。2016 年,“6+1 海伦智能钢琴教室”进入推广阶段,教室统一使用公司的智能电钢、培训教材及教学方法。2017 年,海伦公司推出海伦智能钢琴 ipiano1。在此基础上,公司利用资本市场集聚优势,重构形成以海伦为核心的创新网络,与中央音乐学院、互联网科技公司联合研发智能钢琴教材及 APP 软件全新功能产品,公司业务也从传统制造产业跨入教育产业。

　　公司围绕“内生+外延”的发展思路,两条腿协同并进,求稳求优,战略上大胆布局,标的上择优录取。公司对已合作中的艺术教育标的进行了筛选,选择发展较好标的进行增资,对宁波海伦七彩文化发展有限公司、宁波海伦育星教育管理咨询有限公司、宁波海伦川音文化发展有限公司、宁波海伦新巴赫文化发展有限公司、宁波海伦爱乐文化发展有限公司的参股比例提升至 49%,进一步深化公司艺术教育项目产业链的战略,促进双方在市场资源、人才培养、产品反馈与创新、市场拓展等方面的共享和协同,完成质的积累等待量变,提升公司未来竞争力。第三阶段公司创新网络战略行动如图 3-4。

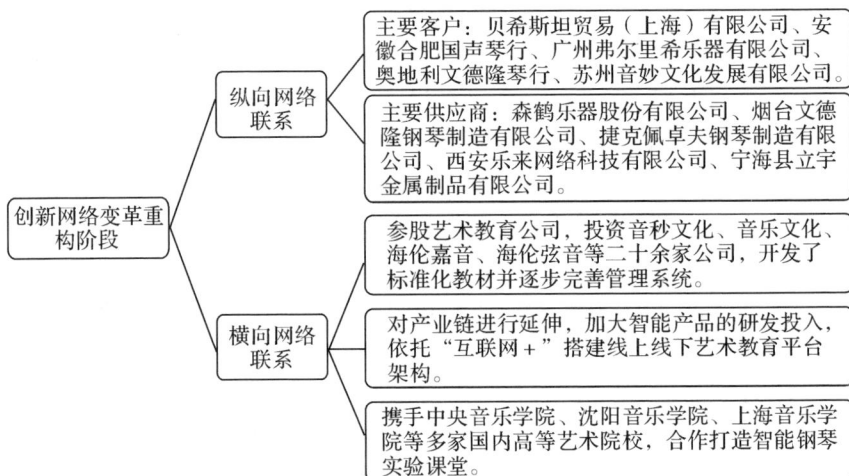

图 3-4　海伦钢琴创新网络变革重构阶段网络行动

### 3.5.2　基于创新网络的颠覆性创新超越发展

(1)第一阶段,嵌入创新网络,学习引进先进技术市场经验

①引进现代工艺,学习转化先进技术

随着国际钢琴制造转至中国以及国内消费需求爆发,海伦团队识别产业、市场机会窗口形成,利用个人社会关系为企业初创期寻找市场。海伦利用与文德隆的商业关系主动嵌入钢琴全球创新网络,一方面从日本购买数控自动化设备及生产线,引进现代化工艺;另一方面,先后与文德隆、佩卓夫、贝希斯坦、斯坦威等知名品牌建立合作,共同研发传统工艺与现代技术结合的制造技术。在此期间,海伦通过学习引进、转化利用,培育组织自主创新能力。2004 年,海伦拿到钢琴加工的定位孔工艺、自动摩擦琴弦机等 5项专利,全面掌握钢琴整机生产技术。

在钢琴设计和制造技术方面，海伦钢琴不但吸收了欧洲钢琴的先进设计理念，同时创新的结合美、日等国的现代工业化生产模式和加工工艺，逐步形成了将现代高新技术与钢琴传统的个性化加工工艺相结合的特有技术特点，建立了一整套自身独立的创新技术体系。公司在钢琴生产伊始就全面摆脱传统的放样、模仿、测绘、实物试制修改的研发模式，在国内率先全面使用 CAD(计算机辅助设计)、CAM(计算机辅助制造)、3D 动漫、数字模拟、数字比对优化等先进手段，提升研发效率。在产品的音乐特性设计开发方面，直接采用高线分析标注法、网格状频率振幅分析法、内应力色彩对比法、三维坐标频率曲线动态分析等先进手段分析检测音板弧形应力；同时，公司吸收应用国际领先的前期预设计、效果预测及修订等设计方法。先进的产品设计理念，大大减少了产品工艺和钢琴音乐品质方面的试验次数，加快了产品的更新换代速度。

②集聚技术人才，提升技术管理经验

海伦钢琴高度重视技术研发和创新，自公司成立以来积极联合相关领域的大学，不断引进世界知名的钢琴设计制造大师，组织创建钢琴设计中心，成功推出各种型号不同档次的钢琴新品，始终保持企业技术领先优势。随着公司国际化战略的深入，公司技术研发团队逐步壮大，核心技术人员稳定，公司设立的钢琴制造工程技术中心成为省级高新技术企业研究开发中心。公司以制造中国钢琴为口号，鼓励研发团队日夜奋战于 2002 年攻克核心部件码克关键技术。

海伦公司在提高自身影响力和生产技术的同时，仍然重视公司内技术人才的培养。在发展过程中公司逐步培养出了一支素质高、专业结构合理、实力较强的技术创新型人才队伍，人员组合来自中国、德国、奥地利、法国、美国、捷克等多个国家的著名专家以及公司多年来自主培养的一批中青年技术骨干和技术带头人。此外，公司积极与德国贝希斯坦、捷克佩卓夫等多家国际知名钢琴生产厂商开展 ODM 合作，通过双边合作学习引进了多项国际先进的技术、管理经验，对提升公司生产技术水平和持续创新能力发挥很大的促进作用。

③学习成效

首先，从生产零部件到制造钢琴机芯。公司组建稳定后，海伦以研发战略为核心,成立研发中心组建研发团队,同时邀请欧美及日本钢琴知名企业艺术大师进行研发指导。海伦钢琴在码克制作技术上取得突破之后,因为传统的木质钢琴键盘容易因季节冷暖变化而收缩变形,海伦公司采用了独创的铝中盘,从而保证了钢琴长久使用后的音色和手感。从外围到核心,从生产零部件到制造钢琴机芯,公司一步一步向前发展。

其次,从代工生产到ODM品牌合作。公司成立初期,利用前期业务网络联系,文德隆委托海伦钢琴加工整琴业务。2004年,海伦钢琴凭借自己的实力成为欧洲百年钢琴品牌的ODM伙伴。此后,海伦又凭先进的生产工艺,相继加入德国"贝希斯坦"、捷克"佩卓夫"等国际知名钢琴企业,成为他们的原始品牌制造商。

然后,从技术引进学习到技术创新。公司自成立以来重视技术创新,多年来一直专注于钢琴制造领域的技术研发,持续推出各种型号钢琴新品。公司制定年度新产品开发计划时,结合市场调研及行业发展趋势,每年选定4~5个左右的新产品开发计划。公司获评国家级高新技术企业和国家火炬计划重点高新技术企业,并在行业内率先将计算机辅助开发技术和数字化加工技术应用于钢琴生产。在此期间,技术中心成立后先后承担完成了国家科技型中小企业创新基金1项,国家火炬计划项目3项,国家火炬计划重点项目1项。

(2)第二阶段,扩张创新网络,推动企业实现技术市场追赶

①深化自主研发,实现核心技术追赶

海伦作为后发者一直重视社会、商业关系构建企业创新网络,获取技术追赶发展所需核心资源。公司成立之初,利用与文德隆等企业交易关系,邀请文德隆第四代传承人彼德·维莱茨基先生,以及美、日、法等国家钢琴制造大师,融合现代技术与欧洲传统工艺,不断完善钢琴整机技术方案。创新追赶阶段,海伦主营业务转至钢琴整机生产。公司聘请知名行业技术专家,引进合作方生产设备和生产线,消化吸收国内外先进钢琴制造工艺流程及技术标准。与文德隆、德国贝希斯坦、捷克佩卓夫等知名品牌合作以ODM方式为其代工整机,同时以品牌联合战略将自主品牌HAILUN钢琴推向国内外市场。

主营整机钢琴制造之后,海伦继续坚持研发核心战略,上市前公司已拥

有定位孔生产工艺、码克设计和生产工艺等 8 项自主开发主要核心技术,18 项专利技术和 4 项非技术专利。为保证钢琴整机每个环节的品质,海伦形成了一些稳定的零部件外协厂,公司负责核心部件及整机组装。海伦坚持守信保质,通过完善质量管理体系,严格每一道工序流程,确保送达客户的每一架钢琴无退换。海伦钢琴上市前拥有自主开发核心技术情况详见表 3-6。

表 3-6　海伦钢琴上市前拥有自主开发核心技术情况

| 核心技术名称 | 专利技术专利号/<br>非专利技术 | 专利技术名称/<br>非专利技术名称 |
|---|---|---|
| 定位孔生产工艺 | ZL200410024879.X | 用于钢琴加工的定位工艺 |
| | ZL200430022903.7 | 音板定位孔模板(钢琴) |
| | ZL200720073606.3 | 立式钢琴铁板 |
| | ZL200720073607.8 | 立式钢琴背架 |
| | ZL200820154859.8 | 立式钢琴背架 |
| | ZL200820154857.9 | 三角钢琴铁板 |
| | ZL200820154860.0 | 立式钢琴铁板 |
| 码克设计和生产工艺 | ZL200920076215.6 | 特殊异型曲线音板框 |
| | ZL201020251684.X | 一种钢琴音板 |
| | ZL201020192161.2 | 一种裸露弦轴板式钢琴铁板<br>和弦轴板结构 |
| | ZL201020192138.3 | 一种弦组式的压弦条结构 |
| | ZL201020251635.6 | 一种立式钢琴音板结构 |
| | 非专利技术 | 三角钢琴音板弧度预支技术 |
| 钢琴中盘加工工艺 | ZL200420023359.2 | 钢琴中盘 |
| | ZL200610052935.X | 钢琴中盘 |
| 自动摩擦琴弦机技术 | ZL200420023358.8 | 自动摩擦琴弦机 |
| 钢琴踏瓣传动机构<br>生产工艺 | ZL200620106397.3 | 钢琴踏瓣传动机构 |

**续表**

| 核心技术名称 | 专利技术专利号/<br>非专利技术 | 专利技术名称/<br>非专利技术名称 |
|---|---|---|
| 铁板弦枕筋加工技术 | 非专利技术 | 以定位孔定位数控加工弦枕筋技术 |
| | ZL200920076481.9 | 立式钢琴铁板 |
| | ZL200720073600.6 | 卧式钢琴弯背 |
| 音板框(三角琴弯背)<br>弧度加工技术 | 非专利技术 | 五轴联动加工中心加工音板框技术 |
| 弦码复合材料加工技术 | 非专利技术 | 多层复合弦码加工技术 |

②借力营销网络,推动品牌市场追赶

为提高企业的硬实力,海伦钢琴制定了明确的品牌合作战略,通过与国际品牌长期深化合作,结合不同企业的优势,确保技术的创新力和核心竞争力,同时节约各自进入市场的时间和费用,扩大市场销售规模。海伦和文德隆合作的联名品牌钢琴颇有成效地开拓了海外市场。2005年1月29日,公司与欧洲总代理商合作的"奥地利维也纳—中国海伦钢琴城"隆重开业,进一步拓展海外市场网络。捷克佩卓夫钢琴公司(欧洲五大帝王钢琴之一)与众多大专院校、专家都保持合作关系,是欧洲技术最全的研发中心之一,每年都有新产品的推出。2009年6月捷克佩卓夫钢琴确认并宣布海伦钢琴股份有限公司为捷克佩卓夫钢琴在中国的合作伙伴和总代理商,强强联合开展合作。

与此同时,海伦钢琴积极致力于实施自主品牌战略,将国际市场细分以从中找到自己产品的特色,并且筛选出能够为其有效服务的目标市场,依据目标消费群体的特征进行合理的定位,集中本企业的"优势兵力"将这块"市场蛋糕"做大。2012年,海伦钢琴创业板上市以来,公司继续深化与国际品牌贝希斯坦—佩卓夫及其旗下罗瑟、贝希斯坦的齐默曼、福尔利希的合作,共同开发多款高品质钢琴。海伦钢琴通过深化与国际品牌贝希斯坦、捷克佩卓夫等技术战略合作,为海伦钢琴的品牌知名度和影响力在钢琴行业中不断上升,在消费者中形成了较好的口碑和关注度。

③追赶成效

从生产整机钢琴到制造精品钢琴。海伦钢琴在掌握钢琴整机研发生产能力后,开发推出系列钢琴品牌。在此基础上进一步研发生产海伦精品钢琴,确保产品品质达到国内各类品牌钢琴的最高水平,巩固海伦钢琴的中高端品牌形象和市场地位,并进一步向高端市场发展。在陈海伦先生的带领下,海伦钢琴一度位于世界钢琴销量前端,先后荣获了美国 MMR 终身成就奖、欧洲金音叉盲弹六星评奖、国家文化出口重点企业等众多荣誉奖项,真正向国际舞台展示了什么是中国制造,更是让国人了解什么是中国制造,让国人对于国产钢琴品牌有了全新的认识,让更多的中国人不再一味追求外国品牌,更多地去了解中国人自己的品牌。钢琴的零件个数达到 9000 个左右,生产过程中控制零件的加工、装配,才能实现钢琴的要求质量。海伦钢琴,拥有数控高科技钢琴专用设备和生产线,并先后聘请了国外钢琴设计和制作大师、整音与调音大师专家来公司长期指导组装、生产工艺,从而实现代科技与欧洲组装工艺的结合。

从 ODM 品牌合作到自主品牌建设。海伦钢琴在技术创新、产品研发、工艺设计、规模化生产、质量控制、品牌推广、营销模式、渠道建设等方面已建立起完整的经营链条,与国内其他大多本土钢琴企业相比,核心竞争力相对较强。公司一直坚持实施发展自主品牌为主,适度保持 ODM 的经营方针,上市前自有品牌钢琴销量占总钢琴销量的 70%。基于"诚信、创新、服务"的核心价值观,公司持续投入人力,财务资源等支持产品的创新和质量的提升。在经营战略切换调整中,公司继续施行"标杆市场"战略,将有限的资源集中投入专业客户群(专业教师、专业院校等)和普通消费群(主要是学生),迅速提高目标市场的知名度。以满足顾客服务为基准更新管理服务理念,维护 HAILUN 这一品牌形象。

产品品质和市场份额快速增长。从生产钢琴零配件起步到整琴生产,海伦用短短十几年的时间,勾勒出在转型中快速发展的宏伟蓝图,成功实现了品牌的转型升级。海伦钢琴以音色优美与工艺卓越的特色,得到了国内外广大消费者的喜爱和诸多专业人士的一致好评。经过多年跨越式发展,上市前海伦钢琴的钢琴总产量为 1.44 万架,近三年钢琴销量的年均增长率约为 22%,其中公司内销年均增长约 46%,年均产销率将近 100%。海伦钢琴上市前核心产品产能情况详见表 3-7。

表 3-7 海伦钢琴上市前后核心产品产能情况

| 年份 | 2008 年 | 2009 年 | 2010 年 | 2012 年 | 2013 年 |
|---|---|---|---|---|---|
| 立式钢琴产能(架) | 9799 | 12789 | 17871 | 20994 | 24215 |
| 三角钢琴产能(架) | 1678 | 1377 | 1728 | 1801 | 1535 |

(3)第三阶段,重构创新网络,实现技术市场颠覆性创新超越

①协同技术创新,率先攻坚智能钢琴制造

2014 年以来,海伦以变革转型为导向积极布局智能钢琴制造。利用互联网信息技术及艺术教育快速发展机会,海伦借助资本市场资源整合优势超越转型,与互联网信息公司、一流高校合作研发智能化产品,顺利进入艺术教育。智能化教育核心技术方面公司与中国邮电大学、中央音乐学院、互联网科技公司联合研发智能钢琴教材及 APP 软件。2017 年,海伦钢琴与沈阳音乐学院等机构签约加强校企联盟建设,牵手辽宁沿海产业基地建设东北基地项目。同时,积极参与国际知名乐器展会,同时与国际国内声乐赛事、主流影视节及名家巡演等活动组织合作进行品牌推广。国内大型钢琴品牌企业在产品结构转型升级同时,依托资本市场通过兼并收购,加快行业全产业链资源整合。2019 年,中美贸易战升级,经济下行压力加大,但国内乐器产业依托国内市场发展和内需体量,运行趋势,总量稳中有升。同年,海伦钢琴与中央音乐学院成功签约合作,海伦钢琴与中央音乐学院继续教育学院共同开发"中央音乐学院继续教育学院海伦智能钢琴实验课室"项目,通过中央音乐学院旗下的名师研发教材,对海伦公司在各地区的授权加盟商的授课教师进行师资培训与指导,将教学效果与艺术考级并轨,更有效地开展钢琴教学工作,开启艺术教育和钢琴教学融合的新时代。

②统筹国内外市场,探索互联网艺术教育

2016 年,公司智能钢琴及艺术教育培训项目稳步推进,加速了公司向综合文化企业转型的步伐。公司紧随潮流趋势研发出智能钢琴,产品结构和功能得到了改造和拓展,推动了公司产品的结构化升级。公司产品根据不同的市场服务人群进行定位系列分类,并针对不同的定位,进行技术性能改进。公司还率先开启国内自主品牌钢琴与动漫联手,与迪士尼共同研发

海伦·迪士尼系列钢琴。近年来,海伦钢琴积极推广智能钢琴教室,与中央音乐学院共同研究开发教材与教学法,以海伦智能钢琴为教具,启蒙孩子的学琴之路。公司不仅研发具备静音系统的智能钢琴,还推广优于传统钢琴基础教学的智能钢琴教室,海伦智能钢琴教室涵盖广泛,拥有全套自主教具、教材、师资培训、APP软件,全方位保障学习进度和效果,最大程度上调动孩子的学习兴趣,解决学习痛点,让学习乐理和学习钢琴不再枯燥单调,获得了众多家长的关注和欢迎。

2019年,在移动互联技术革命的宏观背景下,互联网商业环境和消费层次的扩展,互联网技术应用促成工业智能化、教育智能化、互联网信息化的行业发展特质,促进中高端智能化产品集群式的发展,智能化产品带动音乐教育的普及与发展,资本要素和人工智能同步促进乐器消费结构延伸拓展。公司通过音乐会分享会、音乐大师班、音乐演出等活动,传导品牌文化,传播音乐理念,不断提升品牌形象和影响。公司线上通过京东、淘宝等旗舰店进行品牌推广与销售,同时还通过官微、官网、抖音等平台进行公司产品与品牌宣传。通过线上线下渠道的不断探索和融合,公司增强了顾客体验,品牌整体形象得到了提升。海伦钢琴近年智能产品相关专利情况详见表 3-8。

表 3-8　海伦钢琴近年智能产品相关专利

| 年份 | 公司申请获批专利情况 |
| --- | --- |
| 2017 年 | 专利一:立式电钢琴平板只能进出装置(201620820082.9) |
|  | 专利二:一种钢琴音板制作方法(201410428196.4) |
|  | 专利三:一种同时实现数据传输与充电的电钢琴功放系统(201720662304.3) |
| 2018 年 | 专利一:一种立式钢琴静音系统(201720853433.0) |
|  | 专利二:三角钢琴的双音板音源结构(201720853414.8) |
|  | 专利三:一种复合弦码底座制作胎具(201720853431.1) |
|  | 专利四:一种立式钢琴顶盖撑杆结构(201720853461.2) |
|  | 专利五:一种半自动撑杆机构(201720853442.X) |
|  | 专利六:一种立式钢琴板(201721582146.7) |
|  | 专利七:一种无需分离且永不跑弦的弦枕筋(201721582093.9) |

**续表**

| 年份 | 公司申请获批专利情况 |
|---|---|
| 2019年 | 专利一:立式钢琴外壳多色图案部件的加工工艺(201710573576.0) |
| | 专利二:立式钢琴击弦机总挡(201930178864.6) |
| | 专利三:海伦MIDI录播室软件(2019SR1183617) |
| | 专利四:海伦随身绘谱软件(2019SR1179363) |
| | 专利五:海伦大师班软件(2019SR1183677) |
| | 专利六:海伦钢琴展览馆APP软件(2019SR1033112) |
| 2020年 | 专利一:带双缓降器的键盖翻转结构 |
| | 专利二:一体的三角琴踏板机构 |
| | 专利三:调节式踏瓣系统顶杆 |
| | 专利四:立式钢琴击弦机总挡 |
| 2021年 | 专利一:种装有自锁防护配重结构的键盘结构 |
| | 专利二:凹凸匹配的自锁式琴键配重结构 |
| | 专利三:带有镶嵌式弦枕筋的铁板结构 |
| | 专利四:琴键配重块 |
| | 专利五:海伦课程顾问 |

③超越成效

首先,率先从生产传统钢琴到制造智能钢琴。在保证传统机械钢琴生产的同时,海伦钢琴加大研发投入和开发力度打造结合现代智能科技和网络技术的海伦智能钢琴。相较传统钢琴性能,海伦智能钢琴具有优良的静音弹奏功能、光学感应钢琴弹奏数据采集技术和钢琴陪练等功能,其搭载的智能硬件、静音系统、专用软件,开创了钢琴远程教学和独特自学方式的智能化新模式。海伦钢琴近年获得各项专利情况详见表3-9。

表 3-9 海伦钢琴近年来获得各类专利情况

| 年份 | 专利数 | 发明专利 | 外观专利 | 实用新型专利 | 软件著作权 |
|------|--------|----------|----------|--------------|------------|
| 2013 年 | 5 | / | / | 5 | / |
| 2014 年 | 5 | / | / | 5 | / |
| 2015 年 | 3 | / | / | 3 | / |
| 2016 年 | 6 | / | / | 6 | / |
| 2017 年 | 5 | 1 | 1 | 2 | 1 |
| 2018 年 | 9 | 0 | 2 | 7 | / |
| 2019 年 | 6 | 1 | 1 | / | 4 |
| 2020 年 | 4 | / | / | 4 | / |
| 2021 年 | 5 | / | 1 | 3 | 1 |

其次,转型成为钢琴制造及艺术教育综合供应商。通过子公司北京海伦网络信息科技有限公司与北京邮电大学、北京华慧信通科技有限责任公司进行战略合作,负责智能钢琴音源主板、钢琴 MOOC 网络教育及智能乐谱系统等项目的研发与创新,为智能钢琴项目提供网上钢琴教程、乐谱系统等技术支持,形成具备海伦钢琴标志性的互联网教育平台。海伦钢琴将智能钢琴教室与艺术培训项目作为转型升级的两条主线,两者目标、落脚点、教材体系等不尽相同,通过线上线下相互融合打造一个独特的艺术教育品牌。

最后,持续推进产品创新及产能扩张增长。随着公司上市,海伦钢琴持续加强技术产品创新,研发智能钢琴及空中教室等创新产品,产品专利不断突破(详见表 3-6)。同时,公司为扩张产能,公司在营口设立子公司建立生产基地,主要为更好地服务于北方市场;公司参股南雄市海伦罗曼钢琴有限公司,通过外延式发展化解环保压力,并合理化利用当地资源,主要为公司提供外壳配套,同时生产部分型号钢琴及开发水晶钢琴系列,以缓解公司产品释放的配套压力,丰富公司产品系列;在象山设立子公司主要用于扩建钢琴及钢琴配件生产基地,全面保障产量的提升。海伦钢琴近年主要产品销量情况详见表 3-10。

**表 3-10　海伦钢琴近年来主要产品销量情况**　　　（单位：台）

| 年份 | 2013 年 | 2014 年 | 2015 年 | 2016 年 | 2017 年 | 2018 年 | 2019 年 | 2020 年 | 2021 年 |
|------|---------|---------|---------|---------|---------|---------|---------|---------|---------|
| 立式钢琴 | 25139 | 25839 | 27056 | 29278 | 33511 | 36469 | 36738 | 30904 | 33855 |
| 三角钢琴 | 1685 | 1564 | 1596 | 1490 | 1606 | 1727 | 1703 | 1372 | 1769 |

## 3.6　结论与启示

### 3.6.1　案例总结

本章围绕创新网络演进与企业后发追赶与超越，选择海伦钢琴作为研究案例样本，探究分析了社会外部环境影响下，企业通过创新网络行动提升企业创新能力，进而实现创新网络演进与企业追赶与超越发展。基于对案例企业成长纵贯动态研究，我们发现社会外部环境动态演化。同时，创新网络演进积累提升企业行动能力，进而促进企业追赶与超越发展。

首先，技术引进在后发企业的技术追赶中只能起到初步作用，在企业具有一定技术能力之后，单纯依赖技术引进并不能增强其追赶能力。后发企业的主导技术发展呈现了"引进学习—创新追赶—颠覆创新超越"三个阶段。引进学习生产是后发企业创业的起点，通过图纸或技术的购入或引进，以完全照搬照抄的方式进行产品生产，在生产过程中逐步积累经验；通过转化先进技术，创新精品掌握核心主导技术的控制权；再通过探索智能制造技术从而获得产业发展先机。

其次，创新网络是企业获取知识及资源，促使企业追赶与超越的重要路径。经济活动的网络化及开放化使得创新网络成为企业创新的重要路径。在此背景下，企业初创阶段通过网络嵌入从网络节点学习先进技术，引进设备及人才。企业获取创新网络溢出收益，从学习引进到转化吸收形成自主创新能力，进而通过突破创新推动企业从传统产业跨向新技术领域。因此，新创企业应重视创新网络路径，充分认识创新网络节点及联结方式的作用，积极利用创新网络模式获取整合追赶与超越技术资源，提升企业创新能力。

再次,创新网络演进与企业追赶与超越协同发展,推进企业持续成长。一方面,企业基于不同组织发展导向(如学习引进、效率扩张、转型变革)实施网络嵌入、竞合扩张、网络重构等创新网络行动,通过网络获取知识及资源实现企业升级。另一方面,企业追赶与超越提升企业竞争优势,创新网络联结关系增加,知识资源吸收增强。企业创新网络行动与追赶与超越交互影响,网络创新溢出收益即获取企业转型升级的创新能力,同时企业追赶与超越又增强企业创新网络行动能力,有助于企业实现更高阶的升级。

### 3.6.2　研究启示

(1)鼓励技术交流和人员流动,促进技术学习

后发企业的技术追赶可以跨越某个阶段甚至是多个阶段。企业在追赶与超越发展阶段离不开整合全球的研发资源,加强市场研究和技术机会扫描能力。因此,后发企业应与外部协同单位建立联系,鼓励技术交流和人员流动,促进技术学习。但要避免过度依赖技术领先企业,产生权力依赖逻辑。后发企业要注重多种技术学习方式,整合内外部多种途径、多种资源,选择合适的学习方式。后发企业自身的技术能力对技术追赶非常关键,资源获取和转化与企业的能力构建是一种动态协同。后发企业要冷静面对各种先进技术,研究不同领先企业的技术动向,向多种先进技术学习,选择成功的技术引进模仿、改进创新,避免冲动型的主观技术判断,降低技术开发活动的不确定性。

只有通过自身的技术追赶,创造发展条件,使这种优势可能变为现实优势。就我国现状而言,实现经济增长、技术赶超要从实际出发,通过将外部市场、资本、政策、产业经济等条件充分利用,形成并提高内源性的学习能力和转化能力,才能充分发挥后发优势,实现技术能力的增长和经济的高速发展。

(2)提升全球化管理视野,重视企业工匠精神

技术追赶的各个阶段后发企业的发展模式各不相同,企业管理层要具备管理全球化企业所需的管理视野。首先要实现心理跨越,敢于争先,敢于超越。企业在选择研发合作伙伴时,要充分考虑潜在合作伙伴组织流程和

价值观,这些构成了企业最基本的能力。企业要积极与合作伙伴建立正式的沟通制度,加强组织间的信任,从而使得多方可以真诚合作,形成有效的研发联盟,实现利益共赢。企业应投入足够的资源和努力以加强研发队伍的建设,加强研发团队员工对企业的身份认同,形成良好的创新创业氛围,稳扎稳打,培养工匠精神。

工匠精神的精髓是注重细节,追求极致,诚心正意,术有专攻,大国气魄,匠人风骨。企业家社会责任感和工匠精神的弘扬能使企业在追赶超越的过程中产生品牌效应,"中国制造"就会通过"中国创造"转型为"大国制造"。调研中我们在对企业高层进行采访时,很多企业管理层反映了一个很突出的问题,我们的企业缺乏工匠精神。因此,企业管理层要高度重视在企业中尤其是管理层中培养工匠精神,转变技术创新管理理念,从源头上形成对技术研发的真正重视,凝聚企业整体资源,加强研发,保证企业得以真正做出合格的产品,站在技术前沿,维持其核心竞争优势。

(3)充分利用创新网络平台,发挥资源整合优势

创新网络是全球化经济情境下组织学习的重要手段,也是后发企业实现技术追赶的重要举措,需要企业管理层转变创新理念,整合企业内外部资源来有效实施。后发企业可以利用前沿信息技术加强自身对前沿技术和消费者偏好的把握,及时调整研发资源的配置。企业通过整合全球性的研发资源来实施技术追赶战略,有效解读市场反馈的信息,加速研发成果的市场化过程。同时,企业在选择研发伙伴时,要注意保护自身的知识产权。通过双边或者多边技术协议的形式切实保障企业研发联盟各参与方的合法利益,有效控制搭便车和机会主义行为。

后发企业在选择合作伙伴时,要深度解读目标企业的业务流程和价值观,因为业务流程和价值观是组织最基本的组织能力,进而从根本上把握目标企业的技术生态。同时反思自身组织流程和价值观,求同存异,克服组织刚性,以实现后续的有效整合。企业管理层团队的国际化视野对于企业实施开放式创新战略有重要影响,因此需要培养和聘用有国际化管理经验的管理团队,这样有利于企业从高层保持对全球化信息的有效解读,及时调整企业的战略方向和创新方面资源的投入。同时建立与自身企业战略和结构相匹配的技术竞争情报系统,以提升对前沿技术预测、企业环境管理以及战

略管理的能力。

（4）坚持稳健的专业化经营,提升细分领域地位

专业化经营是指企业只在一个产品领域进行生产、设计和销售,企业的业务范围比较单一。专业化经营的优势在于企业可以集中所有的人力、资本及其他生产要素生产一种产品,这样既减少了要素的消耗量又提高了要素的利用效率,降低了企业的生产成本同时使企业获得更多收益。但专业化经营也有一定的风险性,如果企业选择的产品本身市场前景较狭窄,而企业又不具备较强的竞争力,就会影响企业进一步的发展。

稳健的专业化经营是战略转型中一种保守并可靠的方式。企业要尽量发挥专业化经营的优势以确保战略转型的成功。专业化经营可以增强企业产品与其他企业产品的差异性,为企业带来更多竞争优势,从而可以增大市场份额来增加收入。专业化经营可以提高企业的快速反应能力,针对外部环境给企业带来的危机进行快速反应,提高企业的生存能力。专业化经营企业的效率远远高于其他企业,他们能够灵活地适应成本和业务流程,并能大大降低企业的经营风险,在企业进行战略转型时为企业的良好继续发展提供可靠保障。

（5）重视知识产权保护,培育自主核心技术能力

中国企业的合作创新对于创新绩效的贡献相对于其他几种技术获取模式来说不是很大,这与当下知识产权保护政策、组织之间缺乏信任、缺乏有资质的技术创新合作中介有很大关系。有鉴于此,本研究认为要充分发挥技术转移中心在技术扩散中的作用,首先要转变政府职能,明确企业的创新主体地位。建立国家创新系统,加强知识产权保护,逐步建立一些有资质认证的技术转移中心。通过合适的契约和制度性安排来强化组织间的良性互动,加强组织间的学习和信任关系,充分发挥市场在资源配置中的决定性作用,政府只做适当引导,对企业的创新决策等具体的方面不做直接性、强制性干预,提升行业整体的国际竞争力。

# 第4章 杉杉股份:机会窗口视角下后发企业颠覆性创新案例研究

## 4.1 概 述

### 4.1.1 研究背景

改革开放以来,随着我们市场化步伐的不断加快,以及发达国家产业转移下欧美制造业企业纷纷投资亚洲市场,为中国市场发展带来生机与活力。在此背景下,我国制造业呈现跨越式发展,纺织、汽车制造等制造企业逐渐崛起,例如服装产业成衣产量从1978年的约7.9亿件增至20世纪90年代中期的70亿件。随着制造业的快速扩张,企业数量和规模不断增长,我国传统制造企业面临着行业同质、竞争激烈、品牌没落、市场萎缩等新的发展困境,很难在所属行业通过现有产品的创新做大做强,为了摆脱同质化噩梦,寻求新的利润增长点,许多企业通过颠覆性创新转型开辟新蓝海。

随着国内服装产业井喷式增长,近年来雅戈尔、杉杉、罗蒙等浙江早期快速成长的服装品牌,为缓解传统产品需求饱和、行业过度竞争等压力,纷纷采取不同应对策略,例如雅戈尔通过业务多元化缓解服装产业压力,杉杉则通过颠覆性创新转型从传统服装制造转型新能源制造。杉杉股份有限公司作为中国服装行业第一家上市公司,1998年,杉杉品牌市场综合占有率就达到37.4%,成为当之无愧的中国服装第一品牌。在杉杉品牌最辉煌的时候,为应对国内服装行业进入下行周期带来的外部压力,杉杉股份毅然选择颠覆性创新转型,全面布局新能源领域,从服装行业转型进入锂离子电池材料市场,经过 20 多年的发展成为全球最大的锂离子电池正极、负极、电解液的综合材料供应商。

企业颠覆性跨界转型是指在原有组织边界之外的创业决策、过程和结果,通过嫁接外行业价值或者直接进入的方式进行创新,制定出全新的企业和品牌发展战略战术,带来知名度、美誉度和忠诚度的迅速提升,确保企业可持续竞争优势。根据业界发展实践及反馈发现,复杂的经济环境以及动态变迁的社会制度环境交互作用孕育了创业的动力和机遇。选择合适的时机即机会窗口(政策、市场、技术等)进行创业至关重要,时机好坏程度有时也能间接决定创业行动。在恰当的时机进入市场,新创企业不仅能克服初始技术、资本等方面的劣势,还能获得高额的利润、占领较大的市场份额,在行业建立起自己的良好口碑与品牌形象;不恰当的时机只会给新创企业带来无尽未知的风险与不可估量的经济损失,甚至最终导致企业的消亡。因此,企业能否在多重情境叠加环境中成功实现颠覆性创新转型,一方面应充分考虑政策、市场及技术机会窗口特征,寻求从原业务轨道跃迁至全新业务轨道的最佳时机(Shin,2017);另一方面颠覆性创新转型意味着企业通过新的价值网络取代原有的价值网络结构,这一过程与企业的自身能力因素密切相关。综上所述,机会窗口的精准分析和把握,成为颠覆性创新转型成功与否的前提和关键,同时,企业是否具备发现机会、识别机会以及采取行动的动态能力也是企业实施颠覆性创新转型战略需要考虑的重要因素。

## 4.1.2　研究案例典型性

(1)颠覆性创新转型代表性

消费时代的升级与变迁使企业面临新的挑战和困境,以及传统制造业快速发展带来的企业趋同、产品同质等问题导致企业面临转型的巨大压力。企业的营销成本不断增加,利润空间越发狭小,许多恶性竞争严重制约了企业乃至行业的健康发展。因此,颠覆性创新转型成为传统行业公司摆脱同质化困境,找到新的利润增长点的重要创新之举。杉杉从服装发家,是行业内率先拥有品牌基因的企业,通过导入 CIS 系统,提高产品定位,实施多品牌运营战略,成功登顶中国顶尖服装品牌榜。1999 年,在激烈的锂电材料国际竞争背景下,杉杉顺应高效化、轻薄化的时代潮流,尝试跨界进入锂电行业。仅在短短五年内,杉杉整合打造出了完整的锂电池材料综合供应链,包含负极材料、正极材料和电解液。旗下拥有近十个生产基地,五百余人的强大研发团队,曾荣获国家重点新产品证书、国家科技进步二等奖、单项冠军企业称号等荣誉。2018 年,杉杉正极材料、负极材料和电解液的全国市场竞争力分别位列第一位、第二位和第四位,名列前茅。杉杉股份成功实现了从中国服装业的龙头企业,到全球最大的锂电池材料综合供应商的跨界,并致力于成为全球新能源行业的领导者,堪称颠覆性创新转型的典型。

(2)"破窗"颠覆性创新典型代表

杉杉股份从服装行业成功跨界到锂电池材料行业,再到延伸产业链下游,进军新能源和光电领域,每一次的转型都是出于对机会窗口的正确把握。创业初期,在接手濒临破产的甬港服装厂后,郑永刚另辟蹊径,将打造知名品牌作为自身的发展战略。通过引入企业形象识别系统,启用杉杉全新标志,举办众多大型时装展示会等手段,提高了杉杉品牌形象和企业声誉。随着服装行业发展的瓶颈逐渐显现,杉杉的服装业务发展受到诸多限制,而此时锂电池材料行业的发展引起了杉杉的注意,通过技术收购、投资和合作等方式,成功进入了锂电池材料行业。之后杉杉迎来了新一轮的高速发展时期,在短短的十五年时间内,就成为锂电池材料全球最大的综合供应商。随着新能源行业的不断发展,杉杉股份开启了新能源汽车,能源管理、储能业务等新能源业务,并致力于成为新能源行业的领导者。2021 年,杉杉完成了对 LG 的偏光片业务的收购,与公司原有的锂电池材料业务形成双轮驱动的战略格局。

杉杉股份成立以来,凭借对市场的敏锐判断和快速响应,完成了三次"破窗",每一次都极具代表性。一"破"是在传统服装行业内锚定品牌建设,成为服装企业创新超越的典范,通过品牌形象塑造、技术合作与升级等手段,成为国内第一梯队的服装企业。二"破"是由传统制造企业颠覆性创新转型的典范,杉杉通过与国家科研机构紧密合作,入股投资高技术研究所,前瞻布局锂电池行业,推动锂电池核心科研成果产业化,成功从传统服装企业跨界转型为锂电行业龙头,再利用收购、合作等手段,实现了锂电材料全产业链的覆盖,最终成为全球最大的锂电材料综合供应商。三"破"是深耕锂电池业务领域向下延伸产业链,打造业务联动的典范,依靠已经成熟且完善的锂电池材料技术,杉杉进入了能源管理,新能源汽车等下游产业,致力于成为新能源领域的领导者。

（3）后发民营企业转型升级的典型代表

经济形势的转变和传统行业的发展瓶颈,使众多地方民营企业不得不考虑跨界发展,步入新领域。在颠覆性创新转型方面,国有企业不管是在资金实力方面,还是政策支持方面,都有比民营企业更大的优势。而杉杉股份作为一家民营企业,能够精准把控时机,在资金、政策方面先天不足的情况下,利用民营企业的灵活性和行动迅速等优势,成功实现颠覆性创新转型。与众多民营企业一样,杉杉股份从传统行业起家,从代工厂到建立自有品牌,从国内市场到海外市场,从默默无闻到获得中国首届服装品牌年度大奖,杉杉最终成为中国服装业的龙头企业。进入 21 世纪,受到服装行业发展停滞的影响,公司服装业务逐渐失去竞争力。为了谋求公司的长远发展,杉杉股份审时度势,着眼于与服装业务毫无相干的锂电池材料领域,通过"借力打力"的方式,借助国家大力推广的"产学研"政策,极力推动与高校、科研院所的合作,将研发成果产业化,实现自主生产。目前,杉杉已经成为全球锂电池材料供应商中的佼佼者。从服装制造业向锂电行业的成功跨界转型升级,杉杉堪称企业转型和业务结构升级的模范企业,也是地方后发民营企业转型升级成为国际知名企业的典范。

### 4.1.3　研究思路

杉杉股份作为一家民营企业,通过三十多年的发展,从艰难起步成长为国内服装知名品牌,再到颠覆性创新转型布局进入新能源产业,发展为全球知名的锂电龙头企业,旗下涵盖锂电池材料、服装、光电、新能源等几大板块。在其发展进程中杉杉如何利用民营企业的灵活性和行动迅速等优势,以自身动态能力精准把控时机,成功实施颠覆性创新转型战略,成为获取持续竞争优势的关键。本案例基于外部政策、市场、技术等颠覆性创新转型时机变化,结合杉杉股份的发展历程与颠覆性创新转型战略实施,研究杉杉股份如何利用机会窗口通过动态能力实施颠覆性创新转型,实现企业能力与市场份额的大幅提升与追赶。本案例基于"结构—行动—结果"研究逻辑,构建"机会窗口—动态能力—颠覆性创新转型"研究框架,通过研究重点厘清以下几方面内容:①公司颠覆性创新转型的机会窗口选择。基于外部环境变化,本案例从制度(政策)、市场和技术等方面分析外部机会窗口,研究外部时机选择对企业实施颠覆性创新转型的重要影响。②动态能力与后发企业颠覆性创新转型战略的关系研究。在颠覆性创新转型的组织变革活动中,企业通过动态能力识别外部机会、内外资源整合及价值重构,成功实现颠覆性创新转型。因此,研究分析颠覆性创新转型中动态能力的调节作用。③公司颠覆性创新转型战略路径研究。通过分析机会窗口前置影响作用,以及动态能力的中介作用,提出公司颠覆性创新转型战略路径,主要包括行业跨界、产品跨界、客户跨界、渠道跨界等。在此基础上,从机会窗口选择、动态能力提升及跨界战略决策等不同方面总结出杉杉股份的颠覆性创新转型经验,为其他业企业实施颠覆性创新转型战略提供参考与借鉴。主要研究框架思路详见图4-1。

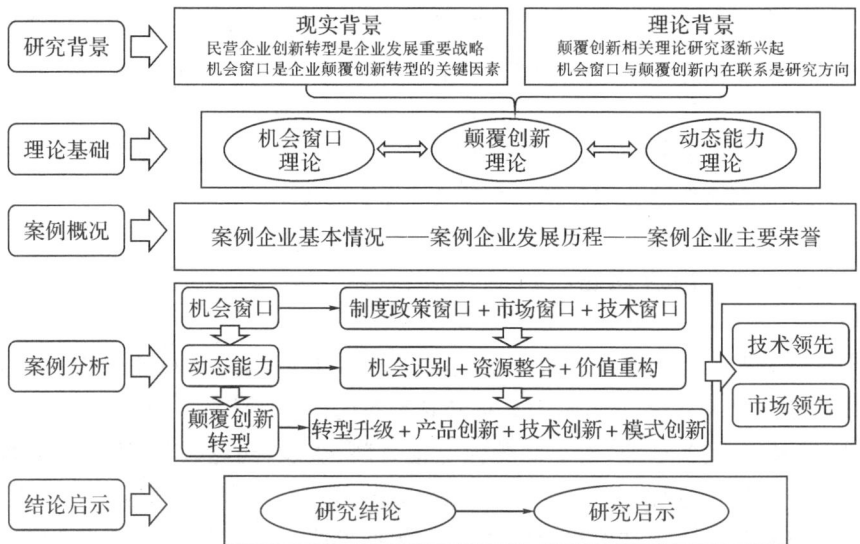

图 4-1 案例研究整体思路

## 4.2　案例理论基础

### 4.2.1　颠覆性创新转型内涵及影响因素

颠覆性创新转型的概念常用于描述中大型企业的跨界创业行为,是依靠公司产生、开发并贯彻实施新想法和新行为的过程(Damanpour,1991)。一些学者将公司创业分为新产品开发、新市场开发和新事业发展三种类型,颠覆性创新转型更多体现为新事业发展,是一种建立在识别市场机会和整合资源基础上的组织特征和战略管理活动(Hitt 等,2001)。颠覆性创新转型是指组织通过嫁接其他行业价值或者直接进入的方式进行创新,制定出全新的企业和品牌发展战略战术,实现公司新产品和技术的组合,创造出新的业务领域如新产品、新服务、新构想、新工艺、新技术、新技能、新资源、新市场等,进而确保企业可持续竞争优势(Kellermanns 和 Eddleston,2006;沈国梁,2011)。因此,颠覆性创新转型包括技术、产品、商业模式等创新等(Hallen et. al,2014)。

企业发展到一定阶段后,基于资金、人才、技术等资源积累,许多企业会选择拓展原有经营范围,进而扩展组织边界。学者对企业颠覆性创新转型的影响因素进行了研究,主要包括动态能力及市场因素等。一方面,组织是否要进入某一行业或开展一项新的业务,最重要的一个标准是其是否已经具备了开展新业务的各种资源,是否掌握了进行多产品扩张的能力(Dess et al.,2003),动态能力推动事业走向成功(Teece,1997)。另一方面,决定组织边界的外部因素主要是市场因素。资源能力与竞争优势是决定组织边界的首要因素,我们在充分考虑组织各项业务活动之间的基本经济联系的同时,还应当考虑其所处的外部市场因素。

### 4.2.2　机会窗口内涵及测量维度

在全球经济一体化的时代背景下,人才、资本、信息、技术在全球范围内的流动速度进一步加快,这不但为本土后发企业带来了众多的前沿技术和管理经验,也为其捕捉市场机会、实现后发赶超创造了良好的条件。对于后发企业而言,选择恰当的机会窗口进入市场往往能够带来高额的利润回报、获得较大的市场份额、形成良好的品牌认知、有效降低企业的成本投入,而选择不恰当的时机进入市场,企业不但要承担较高的市场风险和竞争压力,还很难获得令人满意的利润回报(Helfat 和 Lieberman,2002)。学者 Jones(1985)从市场需求和市场竞争的视角讨论了时机选择的重要性,他认为,企业进入市场即意味着开始向市场提供一项新产品或新的服务,而在市场需求和市场竞争之间总是存有一个最佳的平衡点,企业在这一平衡点前后进入市场获得成功的概率相对较大;Urban 等(1986)从企业收益的视角分析了这一问题,他们指出,市场份额和利润回报会随着竞争企业数量的增多而递减,因此企业向市场推出新产品的时间越早越容易获得较大的市场份额和利润回报,但关键前提在于能否快速高效的克服市场进入壁垒;而 Chung等(2008)从资源投入的视角分析了时机选择的重要性,他们指出,企业可以利用的资源相对有限,过早或者过晚进入市场都无法实现资源的最佳配置效率,企业要想获得更好的发展必须选择恰当的机会窗口进入市场;李春荣(2010)通过对产品研发和资金投入的关系分析发现,早期的产品研发过程往往需要较高的资金投入,而随着产品的不断成熟和完善,研发资金投入会逐渐降低,因此对于存有资金约束的企业而言,选择恰当的市场时机推出新产品和新服务往往会起到事半功倍的效果;郭晓丹和宋维佳(2011)则利用样本数据检验了时机选择对于企业发展的重要性,研究发现,恰当的机会窗口不但可以提升企业的绩效表现,还可以为企业的发展提供更多的机会和更大的空间。

机会窗口理论表明外部机会窗口是企业实现技术升级、主流市场开拓、公司形象提升和行业标准制定的重要机遇。学者们对于制度政策、技术、市场等不同类型机会窗口做了深入研究(Giachetti 和 Marchi,2017;Lee 和 Malerba,2017)。从政策角度出发,政府产业政策和监管规则的变化为开创新企业或传统企业转型提供了特殊机遇(Guennif 和 Ramani,2012)。部分学者认为市场需求条件与商业周期的变化同样为后发企业提供了追赶的机会窗口(Mathews,2005);高速成长的市场需求是支撑后发企业快速成长的关键,在市场需求高速成长的背景下,后发企业不但可以获得较高的利润,还可以在较短的时间内实现市场份额的快速增长(Klenner,2013)。技术时机窗口在后发企业开展破坏性创新的过程中发挥着重要的作用,学者研究指出,后发企业能够成功实施市场破坏的前提条件在于产品性能的过度供给使得市场竞争基础得以改变,而产品性能的过度供给则得益于相关技术的高速发展和快速演进(Husig,2005)。基于现有机会窗口研究,梳理机会窗口测量维度详见表4-1。

表 4-1　机会窗口测量维度

| 测量维度 | | 主要内容 |
|---|---|---|
| 机会窗口 | 技术因素 | "技术范式"的提出;新旧技术范式的交替打开技术时机窗口;技术时机引领破坏式创新。 |
| | 市场条件 | 市场需求条件与商业周期的变化为企业提供追赶机会;合适的市场进入时机和庞大的市场需求是企业成长关键。 |
| | 政策扶持 | 政府产业政策和监管规则的变化应纳入考虑范畴。 |

## 4.2.3　动态能力与颠覆性创新

颠覆性创新转型是一种新锐的策划理念和思维模式(沈国梁,2011)。随着业界实践发展,部分学者基于内外部因素解释颠覆性创新转型(Giachetti 和 Marchi,2017)。市场机会阐释了企业利用市场需求的重大调整、消费偏好的不确定性以及市场竞争真空开展创新追赶活动,技术机会指追赶者利用技术经济范式转变时机实施追赶(杨震宁等,2014;Lee 和 Malerba,2017)。一方面,制度及组织生态论对企业外部环境因素作出不同阐释。制度学派认为外部(制度和非制度)因素是驱动企业转型的内生变量,外部环境与企业行动交互影响,动态演进推动企业实现超越升级(何小钢,2019)。另一方面,资源观及动态能力理论认为颠覆性创新转型是组织转型的过程,也是发挥动态能力进行内部资源整合重构的过程,动态能力强弱决定企业能否顺利转型(Karimi 和 Walter,2015)。转型企业"破窗"离不开技术集成、自主研发、市场推广等内在动态能力支撑(徐雨森等,2014)。因此,颠覆性创新转型是动态能力与外部时机匹配下,组织内外部资源与知识结合的行动过程。基于现有动态能力研究,梳理动态能力测量维度详见表 4-2。

表 4-2　动态能力测量维度

| | 测量维度 | 主要内容 |
|---|---|---|
| 动态能力 | 机会识别 | 企业及时获取生产和市场信息资源;从市场信息的收集到利用大数据进行信息筛查;分析市场、政策新趋势,以此转化为有效决策信息。 |
| | 资源整合 | 重构管理组织惯例和流程的机制,通过技术引进转化探索自主创新;以创新网络整合核心资源等;创新资源获取能力显著提升。 |
| | 价值重构 | 以资本市场变革重构资源;根据国内外市场环境变化及客户需求导向,调整制定与环境相匹配的技术创新、生产管理及市场营销等管理战略。 |

### 4.2.4　案例研究创新

目前的研究文献,对把握机会窗口于企业发展和转型的显著推动作用表示肯定。机会窗口是公司颠覆性创新转型的前置驱动因素,与之匹配的动态能力是企业达成超越升级的中介条件。已有研究解析了制度、产业、市场及技术等外部时机和组织运营等动态能力对公司颠覆性创新转型发展的重要影响,形成了极具价值的理论见解,但在某些方面仍有待提升和拓展。例如,缺乏对颠覆性创新转型特殊情境的讨论,未对动态能力的中介影响进行深入讨论,也未考虑两者交互影响对颠覆性创新转型的影响。本研究立足杉杉股份发展实践,研究企业如何发挥动态能力精准把握各种时机窗口,又是如何充分利用市场需求空白、技术获取机遇和公众意识转变与政策时机,实现从服装业王者到锂电材料龙头,再到新能源倡导者的成功颠覆性创新转型。

本章主要采用了文献阅读法、质性分析法、案例分析等研究方法。首先,采用文献阅读法。我们对公司颠覆性创新转型、机会窗口、动态能力等关键词在国内外相关数据库进行检索梳理,整理出国内外相关研究的现状和前沿问题。其次,运用深入访谈和质性分析法。文献分析是在理论层面上构建模型的逻辑结构,而深入访谈可以起到实践层面的指导作用。通过深度访谈,对公司颠覆性创新转型资源配置战略及结果、企业开展颠覆性创新转型所面临的各方面因素等进行深入的交流。根据访谈资料进行整理,与文献分析中的理论逻辑相联系,进行质性分析。再次,运用案例分析法。案例研究能够对研究问题进行深入、厚实的描述,可以对丰富的现象进行多方面描述,同时可以在实践中构建结论,是一种非常重要的研究方法。本研究通过网络资料、公司年报、公司提供的管理资料和访谈等方式获取相关信息,对收集到的信息进行整理、分类和分析,揭示总结颠覆性创新转型战略路径及发展规律。本研究以杉杉成立发展以及颠覆性创新转型为研究主线索,分析颠覆性创新转型的公司如何进行选择机会窗口,以及如何利用自身动态能力精准把握机会窗口,成功实现颠覆性创新转型。案例研究内容及创新点包括:①公司颠覆性创新转型机会窗口选择。基于外部环境变化,本章从制度政策、市场和技术等方面分析机会窗口。②动态能力与公司颠覆性创新转型战略关系研究。通过动态能力的中介效应,跨界企业通过对机会窗口的快速响应和把握,可以获得先进技术、市场优势地位等稀缺资源,利用机会窗口制定颠覆性创新转型战略。③跨界企业颠覆性创新转型战略与路径研究。分析机会窗口的影响,动态能力的中介作用,提出颠覆性创新转型战略和路径,即企业基于机会窗口获得发展机会,通过感知机会、制定战略最终颠覆性创新转型成功。本案例理论框架详见图 4-2。

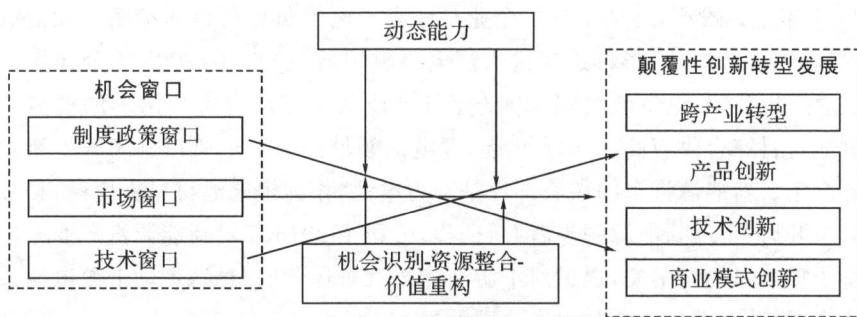

图 4-2　案例理论框架

## 4.3 案例研究对象介绍

### 4.3.1 杉杉股份基本情况

1992 年,杉杉股份由宁波甬港服装总厂(杉杉集团有限公司前身)、中国服装研究设计中心(集团)和上海市第一百货商店股份有限公司等共同发起,采取定向募集方式设立。杉杉成立后,从法国引进了国内首屈一指的生产流水线,扩大生产。同时,系统地提出了企业的品牌发展战略。1996 年成功在 A 股上市,成为中国服装行业第一家上市公司。1998 年杉杉品牌实现七连冠,市场综合占有率达到 37.4%,成为当之无愧的中国服装第一品牌。

随着公司发展壮大,自身品牌在国内外市场的影响力逐渐提升,以及对未来发展的预判,为促进公司的更好发展,杉杉前瞻性的布局新能源领域,开启颠覆性创新转型,逐步进入锂离子电池负极材料、正极材料和电解液领域。1999 年 9 月,杉杉股份收购了正在研发"中间相碳微球"(即"锂电池负极材料")的鞍山热能研究院,在上海成立上海杉杉科技有限公司。这是我国当时唯一的碳素研究所,"中间相碳微球"也入选国家 863 项目,该项目于 2001 年正式投产,终结了日本企业对锂离子电池负极材料的垄断。凭借敏锐判断、果敢决策,杉杉迅速进入锂电材料领域,2003 年、2005 年公司先后成立正极公司、电解液公司,2008 年发展成为全球综合实力第一的锂离子电池材料综合供应商。2014 年起,锂电池领域的又一个风口到来——新能源汽车。新能源汽车的核心部件是动力电池,作为锂电池材料供应商,杉杉股份开启"全球新能源领导者"新征程,公司于 2016 年对新能源汽车业务进行了重点布局与落实,通过对下游新能源汽车运营的布局,带动上游电池系统集成、动力总成业务与整车协同发展。

近年来,中国新型显示产业规模快速发展跃居全球第一。中国是"显示大国",但全产业链的安全仍没有保障,显示产业核心材料、关键装备国产化率非常低,很容易被"卡脖子"。偏光片是 LCD 三大关键原材料之一,目前主流偏光片制造商集中在日韩(LG 化学、住友化学、日东电工),国内仅有三利谱、盛波光电等企业,市场份额约 8%,国内偏光片供求关系较为紧张。基于此,2021 年杉杉股份收购 LG 化学旗下偏光片业务及相关资产 70% 的股权,成立全球最大的偏光片供应商杉金光电,杉金光电进入之后,中国企业的市场份额,从不到 10% 提升到 45% 以上。杉杉股份通过本次收购,实现了高端偏光片国产化,同时也为公司引入新的盈利增长点,与现有锂电材料业务形成"科技双引擎"。公司在两大核心业务的人才优势、技术积累、品牌地位、产品实力和客户资源等优势的基础上,通过资源整合和管理升级,构建"LCD 偏光片+锂电材料"双轮驱动发展新格局。

### 4.3.2　公司业务架构

公司目前主要包括锂电池材料业务、光电材料业务及能源业务。公司基本业务架构详见图 4-3。

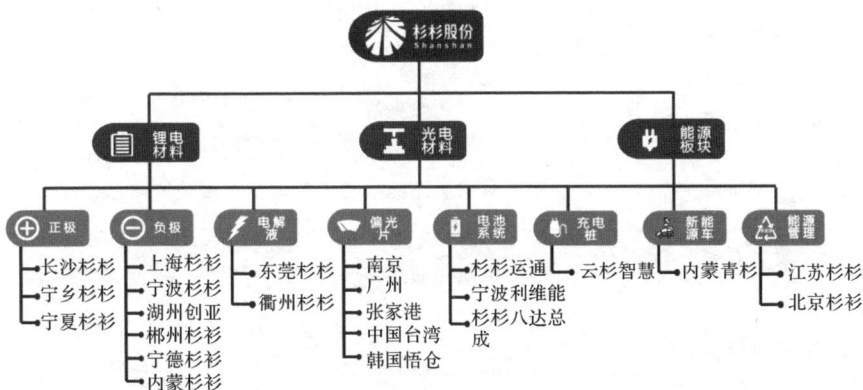

图 4-3　杉杉股份业务架构

(1)锂电业务板块

锂电池材料业务覆盖锂离子电池正极材料、负极材料和电解液的研发、生产和销售。正极材料的主要产品有钴酸锂、三元材料(镍钴锰酸锂和镍钴铝酸锂)、锰酸锂、三元前驱体等,其中钴酸锂主要用于高端消费电子产品,如智能手机、高端平板电脑等；三元材料主要用于纯电动汽车、插电式混合动力汽车以及对成本较为敏感的消费电子产品；锰酸锂主要用于插电式混合动力客车、二轮车以及与高容量正极材料掺混使用。负极材料与电解液主要应用于消费电子产品、新能源汽车和储能行业。杉杉股份锂电材料产品及应用领域详见表4-3。

表4-3  杉杉股份锂电材料产品及应用领域

| 分类 | 产品 | 应用领域 |
|------|------|---------|
| 正极材料 | 钴酸锂 | 主要应用于3C数码类锂电池产品，以及航模、无人机等产品所使用的小型锂电池等 |
| | 镍钴锰三元材料 | 主要应用于3C数码类锂电池产品、动力电池等 |
| | 锰酸锂 | 主要应用于对能量密度要求不高的锂电池 |
| | 镍钴铝三元材料 | 对能量密度要求较高的动力电池为主 |
| | 三元正极材料前驱体 | 用于烧结加工制造镍钴锰三元正极材料 |
| 负极材料 | 人造石墨 | 主要应用于高能量密度和高功率密度的3C数码、电动汽车用动力电池和储能领域 |
| | 天然石墨 | 主要应用于高能量密度和高功率密度的3C数码、电动汽车用动力电池、以圆柱电池为主 |
| | 硅基负极 | 主要应用于高能量密度电动汽车用动力电池 |
| | 复合石墨 | 应客户的特定需求，主要应用于3C数码、电动汽车用动力电池和储能领域，以3C为主 |
| 电解液 | 电解液 | 主要应用于3C数码类电池以及电动汽车用动力电池及储能锂电池等领域 |
| | 六氟磷酸锂 | 用于生产电解液 |

①负极材料。杉杉先后在全国五省建有6家负极材料生产基地，1999年成立上海杉杉，2003年成立宁波杉杉，2009年收购湖州创亚成立郴州杉杉，2016年成立宁德杉杉及2017年成立内蒙古杉杉。6家生产基地建成后，负极材料总体规划产能达到18万吨/年，当前总产能为12万吨/年。公司主要开发生产四类负极产品，分别是人造石墨、天然石墨、硅碳负极、复合石

墨,客户群体覆盖 LG、CATL、ATL、亿纬、力神电池、孚能、国轩、比亚迪等。2020 年,负极业务实现销售量 5.90 万吨,同比增长 24.47%,净利润 2.12 亿元,同比增长 20.38%。

②正极材料。经过多年发展,杉杉的正极材料生产基本形成"一总一院三基地"的发展模式。"一总"即 2003 年成立的湖南杉杉能源总部,"一院"是 2003 年成立的湖南杉杉能源科技为研究院,"三基地"指三个正极材料生产基地:2003 年成立的长沙杉杉、2014 年成立的宁乡杉杉和 2016 年成立的宁夏杉杉。目前公司开发了钴酸锂、三元材料(镍钴锰酸锂和镍钴铝酸锂)、锰酸锂、三元前驱体等多款正极材料产品,正极材料现有产能达 6 万吨。正极材料客户包括 ATL、蜂巢、LG、力神电池、SDI 等,并成功进入了苹果、三星等品牌的上游供应链。2020 年,正极公司全年实现正极材料销售量 30048 吨,同比增长 38.44%。主营业务收入 38.49 亿元,同比增长 4.75%。

③电解液。电解液公司在全国拥有两家生产基地,分别是 2005 年成立的东莞杉杉和 2016 年成立的衢州杉杉,建成产能 2 万吨/年。目前杉杉公司主要开发三元高镍、高电压、高压实体系、低含量 FEC 硅碳电解液、快速充电和启停类倍率型电解液等。电解液方面客户包括国轩高科、亿纬锂能等知名企业。2020 年,电解液公司实现销售量 19905 吨,主营业务收入 5.48 亿元。

(2)光电业务板块

杉杉旗下杉金光电是全球最大的偏光片企业,拥有规模最大的偏光片生产基地,8 条全球领先的偏光片产线,分布于南京、广州,以及韩国梧仓等地,全球产能占比达到 1/3 以上。公司拥有专利技术 1700 多项,与京东方、TCL 华星光电、LG 显示、三星显示等主要客户建立长期稳定供货关系,市场占有率全球领先。年销售规模百亿元,市场份额突破 25%。

(3)能源业务板块

自 2011 年之后,杉杉积极布局新能源业务,2015 年成立合资公司内蒙古青杉,从事新能源汽车设计与研发,同年引入引进动力电池模组与系统集成团队,主推动力电池 PACK 业务。目前,公司拥有自动化 18650 电池 PACK 生产线,年产 18000 套新能源物流车电池包系统,产能约 700MWH,客户覆盖客户包括福汽新龙马、东风特汽等。2016 年 10 月,杉杉成立云杉智慧公司,从事新能源汽车的运营,在全国十余个重点城市设立400余个站点运营充电业务,充电桩运营功率累积达成10万千瓦。2017年获得新能源专用车生产资质,完成10款整车设计研发工作。

### 4.3.3 历年荣誉

杉杉股份作为中国服装行业第一家上市公司,1998年市场综合占有率就达到37.4%,成为中国服装第一品牌。在杉杉品牌最辉煌的时候,国内服装行业未进入下行周期之前,杉杉股份毅然选择颠覆性创新转型,全面布局新能源领域,从服装行业转型进入锂离子电池材料市场,经过30多年的发展成为全球最大的锂离子电池正极、负极、电解液的综合材料供应商。公司成立以来历年重要事件及主要荣誉详见表4-4。

**表4-4 杉杉股份历年重要事件及主要荣誉**

| 年份 | 重要事件及主要荣誉 |
| --- | --- |
| 1992—1995年 | 连续四年,杉杉西服荣获全国畅销国产商品展销月"金桥奖"。 |
| 1994年 | 杉杉西服被评为"中国十大名牌服装";被《中国名牌》杂志选为中国名牌最佳品牌。 |
| 1995年 | 杉杉西服名列"中国服装工业八强"第二名。 |
| 1997年 | 杉杉品牌获中国男装十大品牌之首。 |
| 1998年 | 杉杉法涵诗品牌获中国女装十大品牌之首。 |
| 1999年 | 杉杉品牌被认定为中国驰名商标。 |
| 2001年 | 杉杉集团获"国家863计划CIMS应用示范企业";2001年,负极公司(上海杉杉)通过"上海市高新技术企业"认定。 |
| 2004年 | 负极公司(上海杉杉)的中间相炭微球项目荣获国家重点新产品证书。 |
| 2006年 | 杉杉的正极公司开发的锂电池正极材料钴酸锂被评为国家重点新产品。 |
| 2007年 | 杉杉电解液项目入选国家火炬计划;正极公司(湖南杉杉)被评为博士后科研工作站。 |

| 年份 | 重要事件及主要荣誉 |
|------|------------------|
| 2008 年 | 负极公司(上海杉杉)开发的锂离子动力电池关键材料及器件制。 |
| 2009 年 | 正极公司(湖南杉杉)荣获长沙高新技术产业开发区发明专利奖。 |
| 2013 年 | 负极公司(上海杉杉)开发的锂离子动力电池负极材料荣获上海浦东新区科学技术奖。 |
| 2014 年 | 负极公司(上海杉杉)荣获上海市科技小巨人企业称号。 |
| 2015 年 | 负极公司(上海杉杉)荣获高新技术企业称号。 |
| 2016 年 | 正极公司(湖南杉杉)荣获国家认定企业技术中心称号;正极公司(湖南杉杉)获批设立院士工作站。 |
| 2018 年 | 负极公司(上海杉杉)旗下科技分析中心正式通过 CNAS 认证;正极公司(湖南杉杉)入选国家制造业单项冠军示范企业。 |
| 2019 年 | 负极公司(宁波杉杉)成功入选第四批制造业单项冠军企业名单。 |
| 2020 年 | 光电公司(杉金光电)荣获"第四届(2020 年度)中国新型显示产业链发展贡献奖";与蜂巢能源战略合作协议签约仪式;福建杉杉科技获福建省高新技术企业认证。 |
| 2021 年 | 2021 年,杉杉股份成功并购 LG 化学偏光片,形成"双主业、双驱动"发展新格局;上海杉杉入选全国第三批专精特新"小巨人"企业;内蒙古杉杉科技获国家级高新技术企业认证;杉杉股份成功并购 LG 化学偏光片;《中国能源报》与中国能源经济研究院共同推出的"2021 全球新能源企业 500 强榜单",杉杉股份位列第 121 名;与全球化工巨头巴斯夫进行战略合作。 |

## 4.4　案例主体分析

　　杉杉 1992 年正式成立,提出创建"中国西服第一品牌",通过努力成为中国服装行业第一家上市公司。在杉杉品牌最辉煌的时候,公司毅然选择颠覆性创新转型,全面布局新能源领域,从服装行业转型进入锂离子电池材料市场,经过 30 多年的发展成为全球最大的锂离子电池正极、负极、电解液的综合材料供应商。杉杉的成长发展大致可分为三个阶段:初创成长—颠覆创新转型—深化发展。

### 4.4.1  初创成长:争创中国服装第一品牌(1989—1998 年)

首先,树立"杉杉"独立品牌(1989—1992 年)。1989 年,时任鄞县纺织厂厂长的郑永刚临危受命,接管即将倒闭的宁波甬港服装厂。公司提出创建"中国西服第一品牌",率先在中国服装业界实施品牌发展战略,创立"杉杉"品牌——这是郑永刚看到甬港服装厂门口种着的三棵杉树时所激发的灵感。1992 年,杉杉与中国服装研究设计中心、上海市第一百货商店股份有限公司等五家单位共同发起,采用定向募集方式设立宁波杉杉股份有限公司。至此,原先只是作为美国苹果西服代工厂的宁波涌港服装厂,拥有了自己独立的品牌,并成功将代工工艺融入新品牌当中。

之后,跃升中国服装龙头企业(1993—1998 年)。1994 年,为创建"中国西服第一品牌",杉杉斥巨资聘请台湾艾肯形象策划公司帮助其全面导入企业形象识别系统(CIS),启用杉杉全新标志,进一步提升杉杉整体品牌形象。同年 4 月,杉杉在国内的第一个专卖店——杉杉宁波专卖店开设,标志着杉杉服装的销售进入专卖营销时代,标志着民族服装工业进入了新的营销时代。经过短短几年的快速发展,1996 年,杉杉股份成功在 A 股上市,成为当之无愧的国内服装行业第一股,实现"创建中国西服第一品牌"发展目标。杉杉为寻求新的增长点,通过资金、技术、人才等方面的积累,开拓海外市场。同时,公司不忘初心,积极打造自主品牌,聘任国内知名设计师张肇达和王新元,开创服装名牌与名师联手之先河,打造"法涵诗"、"梵尚男"等原创品牌。之后杉杉专注于品牌经营,聘请世界飞人刘翔作为"杉杉"品牌的形象代言人,品牌收获消费者喜爱。另一方面,杉杉完善特许加盟经营模式,坚定不移地推进品牌国际化战略,借鉴玛珂·阿萨尼的成功运作经验,按照以不同风格和品牌定位满足不同类型消费者的公司产品布局思路,积极寻求与世界级服装企业的合作,取得了良好的经营业绩。杉杉服装业务最巅峰时,下属拥有 2 家国内上市公司,7 家海内外(公司)事务机构、12 家产品开发公司、12 家产业公司、19 家品牌公司,近 3000 家专卖店(厅)遍布中国各大中城市及部分欧美主流商场。

### 4.4.2　颠覆创新转型:转型"全球规模最大锂电材料供应商"(1999—2010 年)

首先,转型进军锂电池负极材料领域(1999—2002 年)。世纪之交,杉杉核心服装业务利润下滑至全行业第五,服装业务面临转型危机。1999 年 3 月,当时国家唯一的碳素研究院鞍山工程院的王维刚院长赴上海出差,机缘巧合与郑永刚聊天中介绍了"中间相炭微球"项目进展情况。当时锂电池材料的生产与市场主要是被以索尼为代表的日本企业所垄断,但 1997 年亚洲金融危机使得日企备受打击,而中国在锂电材料领域发展一片空白。郑永刚敏锐地察觉到新材料领域是杉杉未来发展的新方向,于是他将进军锂电池负极材料领域确定为杉杉布局高科技制造业的首选项目。同年,杉杉成功收购鞍山热能研究所,推动国家级 863 课题"中间相炭微球"研发。项目完成后,杉杉与鞍山热能研究所联合成立负极公司(上海杉杉),着手推进"中间相炭微球"项目产业化。2001 年,杉杉正式投产年产 200 吨锂电池负极材料 CMS,正式进军锂电池负极材料领域,一举打破日企垄断,大大降低了我国锂电池生产企业的原材料采购成本,对锂电这一新兴高科技产业的发展作出了积极贡献。

随后,打造锂电池材料综合供应链(2003—2010 年)。2003 年 11 月,杉杉收购中南大学教授李新海创建的公司,共同组建正极材料公司(湖南杉杉)。2004 年初,公司开始生产高性能正极材料钴锂酸,正式进军正极材料行业。同年,杉杉成为国内正极材料供应商前三强。之后,杉杉进一步扩张正极材料产能,不断加大在正极材料领域研究的投入,公司成功开发高安全性钴酸锂和防气胀产品、LMO 及三元产品、LC500、LM021-HB 和钴酸锂LC420、LC600 等,同时,公司在正极材料前驱体领域研发也取得突破性进展。电解液方面,杉杉于 2005 年收购年产量 500 吨的东莞锦泰,建立电解液公司(东莞杉杉),专注于电解液的开发与生产,次年杉杉电解液销售量就达到了全国第二。基于调研杉杉发现国内高端六氟磷酸锂市场主要被森田化工、关东电化和 SUTERAKEMIFA 三家日本巨头把控,国内无相关类型企业。于是杉杉加强与日韩企业的合作,深入研发电解液配方,开发新型添加剂,最终成为国内首家采用动态结晶工艺生产六氟磷酸锂的企业,填补了高端市场的空白。在负极材料领域,依靠成熟的 CMS 技术,杉杉陆续开发出 CGS、YT 等相关新产品,并成功研发并生产出十几种性能优异的负极材料产品,实现了负极材料产品的系列化。2003 年,杉杉成为国内乃至国际高端锂离子电池炭负极材料的主要供应商,被日本、美国权威资料收列为世界锂电池负极材料供应商前 5 名。2006 年,杉杉发展成为全国最大的锂电池负极材料供应商,具备中间相系列、人造石墨系列、天然石墨系列、综合型系列等产品开发生产能力,能有效满足客户的不同需求。公司主要负极材料基本情况详见图 4-4。

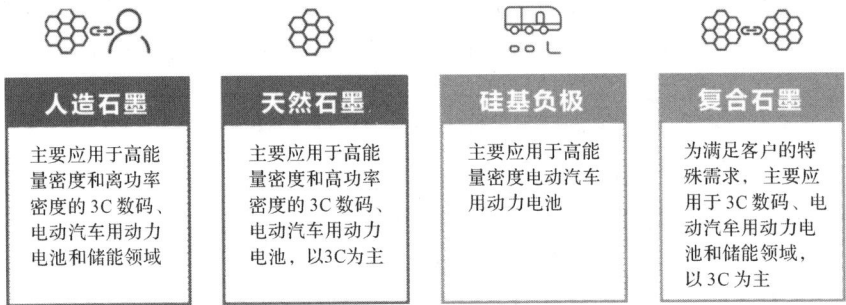

| 人造石墨 | 天然石墨 | 硅基负极 | 复合石墨 |
| --- | --- | --- | --- |
| 主要应用于高能量密度和离功率密度的3C数码、电动汽车用动力电池和储能领域 | 主要应用于高能量密度和高功率密度的3C数码、电动汽车用动力电池,以3C为主 | 主要应用于高能量密度电动汽车用动力电池 | 为满足客户的特殊需求,主要应用于3C数码、电动车用动力电池和储能领域,以3C为主 |

图 4-4　杉杉股份主要负极材料介绍

### 4.4.3　深化发展:致力于"新能源行业领导者"(2011—至今)

首先,拓展新能源产业链(2011—2020 年)。近年来,资源浪费、环境破坏等现象被广泛重视,生态环保、绿色发展等理念渐入人心,以电动汽车为代表的新能源汽车行业逐渐成为行业新宠。为了顺应时代潮流,充分发挥杉杉在锂电池材料的行业领导地位,延伸产业链条,杉杉于 2011 年 1 月成立了宁波航天杉杉,开始研究和部署新能源汽车产业。2015 年是中国电动汽车推广的关键年份。基于产业发展的战略思考,杉杉制定了新能源汽车行业的长期发展战略,成立内蒙古青杉推进新能源汽车的生产和研发。同年,杉杉开启电池系统集成业务,主推动力电池 PACK 业务。次年,杉杉加入充电桩建设及新能源汽车运营业务,打造了多网融合的运营平台。2016年,杉杉投资启动杉杉能源管理服务产业化项目,从节能和清洁能源角度出发,为客户制定系统的节能和清洁能源管理服务方案。

之后,开启"锂电＋光电"双轮驱动(2021 年—至今)。伴随着消费升级,屏幕的大尺寸化已成为 LCD 电视的主流发展方向,5G、8K 超高清相关技术的蓬勃发展,标志着显示产业正加速更新换代并向大尺寸方向发展。同时,随着国内 LCD 面板高世代线的先后建立,LCD 面板产能快速增长,中国面板产能占比稳步提升,已成为全球第一的 LCD 面板生产国,国内偏光片需求也将进入高速增长阶段。根据 Omdia 数据,预计 2021 年国内偏光片需求将达到 3.8 亿平方米,而国内偏光片产能不到 2.5 亿平方米,尚有30％以上的供应缺口,本地化替代空间巨大。在此背景下,杉杉收购 LG 化学旗下 LCD 偏光片业务,成立杉金光电,实现了高端偏光片国产化。以创新创造为目标的技术能力和关键问题解决方案,实现了偏光片本土化的超越发展,现在的杉金光电正在迈入高质量、创新发展轨道,向着全球第一光电材料企业的目标迈进。

## 4.5 案例分析

### 4.5.1 机会窗口、动态能力与颠覆性创新转型机理分析

(1)机会窗口匹配与颠覆性创新转型

颠覆性创新转型是新产品和新技术进入市场的二次创业行为,也是新行业市场供求平衡的再调节过程。案例研究发现,选择适当时机进入,容易发挥资源整合优势,提升网络创新收益,收获市场份额及社会认可。不同类型的外部机会窗口及影响作用存在异质性,不同时机下企业的跨界行动也存在差异。随着国内外市场及消费需求变化共同作用打开市场机会窗口,颠覆性创新转型企业洞察市场细分层次,利用市场机会进入新行业。颠覆

性创新转型初期,企业技术、市场、品牌等核心资源不足,可借助外部时机以市场置换技术接近前沿技术,以国内市场置换国外市场突破地域边界,以市场置换品牌突破认知边界。跨界进程中,随着企业核心资源冗余带来的竞争优势逐渐积累,企业往往另辟蹊径开发显著不同的毁灭技术,重新构建传统核心技术与互补技术的关系,颠覆传统技术范式。与此同时,企业主动把握产业生命周期,克服路径依赖,超前创新探索抢占新领域主导设计"话语权"。基于理论基础本研究提出以下假设。

假设1:市场、技术及产业机会窗口匹配,促进企业颠覆性创新转型。

(2)动态能力匹配与颠覆性创新转型

颠覆性创新转型研究逐渐关注并重视企业能力内部因素在后发企业追赶超越中的作用。企业运营管理能力有助于企业提升产品开发、质量管理、市场反馈、业务模式等组织效率,实现持续价值创造、打造核心竞争优势,占据换道主动权。同时,跨界企业以动态能力识别市场、技术、产业稍纵即逝的有利机会,寻找新机会窗口。通过对案例不同阶段关键事件梳理,研究发现企业发展是不同阶段组织认知影响并转化为动态能力的过程。在此过程中,企业扫描、筛选并识别外部时机,基于企业发展导向开展应对行动实现战略目标。颠覆性创新转型初期,企业积极响应外部环境变动主动谋求发展机会。进而借助开放创新机制和竞合互补机制增补关键资源,进而突破资源稀缺障碍,通过技术许可、研发合作等方式整合换道所需技术资源,以此进行价值重构,形成差异化竞争优势。基于理论基础本研究提出以下假设。

假设2:企业动态能力匹配,提升企业响应能力,有助于实现颠覆性创新转型。

(3)"机会窗口—动态能力"匹配与颠覆性创新转型

部分学者研究提出,颠覆性创新转型是企业所处的外部环境与动态能力的共同作用。基于资源能力视角,颠覆性创新企业转型成长是组织认知外部时机,并根据动态能力对内外部资源进行重构的持续性活动。简言之,企业的颠覆性创新转型是组织行动对外部时机的及时成功响应。在此过程中,跨界企业的推动组织扫描、筛选、识别外部时机,发现结构调整空隙,再通过行动应对结构调整。例如,组织团队认知到市场、产业时机窗口后,利用社会网络提供创业商机。颠覆性创新转型初期，动态能力发掘市场时机，进而通过资源重组拓展市场地域边界。跨界进程中，企业主动应对外部变化，通过变革重构价值。基于理论基础，本研究提出以下假设。

假设3：机会窗口与动态能力匹配，形成后发企业"破窗"时机，有助于实现颠覆性创新转型。

## 4.5.2　杉杉股份"机会窗口—动态能力—颠覆性创新转型"战略分析

(1)紧跟技术窗口，加强培育自主研发能力

首先，抓住技术范式转变机会，实现技术自主。从商业周期的角度来讲，技术的初始引进期和成熟期会是技术赶超的最佳时期。当新的技术范式出现并快速成长时，跨界企业能依靠新技术对抗领先企业的难以提升的旧有技术，以较低的成本尝试利用新技术进行产品研发与规模化生产，从而在主流市场分得一杯羹。20世纪末，锂电池材料的生产与市场牢牢把握在以索尼为代表的日本企业手中。1999年，杉杉收购鞍山热能研究所，完成国家级863课题——"中间相碳微球"项目，获得项目的技术成果。之后杉杉在2001年成功投产锂电池负极材料CMS，顺利实现技术产业化，打破日企垄断格局。凭借对国内市场需求的准确把握和负极材料技术的不断累进升级，杉杉不断扩大CMS产能并成功开发CGS、YT等相关新产品，广受市场追捧。仅仅五年，杉杉成为国内最大的负极材料供应商。电解液领域，2005年，杉杉收购年产500吨电解液的东莞市锦泰电池材料有限公司，并以此为基础组建了东莞杉杉，在巩固已有电解液市场地位的基础上，不断完善和提高锂离子电池电解液生产工艺技术。在此技术积累上，杉杉深入研发电解液配方，开发新型添加剂，成为国内首家采用动态结晶工艺生产六氟磷酸锂的企业，很快博得高端市场青睐。公司技术创新发展路径详见图4-5。

然后，合作创新，掌握核心关键技术。随着技术联盟、科研技术合作等创新模式出现，为企业尤其是成长阶段企业拓宽了研究边界，有效降低了企业的技术成本。基于资源信息互通互享的开放式创新与技术合作正在成为

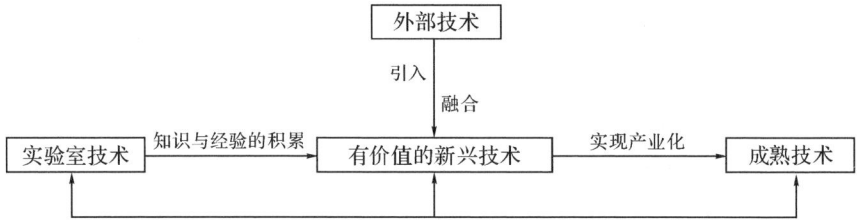

图 4-5　杉杉股份技术创新发展路径

企业之间技术创新的主流,合作创新理念和模式的出现为颠覆性创新转型企业的技术突破与产品跨界提供了黄金时机窗口。杉杉在发展进程中,紧跟技术创新理念变化,利用合作创新、技术共享等机会提升核心技术。1999年,杉杉收购鞍山热能研究所,与其联合成立上海杉杉科技有限公司,快速实现"中间相炭微球"产业化。2016 年 10 月,杉杉与巨化凯蓝合资合作建设以电解液和锂盐为核心的纵向一体化产业基地,实现对上游六氟磷酸锂供应的有效把控,同时,对公司现有的电解液业务进行产能扩张和工艺设备的升级更新,实现产业规模效应,拓展市场份额,提升市场竞争力。基于企业发展实践,提炼梳理技术时机窗口构念和资料引据详见表 4-5。

表 4-5　技术时机窗口构念提炼与资料引据

| 构念 | 维度 | 引据 |
|------|------|------|
| 机会<br>窗口 | 技术<br>窗口 | 鞍山热能研究所承接国家级 863 课题,对"中间相碳微球"技术进行研发,技术成果具备产业化潜力;基于资源信息互通互享的开放式创新与技术合作成为技术创新的主流。 |
| 动态<br>能力 | 机会识别—<br>资源整合—<br>价值重构 | 董事长认为锂电材料前景广阔,将公司发展重心放在锂电池材料领域;运用本地特有的辅助技术,使负极材料产品更加符合当地市场需求;深入研发电解液配方,开发新型添加剂。 |

续表

| 构念 | 维度 | 引据 |
|---|---|---|
| 跨界战略 | 产业跨界— 产品跨界— 渠道跨界— | 2001 年投产锂电池负极材料 CMS,顺利实现技术产业化;成功开发 CGS、YT 等新产品,打破日企在负极材料领域的垄断;成立东莞杉杉,实现六氟磷酸锂的国产化;与巨化凯蓝合资建设以电解液和锂盐为核心的纵向一体化产业基地。 |

（2）响应政策窗口,积极推进绿色能源可持续发展

首先,响应国家政策,布局新兴技术产业。颠覆性创新转型企业进入新领域通常需要经历漫长而艰辛的过程,创业初期企业面临人才、资金不足,政府的激励引导往往能带来直接支持。对颠覆性创新转型企业来讲,选择恰当的政策时机进入可以为企业赢得较为宽松的生存环境和更多的资源支持。20 世纪 90 年代,正是我国由计划经济向市场经济转型的关键时期,这段时期内国家确立"科学技术是第一生产力"的指导思想,提出和实施科教兴国和可持续发展战略,开展科技规划和重大科技计划及项目,由此拉开了建设创新型国家的序幕。在此大背景下,地方政府如天津市政府率先做出电池技术产业化的批示,国内逐渐重视锂电池材料研发,杉杉机缘巧合了解到锂电材料的技术,敏锐发觉该技术广阔的市场前景,进而进行颠覆性创新转型布局。

然后,汇聚技术人才,深化自主研发。20 世纪末,我国已经非常重视锂电产业的发展,在一些大学及科研机构设置了锂电研究室,著名的有天津电源研究所、北京有色金属研究总院、厦门大学等,一些科研成果已达世界先进水平。杉杉成立以来,一直注重研发团队建设,在上海、湖南、宁波三地均设立了博士后工作站,拥有近 20 名博士,并在湖南设立院士工作站,加快人才和技术引进。2018 年末,杉杉有正极材料 67 项授权专利,负极材料 86 项授权专利,电解液 50 项授权专利。这些技术成果为杉杉持续发展提供竞争优势。截至 2021 年底,公司负极材料已有授权专利 146 项,其中发明专利 122 项,实用新型专利 24 项,包括国际专利 2 项。基于企业发展实践,提炼梳理政策时机窗口构念和资料引据详见表 4-6。

表 4-6　政策时机窗口构念提炼与资料引据

| 构念 | 维度 | 引据 |
|---|---|---|
| 机会<br>窗口 | 政策—制<br>度窗口 | 国家确立"科学技术是第一生产力"的指导思想,提出和实施科教兴国和可持续发展战略,开展科技规划和重大科技计划及项目,由此拉开了建设创新型国家的序幕;天津市政府首次在全国范围内提出要将电池技术"产业化";国家不懈地推进锂电产业高端人才团队建设;<br>2010 年 11 月,国家知识产权局公布了《全国专利事业发展战略》。 |
| 动态<br>能力 | 资源整合—<br>价值重构 | 发掘该技术潜力,资助鞍山热能研究所完成"中间相碳微球"项目;<br>截至 2021 年期末,杉杉有负极材料已有授权专利 146 项(其中发明专利 122 项,实用新型专利 24 项,包括国际专利 2 项),正极材料 105 项授权专利,电解液 83 项授权专利;在上海、湖南、宁波三地设立博士后工作站,并在湖南设立了院士工作站。 |
| 跨界<br>战略 | 产业跨界—<br>产品跨界 | 2006 年,成为全国最大的锂电池负极材料供应商,具备中间相系列、人造石墨系列等产品开发生产能力,能有效满足客户的不同需求。 |

（3）把握市场窗口,规划布局战略性新兴产业

首先,聚焦市场空白,提前进行生产布局。对市场规模的预测和市场前景的综合把握体现了跨界企业对发展方向的理解与掌握能力。20 世纪末的日本企业仍深陷亚洲金融危机,杉杉抓紧机遇,仅通过一年完成负极材料 CMS 的设计、施工、设备安装与调试,打破了日立化成对于锂离子电池负极材料的垄断。2011 年,中国锂电材料市场迎来"大爆发",各路企业上演"千团大战"。在激烈的竞争中,杉杉坚定认为锂电时代的到来应该是一场能源革命,这场革命将从智能手机席卷开来,向汽车、储能等传统高能耗产业蔓延。基于此,杉杉不断扩大锂电材料产能,并不断加强自身在锂电材料领域的技术积累。2013 年,杉杉锂电业务收入超过总营收 50%,真正成为企业发展的战略支点。

然后,明确需求层次,深化销售网络。20 世纪 90 年代是全球产业转移的重要时期,大量的中低端制造业从欧美等发达国家转移到发展中国家,其中许多在当时较为先进的生产线和工艺技术都转移到了中国,同时也催生了本土市场的繁荣。在锂电材料行业,前瞻布局与销售网络快速扩建为杉杉抢占全球市场份额取得先机。21 世纪初期,2G 网络的普及使得智能手机、笔记本电脑市场开始活跃起来,作为为电子产品供能的锂电池的行业也得到了快速增长。2007 年,苹果启动第一代智能手机零部件的全球捆绑招标,凭借高性能和实惠的价格,杉杉及其最大客户 ATL 获得苹果公司的青睐,共同进入苹果的供应链。基于企业发展实践,提炼梳理市场时机窗口构念和资料引据详见表 4-7。

**表 4-7　市场时机窗口构念提炼与资料引据**

| 构念 | 维度 | 引据 |
| --- | --- | --- |
| 机会窗口 | 市场窗口 | 锂电材料领域领先的日企深陷亚洲金融危机;芯片制程的突破与 2G 网络的普及使智能手机、笔记本电脑市场变得活跃,锂电池的行业得到了快速增长。 |
| 动态能力 | 机会识别—资源整合—价值重构 | 前瞻布局与销售网络快速扩建为杉杉抢占全球市场份额取得先机;通过增资控股巨化凯蓝公司,拥有了 2 千吨六氟磷酸锂的生产能力;快速完成负极材料 CMS 的设计、施工、设备安装与调试。 |
| 跨界战略 | 客户跨界—产品跨界 | 与大客户 ATL 一起进入苹果公司的供应链;正极材料方面,2016 年在宁夏开启 2 条 6 千吨产能的生产线;负极材料方面,2018 年在包头规划了 10 万吨/年的产能,并在次年完成试生产。 |

### 4.5.3　基于机会窗口的颠覆性创新转型绩效分析

(1)自主科研,掌握人才科技优势

首先,累积技术优势。杉杉积极增进与国内外优秀的锂电池企业以及终端产品制造商的战略合作开发,在锂电材料领域有着先进且成熟的技术储备,持续深化自身技术领先优势;在三元材料尤其是高镍动力型三元正极材料方面已经构建形成了自己的产品和技术体系;前驱体材料的研发已经步入正轨并实现湿法—火法联动,掌握多项可应用于产品中前驱体技术;负极公司还是国内第一家从事锂离子电池人造石墨负极材料研发、生产的企业;公司开发的硅氧材料达到国际同等水平,并已进入主流客户供应链;公司箱体炉石墨化技术愈加成熟,大大降低电耗,有效降低负极材料的生产成本。杉杉不断加强技术创新,产品专利不断突破。近年来,杉杉锂电材料领域已授权专利数量快速增长,从 2018 年的 215 件增长到 2020 年的 298 件,年均涨幅超 15%,其中发明专利和实用新型专利是增长的主力军,占比超90%。这些技术成果和自主专利为杉杉股份的发展提供持续性竞争优势。公司近年锂电材料专利数量增长情况详见表 4-8。

表 4-8  2018—2020 年杉杉股份锂电材料专利数量增长情况

| 年份 | 正极材料/项 | 负极材料/项 | 电解液/项 |
| --- | --- | --- | --- |
| 2018 年 | 67 | 98 | 50 |
| 2019 年 | 87 | 93 | 64 |
| 2020 年 | 105 | 110 | 83 |

其次,研发实力雄厚。多年来,杉杉坚持技术创新、自主研发的发展思路,致力于不断提升自主创新能力,以市场和客户需求为导向,与国际前沿的研发理念保持同步。杉杉股份三大锂电材料均建立了完善的研发团队,拥有近 300 余人核心团队,高级专家及博士 30 余人,硕士 140 余人,两个博士后科研流动站,两个国家级企业技术中心,一个省级企业技术中心。公司在产品、工艺、装备等方面具有自主开发能力,并能将自主创新的技术优势快速转化为产品优势和市场优势,依靠新产品、新技术实现先发优势。上海杉杉科技分析中心通过了国家 CNAS 认可体系,具备理化定性、定量、材料表面及结构、扣式电池和软包电池制作及分析检测能力,充分保障了新材料的研究与开发进展。公司坚持稳定技术研发投入,研发投入与营业收入占比常年保持 4% 以上,并呈现稳步上升的趋势。公司近年研发投入及占比情况详见表 4-9。

表 4-9　2018—2021 年杉杉股份研发投入及占比情况

| 年份 | 2018 年 | 2019 年 | 2020 年 | 2021 年 |
|---|---|---|---|---|
| 研发费用/亿元 | 3.75 | 4.12 | 3.93 | 7.16 |
| 研发投入占比/% | 4.23 | 4.75 | 4.78 | 3.5 |

(2)整合资源,占据市场中心位置

首先,产能规模快速扩张。杉杉根植于锂电材料产业二十多年,行业龙头地位稳固,综合产能行业领先。目前,杉杉拥有正极材料产能 6 万吨,负极材料产能 12 万吨,电解液产能 4 万吨。产线设备、工艺布局、过程环境管控、过程异物防控、产品综合能耗成本等达到国内外先进水平,能够满足国际高端客户的认证要求。公司近年锂电材料产能情况详见表 4-10。

表 4-10　2017—2021 年杉杉股份锂电池材料产能情况

(单位:万吨)

| 年份 | 正极材料 | 负极材料 | 电解液 |
|---|---|---|---|
| 2017 年 | 4.3 | 6 | 3 |
| 2018 年 | 6 | 8 | 4 |
| 2019 年 | 6 | 12 | 4 |
| 2020 年 | 6 | 12 | 4 |
| 2021 年 | 未公布 | 12 | 未公布 |

其次,客户关系稳固。杉杉凭借在锂电材料领域积累的强大技术实力和优秀的产品质量,与全球主流锂电池制造商建立了合作关系,包括 ATL、LGC、CATL、国轩高科、比亚迪、力神、亿纬锂能、SDI 等国内外主流的电芯企业。公司始终以市场和产品为导向,与客户保持紧密的业务往来和顺畅的沟通渠道,及时获取市场信息、了解客户需求,并快速响应客户不同时期的需求和偏好,与客户保持长期深入稳定的合作关系,联合开发、资源共享。

再有,产业链完备。杉杉通过战略合资合作、自建一体化基地等方式完善了锂电材料产业链布局。上游关键原材料方面,公司成立湖南永杉锂业有限公司自建锂盐产能。产能合作方面,公司和行业龙头企业建立合资公司,发挥各自优势,降低原材料采购成本。正极材料方面,公司与紫金矿业、吉利集团合资建立福建常青新能源科技有限公司,保障正极材料前驱体的稳定供应;负极材料方面,公司与国内顶尖负极原材料供应商建立战略合作关系,采取自建、参股等形式扩充石墨化产能,保证负极原材料和主要工艺环节的供应安全和成本优势;电解液方面,杉杉通过和巨化股份合资建立六氟磷酸锂产能,不仅保障了电解液原材料的供应安全,同时降低了电解液的原材料成本。

(3)稳健经营,保持行业领先地位

首先,行业龙头与倡导者。杉杉自1999年开始负极材料产业化,2003年涉足正极材料,2005年布局电解液,如今在锂电材料领域已有20多年的研发迭代和产业化生产实践,在产品品质控制与单吨成本降控上有丰富的经验。旗下正极公司(湖南杉杉)2016年入选"国家企业技术中心"名单,2018年获"国家技术创新示范中心"荣誉,同年入选第三批国家级制造业单项冠军名单;负极公司(宁波杉杉新材料)2019年入选第四批国家级制造业单项冠军名单。目前,杉杉股份已成为全球规模最大的锂离子电池材料综合供应商。

其次,财务绩效优异。近年来,杉杉财务绩效稳定,即便受2020年新冠肺炎疫情影响,公司营业收入和总资产在大体上仍呈现增长。其中,杉杉总资产从2015年近102亿增长到2020年245亿,表明企业成长性强,规模扩张能力较好。另外,杉杉营业收入从2015年43亿增长到2020年82亿。2021年,公司业绩显著增长,原因有三:其一,旗下锂电板块产销量提升由此带来的收入增长;其二,公司并购LCD偏光片业务所带来的并表影响;其三,公司出售杉杉能源部分股权所带来的投资收益。整体来讲,公司销售能力维持在较高水平,运营情况良好。财务绩效表明杉杉在当前有较强的发展潜力。公司近年营业收入及利润情况详见表4-11和图4-6。

表4-11 杉杉股份近年营业收入及利润情况

| 年份 | 2016年 | 2017年 | 2018年 | 2019年 | 2020年 | 2021年 |
|---|---|---|---|---|---|---|
| 营业收入/亿元 | 54.75 | 82.71 | 88.53 | 86.8 | 82.16 | 206.99 |
| 净利润/亿元 | 145.86 | 10.1 | 12.48 | 3.75 | 2.05 | 35.7 |
| 净利润率/% | 3.3 | 12.21 | 14.09 | 4.32 | 2.5 | 17.25 |

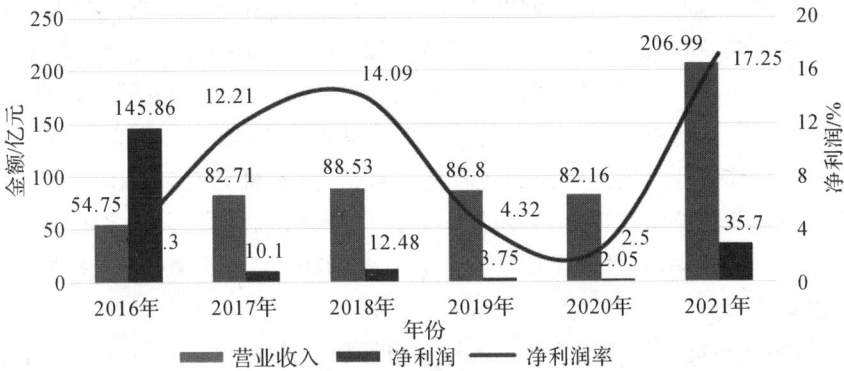

图 4-6　2016—2021 年杉杉股份营业收入和利润情况

## 4.6　结论与启示

### 4.6.1　案例总结

本研究选择杉杉股份作为案例样本,基于机会窗口视角研究企业的颠覆性创新转型行动,探讨分析在激烈的外部条件竞争下,企业如何响应与把握机会窗口,实现行业跨界、产品跨界、市场跨界和渠道跨界。基于对杉杉案例开展系统、纵贯动态研究,我们通过分析制度政策、市场、技术等不同类型机会窗口对颠覆性创新转型的前置影响,以及动态能力对企业颠覆性创新转型的中介影响,揭示机会窗口、动态能力对公司颠覆性创新转型的影响机制,提出企业如何实施跨界战略行动,进而总结提出企业跨界的经验启示。主要研究结论如下:

(1)多重机会窗口共同影响公司颠覆性创新转型

企业在进行颠覆性创新转型要明确开展颠覆性创新转型活动将面临的外部环境影响。本研究厘清了公司开展颠覆性创新转型时面临的制度政策、市场、技术等不同类型机会窗口对颠覆性创新转型的影响。不同外部时机窗口的发生条件、维持时间和对企业的影响机制和程度都是不同的,颠覆性创新转型企业要根据外部环境的实际变化,仔细辨别机会窗口的种类,选择合适的进入时机。首先,制度政策机会能够为跨界企业提供适当财政补贴或税费减免,较低跨界成本,同时,政策鼓励引导能够有效促进新行业产品的消费需求,发挥产业辐射带动效应。其次,市场机会指受行业周期、消费趋势变化等影响,为新产品、新行业等发展带来市场契机,因此市场机会有利于传统企业开展颠覆性创新转型。再次,技术机会窗口指由于技术范式调整以及新技术出现等,为跨界企业提供换道发展的机会。多重外部时机匹配作用驱动,有助于企业突破产品边界、市场边界、渠道边界,实现颠覆性创新转型。

(2)动态能力提升组织效率促进颠覆性创新转型

本研究厘清了动态能力因素对公司颠覆性创新转型的影响。研究表明,动态能力主要体现为机会识别捕捉、资源整合能力、价值重构能力等。资源整合能力指企业借助开放机制和互补机制获取增补性关键资源,公司可通过技术许可、研发合作、技术并购等方式整合跨界所需资源;价值重构能力方面,跨界意味着企业基于新的轨道进行价值重构,需要摒弃原有的思维习惯、业务流程和治理模式。动态能力有助于提升组织学习和资源行动效率,有助于后发企业降低先动风险,进而促进企业跨界。

(3)机会窗口与动态能力匹配影响公司颠覆性创新转型

不同类型机会时机窗口彼此之间相互联系相互影响,正确把握时机窗口是企业成功实现颠覆性创新转型的重要战略决策。颠覆性创新转型是企业对机会窗口的精准把握,即对制度政策、市场、技术等外部时机的把握,制度政策窗口是"环境变化与政策时机",市场窗口是"市场需求空白",技术窗口是"技术范式调整等机遇"。与此同时,跨界也是企业动态能力与外部机会窗口因素相互影响的过程,面对外部机会窗口变化,组织能够顺利识别机会、有效整合资源以及顺利实现价值重构,直接影响颠覆性创新转型战略实施效果。

## 4.6.2　研究启示

(1)有效配置要素,发挥资源整合优势

合理配置企业内部资源,发挥整合优势,能为颠覆性创新转型打下坚实的基础。国内传统制造业企业在资金、技术、市场、生产等方面都有不少的积累,企业应当在颠覆性创新转型活动中有效配置要素,发挥资源整合优势。通过案例研究发现,杉杉能够调动在服装业务中积累的资金优势、组织管理优势和人员优势,快速高效投入锂电技术研究,成功跨界进入锂电行业。

因此,企业开展颠覆性创新转型活动时,应当充分调配部分原有行业的人员、资金和技术,实现业务间已有资源的共享利用,以满足新业务发展的需要。技术方面,企业可以将原有的组织架构、管理经验等应用到新业务当中去,使新业务能在短时间内完成结构建设,节约交易成本;资金方面,动用原有业务的剩余资金,依靠自有资金解决新业务的前期建设费用;人员方面,通过内部机制协调已有的服务人员,管理人员也可以从原有业务中进行挑选。

(2)勇于打破常规,推动企业全面创新

企业要想通过颠覆性创新转型进入新领域,探索新的发展机遇,就必须突破现有的发展模式,打破固有的认知和思维模式,寻求技术、资金、人才与生产基础方面的创新与提升。在本案例中,杉杉通过收购技术团队、合资成立公司、优化人员结构、并购与建设锂电生产线等方式推动企业全面创新,成功跨界锂电新业务。

因此,突破企业已有认知边界,探索适合新业务的发展模式,在企业技术实力,人力资源、资金来源、生产基础建设方面全面创新突破是颠覆性创新转型企业的必经之路。在技术方面,企业可以通过并购同行业企业来获取专利和先进技术,也可以引入高端研发人才,打造自己的科研团队来满足新产品开发的需要;在资金方面,企业可以引入其他资本,在股权结构、投资比例方面进行创新,打破原先运用自有资金投资的局面;在人才方面,企业一方面要提升原有内部人员的能力与水平,另一方面也要外聘新行业的相关从业人员,引入先进的管理经验,优化人才队伍结构。

(3)注重提高领导力,强化企业规划能力

企业高层领导者是企业中负责明确发展方向以及制定长远发展目标的核心人物,其发挥的领导力是推动实现战略目标的关键所在。领导者确定的目标战略与采取的竞争手段,直接决定着企业能否颠覆性创新转型成功。

杉杉案例告诉我们,领导人灵敏的商业嗅觉,确立了杉杉未来的发展方向。

战略决策者的本质就是带领企业走向未来,基于对未来发展趋势的深度分析与精准判断,合理利用现有组织资源与领导力,规划企业未来战略,完成既定战略目标。强大的战略规划能力能逐步消除行业的技术壁垒,挖掘行业发展潜力,拓宽企业生存空间,使企业占据市场优势地位。颠覆性创新转型是从已有成熟产业跨界到全新陌生产业的过程。因此,一方面,要求企业领导者借助外部知识体系,摆脱惯性思维的束缚,树立创新思维模式,提高战略规划能力;另一方面,鼓励员工的自主创新能力,激发组织成员的潜在力量,提升工作的积极性,提高执行力。

(4)强化自主研发,提高核心竞争力

核心技术永远是制造业企业的"护城河",是企业立于不败之地的重要法宝。通过掌握新领域核心技术站稳脚跟对于跨界企业尤为关键。在本案例中,杉杉正是通过企业合并,技术收购,开启了锂电材料领域的大门,并通过不断地自主研发形成自身的核心技术体系,确立了自己在锂电行业的霸主地位。

因此,企业在跨界过程中,可以一边根据需要投入部分资金,收购现有行业内的一部分现成技术,另一边笼络高端技术人才,配合已有的研发资源,打造高质量技术研发团队。"收购+自建"的技术搭建模式有利于跨界企业在新领域的核心技术研发,提高产品市场竞争力和企业综合实力。除了在资金、技术、创新性人才等层面的投入,还应建立有利于创新的组织结构和激励机制加以配合,包括企业的内部组织架构、绩效考核、产权保护和分配机制等方面。企业要以提高企业技术创新能力为着力点,强化技术与管理要素的配合与协同,不断破除阻碍创新的制度弊病,完善利于创新的各项机制方法。

# 第5章 圣龙集团:基于全球生产网络构建的后发企业颠覆性创新案例研究

## 5.1 概 述

### 5.1.1 研究背景

科学技术作为第一生产力,推动着经济全球化的进程。党的十九大会议上明确提出了一个民族最为重要的发展动力就是创新,其支撑着一个国家建设的经济体系。企业想在全球化的竞争中脱颖而出,获得科技领域的飞速发展,必须全方位提升其科技创新能力。技术和技术能力的布局以及使用多少成本在国家和地区之间进行扩张等问题,将会影响企业实现其自身经济、社会和战略目标。传统的对外直接投资理论认为,发达国家企业主要利用母国技术优势通过国际化获取经营收益,东道国企业则可通过技术的溢出效应,提升本土企业的创新能力。近年来,由发达国家跨国公司所控制的全球生产网络在世界经济中主导地位日益明显,新兴市场后发企业一直通过"被动嵌入"的方式融入其中,导致长期被"俘获"在"微笑曲线"的低端环节,在全球化生产和利益分配链条中处于不利地位,同时跨国企业利用技术和品牌优势在东道国形成一定的垄断势力,以及发展中国家较弱的专利保护制度使得东道国企业获得技术溢出的难度加大。破解之法是变"被动嵌入"为"主动构建",通过全球生产网络的"主动构建",从而进一步增强对全球生产网络的控制能力。因此,为更好提升企业创新能力,发展中国家可通过建设国际市场营销渠道、进入全球技术研发网络、设立研发机构或搭建跨国研发平台等方式构建全球生产网络,获得逆向技术溢出(Head 和 Ries,2008);通过与国际知名企业开展竞争,促使企业加大研发投入,实现创新实力的全面升级(赵宸宇、李雪松,2017);通过接触国外先进的管理方式和经营策略,不断完善企业制度,激励自主创新。

目前中国正处于更新发展方式和转换增长动力的重要时期,颠覆性创新是中国从高速增长阶段到高质量发展阶段的转换器,通过积极布局全球生产网络提升技术水平成为很多企业的主要选择(张海波,2017),越来越多的企业参与到跨国经营的行列当中。随着"走出去"战略的实施,我国各类公司参与国际分工的方式突破传统贸易形式逐渐加大并加快资本输出的步伐,对外投资屡创新高,投资区域及范围不断扩大。2020 年末,中国对外直接投资存量达 2.58 万亿美元,次于美国和荷兰。中国在全球外国直接投资中的影响力不断扩大,流量占全球比重连续 5 年超过一成,2020 年占20.2%;存量占 6.6%,较上年提升 0.2 个百分点。2021 年中国对外直接投资 1451.9 亿美元,同比增长 9.2%,中国对外直接投资流量和存量目前稳居全球前三。截至 2021 年末,纳入商务部统计的境外经贸合作区分布在46 个国家,累计投资 507 亿美元。从投资企业类型看,对外投资加工制造业的中企占比最多,超过四成;其次为投资销售或营销,占比 32.9%;投资研发设计的企业占比 11.1%。近年来,我国对外投资综合竞争力的持续走强,为各类企业利用国际市场和资源,培养品牌优势,提升技术水平等提供了渠道和路径。

宁波作为一个浙东地区的海港城市,交通便利、地理位置得天独厚,其外向型经济的特点显而易见,企业跨国经管投资发展迅速。同时,宁波民营企业约占宁波企业总数的 90%,中小型企业为主体的民营经济是经济的主角和增长的主要动力,为宁波经济的发展做出了重大贡献,在宁波市经济中占据一席之地,尤其是在宁波市对外投资中的作用,更是不可或缺、起着关键性的作用。宁波民营企业善于寻找适合的战略合作伙伴,寻觅适宜的切入点,充分把握目前全球产业结构优化调整的机会,果敢地进行对外投资,成为较早进行对外直接投资的一批民营企业。在国家方针指导下,宁波市委、市政府高度重视推进企业国际化,加快培育大型跨国经营企业,宁波市对外直接投资发展迅速,据宁波市商务局资料统计,宁波市 2016—2021 年,全市累计新批外商投资项目 3360 个,投资总额 473.05 亿美元;全市备案(核准)境外企业和机构 1158 家,备案(核准)中方投资额 180.11 亿美元。(详见表 5-1)。

**表 5-1　2016—2021 年宁波对外直接投资情况**

| | 新批外商投资项目(个) | 投资总额(亿美元) | 新批备案(核准)境外企业和机构(家) | 备案(核准)中方投资额(亿美元) |
|---|---|---|---|---|
| 2016 年 | 395 | 104.97 | 212 | 33.46 |
| 2017 年 | 555 | 40.3 | 220 | 39.1 |
| 2018 年 | 623 | 43.2 | 172 | 41.44 |
| 2019 年 | 737 | 23.63 | 206 | 17.01 |
| 2020 年 | 486 | 131.63 | 162 | 24.81 |
| 2021 年 | 564 | 129.32 | 186 | 24.29 |

在国家"走出去"战略和政策推进下,宁波制造企业纷纷响应国家号召,加快对外直接投资发展步伐,发展态势良好,一批具有"宁波品牌"的跨国公司逐渐成长。但大多后发跨国公司普遍规模较小、国际化程度低、尚未充分重视全球生产网络的构建,不能掌握产业链条"话语权"。其中,部分企业从"被动嵌入"转向"主动构建"全球生产网络,通过国际化战略调整跃升成为宁波企业颠覆性创新的典型。在此背景下,只有了解这些企业是如何构建全球生产网络,如何通过构建全球生成网络获取颠覆性创新所需市场、技术、品牌、渠道等关键资源,进一步归纳分析后发企业通过全球生产网络实现颠覆性创新发展的路径,从而更好制定宁波市后发企业颠覆创新成长的对策及建议。为了实现上述目标,基于制造企业开展国际化经营实际做法,立足后发企业构建全球生产网络促进颠覆创新的具体情境,本研究采用探索性纵向案例研究方法,对圣龙集团国际化发展及颠覆性创新成长进行深入研究,探讨构建全球生产网络关键因素及对企业颠覆性创新成长的影响机制,梳理总结后发企业颠覆创新发展路径,进而提出适应于培养大型跨国

企业的策略及建议。

## 5.1.2 研究案例典型性

（1）全球生产网络构建典型代表

圣龙集团公司实际控制人罗玉龙具有广阔的国际化视野和丰富的本土企业管理经验。1998年圣龙集团与美国跨国公司伊顿公司合资成立汽车零部件生产企业，该企业在其股东伊顿公司将股权转让给世界汽车零部件百强企业博格华纳后更名为华纳圣龙，罗玉龙一直担任合资企业董事长一职，为华纳圣龙的发展作出了重要的贡献；2009年，凭借前期合作过程中与博格华纳高层建立的信任关系，圣龙集团与博格华纳在美国合资设立SLW公司，并以此为主体收购、承接了原属于博格华纳的泵工厂相关资产和人员；2012年以来公司与世界知名凸轮轴毛坯生产企业印度PCL公司进行过合资合作。公司通过多年的跨国并购和持续经营积累了宝贵的国际化经营经验，也因此整合全球生产、销售、研发、设计、信息等重要资源为企业创新提供保障，推动低端产品向智能化、信息化产品转型，全面融入国际主流整车厂的供应体系，促进公司实现后发颠覆创新追赶甚至超越发展。

（2）技术颠覆创新典型代表

从圣龙集团近20年的跨国经营历程中，可以很好地提炼其技术能力成长以及各种创新要素的集成发展变化轨迹，比较清楚地体现了宁波传统制造企业如何通过创新资源的集成转化，以核心技术突破带动企业转型升级，并向战略性新兴产业跨越的成功经验，对整个宁波市战略性新兴产业发展具有较好的指导意义和借鉴性。截至2021年，公司累计完成各类科技成果57项，其中国家火炬计划项目4个，市级新产品53项；累计获得国内发明专利52项，国内实用新型专利160项；获得美国、德国、英国、印度等国的发明专利13项。2018年公司被中国汽车技术研究中心《中国汽车工业年鉴》期刊社评为中国优秀汽车零部件企业评选单项先锋成就奖；公司一种变排量叶片泵被国家知识产权局评为第二十届中国专利优秀奖。2019年公司被评为"宁波市制造业单项冠军示范企业""宁波市专家工作站"。

(3)后发企业创新典型代表

圣龙集团成立之初仅是一家以农机为基础的地方性小厂,只具备小规模生产低端发动机油泵产品的能力。后来,经过对外国际并购、对内组织变革等一系列战略行动,圣龙集团逐渐具备了变排量发动机油泵、自动变速箱油泵等一系列新产品开发能力。如今,圣龙已发展成为一家发动机油泵、变速箱油泵、凸轮轴及冷却系统等多种汽车零部件产品设计、研发、制造及销售综合化的大型企业集团,公司先后被评为中国汽车零部件制造企业十强、国家级汽车零部件出口生产基地。圣龙集团通过多年的努力,全面融入国际主流整车厂的供应体系,目前已成为福特汽车、通用汽车、捷豹路虎、标致雪铁龙、宝马公司、长安福特、上海通用、上汽通用五菱、江铃汽车、神龙汽车、长城汽车、奇瑞汽车、吉利汽车、北汽福田等众多国内外知名整车厂商的一级供应商。公司客户分布覆盖北美、德国、英国、日本、韩国、澳大利亚等国家和地区。

## 5.1.3　研究思路

圣龙集团作为一家地方传统制造企业,1998 年与美国伊顿合资成立华纳圣龙(宁波)有限公司,是公司第一次步入国际市场,也是企业开启创新发展的关键一步。经过近三十多年的发展,公司从艰难起步成长为国内汽车零配件制造知名品牌,目前建立国家级企业技术中心和全球研发中心,进入世界顶级客户服务体系,市场分布世界各地。在圣龙集团国际化进程中,从"被动嵌入"全球生产网络转向"主动构建"全球生产网络,圣龙如何进行全球生产网络战略布局,通过主动布局全球性的生产、销售、设计、研发等创新全链条关键环节,成功实施颠覆性创新升级战略,成为获取持续竞争优势的关键。本案例基于后发企业、颠覆性创新以及全球生产网络构建等理论,结合圣龙集团的发展历程与颠覆性创新活动实践,研究圣龙如何构建全球生产网络获取创新资源,促进企业实施颠覆性创新发展战略,实现企业能力与市场份额的大幅提升与追赶。本案例基于"行动—资源—结果"研究逻辑,构建"全球生产网络—资源获取—颠覆性创新发展"研究框架,通过研究重点厘清以下几方面内容:①后发企业颠覆性创新转型的关键要素分析。基于外部环境变化,本案例从技术、市场和信息等方面分析颠覆创新实施的关键要素,研究企业实施颠覆性创新的重要影响因素。②全球生产网络与后发企业颠覆性创新发展的关系研究。通过分析全球生产网络前置影响作用,提出后发企业颠覆性创新发展路径,主要表现为产品创新、技术创新、研发模式创新等等。因此,研究分析全球生产网络对颠覆性创新活动的影响机制。③创新资源获取在颠覆性创新发展中的中介作用。后发企业国际化进程中通过全球研发网络(知识溢出效应)、全球营销网络(市场效应)以及全球加工制造网络(成本控制效应)对企业技术、市场、品牌等关键资源获取产生综合影响,进而成功实现颠覆性创新发展。在此基础上,从全球生产网络构建、颠覆性创新战略等不同角度总结提炼圣龙的创新成长经验,为其他业企业颠覆创新发展提供参考与借鉴。主要研究框架思路详见图5-1。

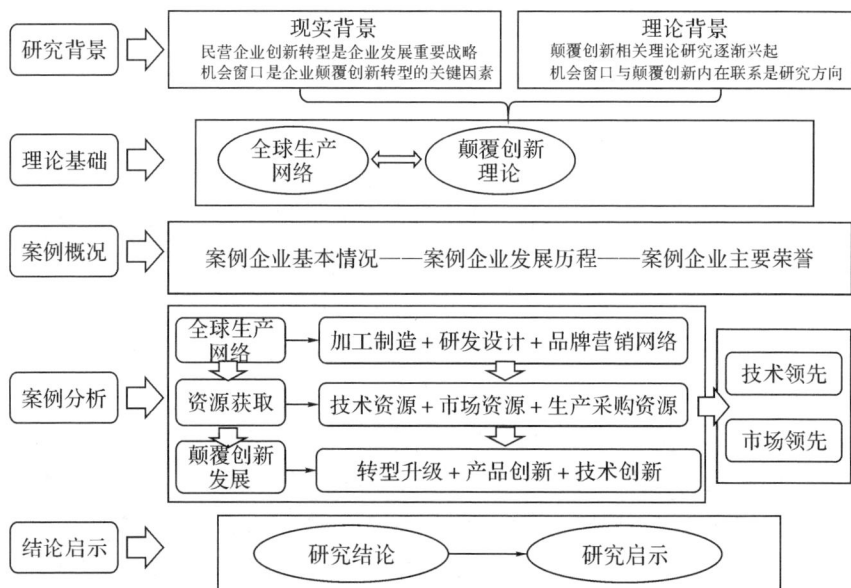

图 5-1　案例研究整体思路

## 5.2　案例理论基础

### 5.2.1　全球生产网络内涵及维度

生产网络的概念本身属于组织范畴，并不涉及空间布局，而国际生产网络为其增加的地理纬度，可以看作生产网络概念的国际化。Ernst(1999)和Dicken等(1999)提出了全球生产网络的概念，并逐渐成为国际国贸领域内的重要研究方向。国际生产网络(international production network,IPN)是在全球化浪潮下逐渐形成的一种新的、变革的组织结构，用来表征日益广泛和系统化的全球生产体系，这一体系包含了价值链的不同阶段，而且参与的实体之间并不一定彼此拥有所有权。全球生产网络概念的产生发展是一个伴随着国际贸易和国际生产理论的发展更加贴近现实世界的发展过程。地理分布的网络型发展从单一企业内部价值链的全球分解到各个产业间的价值链的分解，以至通过各个产业各企业间的全球价值链的组合，形成了全球内的生产、分销、消费、服务的巨大的生产网络。国际生产网络是一种重要的组织创新，它的出现使得跨国公司能够更好地处理自身专业化以及与东道国企业相互合作之间的冲突(Borrus,2000)。在全球价值链、全球商品链和生产网络研究基础上，国外学者 Henderson(2002)、Coe(2004)相继提出了全球生产网络的研究框架。

全球生产网络不仅在功能和地域上联系企业，也联系了企业嵌入的社会和空间结果。在嵌入过程中，除受母国原先特定制度架构和社会文化背景的影响外，同样包括东道国制度框架和社会文化的制约。生产网络嵌入主要有两种形式最为重要，一种是地域嵌入，全球生产网络中的领先企业进入，提前以契约形式利用中小企业集群建立次级合同制造或辅助生产；或者领先企业在特定区位通过外包业务吸引新的企业进驻，创造一个新的地方或区域社会经济关系网络，成为区域经济增长和获得全球化机会的一个关键要素。国家和地方政府政策(税收政策、人才培训等)的差异更会促进全球生产网络中的特定部分镶嵌于特定的城市或区域，形成全球网络中的新节点。从发展的观点看,地域嵌入的模式即是全球生产网络对特定地方的承诺对于区域价值创造、增加和获取都是十分重要的。另一种是网络嵌入,网络嵌入主要是网络行动者之间各种正式和非正式关系所建立的结果,包括网络结构、全球生产网络内部联系程度、行动者关系的稳定性等内容。网络嵌入对网络中稳定关系的建构十分重要,而网络行动者之间关系的持久性、稳定性,决定了行动者网络镶嵌及全球生产网络作为一个整体的结构演化。

在全球价值链、全球商品链和生产网络研究基础上,国外学者Dicken(2003)、Coe(2004)等人为代表的曼彻斯特大学学派及夏威夷大学的Ernst(2002)相继提出了全球生产网络的研究框架。在此基础上,Humphrey和Schmitz(2003)、Dicken和Yeung(2006)等进一步揭示了全球生产网络的驱动机制。根据主导企业和产业特征不同,全球生产网络驱动模式分为生产者驱动、购买者驱动、混合型驱动三类,这为企业国际化研究开创了新的理论视角。

## 5.2.2　全球生产网络与创新资源获取

基于国内学者吴贵生等(2014)关于"全球生产网络"相关研究,以及Simon(2012)和Max等(2015)的颠覆创新方式研究,以及对后发企业的相关界定,全球生产网络构建影响创新资源获取主要包含以下三个构成要素:创意、研发以及市场进入次序。一是创意要素。创意的质量直接决定创新的成败。随着信息全球化的日益提升,创意来源及获取途径的多样性愈发明显,因此,后发企业在创意收集阶段应注意"立足本土,放眼全球",企业可以借助其建立的(境内外)消费者互动平台、企业的(境内外)子公司、供应商或其他联盟伙伴、当地的咨询公司或市场调查机构、海内外专业期刊或媒体等渠道来广泛采集新创意,寻找创新机会(寿柯炎等,2018)。二是研发要素。在成功实现赶超进而升级为全球领先企业之前,后发企业的主要创新资源集中于母国,因此我们强调后发企业创新的研发环节发生于母国为主的新兴国家,而不考虑企业位于发达国家的自有研发网络(仅代表少数情况)。这意味着,研发的基础是后发企业在本土经营过程中积累起来的技术能力

（包括内生性自有技术实力以及外源性技术联盟能力）（杨张博，2018）。技术能力的差异往往引发不同的研发模式，从研发所涉及的技术创新程度而言，可分为原创性研发和改进性研发。前者指的是新产品包含较大程度的技术创新甚至是颠覆性创新，后者的创新则重在消费者使用价值或商业模式，而非技术本身（吴伟伟等，2017）。技术创新程度的不同，会导致新产品所适用的市场竞争策略出现差异。其中，原创性新产品的特征是显著的技术改进甚至是全新技术领域的诞生，其竞争优势在于新颖性，属于技术引领策略，竞争方式广泛适用。而改进性新产品的根本特征是核心技术不变而只是对产品性能进行局部性改进（外观、工艺流程、使用方式等），属于追随型策略，竞争优势往往在于价格优势或是综合的性价比优势。三是市场进入次序要素。根据初级市场和二级市场的国别类型以及扩张轨迹，市场进入次序可以划分为"先易后难"和"先难后易"，前者指新产品的初级市场为新兴国家，然后在二级市场阶段跻身发达国家市场，后者指新产品的初级市场即为发达国家，二级市场可以是其他发达国家或者是新兴国家。市场扩张轨迹与新产品的创意和研发特征以及企业的市场化能力高度相关。具体而言，创意与研发组合所决定的新产品"全球化水平"或"发达市场专用水平"，将对应不同的最优市场进入次序，且成功进入的支撑条件是后发企业市场资源的全球化程度，尤其是在发达国家目标市场的资源分布情况。

### 5.2.3　全球生产网络与颠覆性创新

基于全球生产网络视角研究创新竞争力问题已经引起国内外学者的关注，但相关研究仅局限于全球生产网络中的分布特征和拓展方向等方面，对于全球生产网络对后发企业颠覆性创新发展的机制和路径缺乏系统化的理论研究。本研究从全球网络视角出发，进一步拓展企业颠覆创新研究，探讨中国跨国公司如何通过构建全球生产、研发、品牌销售等网络，促进后发企业开展颠覆性创新。

（1）全球研发网络促进颠覆性创新

首先，跨国企业在东道国新建研发类子公司。其目标在于借助国际研发资源，开发新产品、新技术，培养技术人才，从而促进母公司技术创新能力提升。中国企业海外研发有两类：创新型研发和适应型研发，研发类型的不同取决于企业的不同定位，如企业目标在于技术寻求，其一般采取创新型研发方式，这类研发可以通过三个渠道实现技术外溢：一是吸纳东道国的研发要素，如研发所需的物质条件、人员和设备等，使得子公司具有进行研发的同等要素，进而获得相关的信息、技术和经验，促进母国的技术进步。二是以低于市场价的成本购买东道国研发成果，使得海外子公司直接拥有这些科研成果，利用新技术开发新产品，进而提高公司的技术水平。三是利用东道国有利条件，培养母国的研发人员，增强自主创新能力。而适应型研发主要目的在于拓展国外市场，使得公司产品更加适应当地市场，提升创新能力。

其次，跨国企业并购东道国的技术先进企业。国际并购是中国企业构建全球生产网络的重要方式，特别是在高新技术领域，并购可以降低投资成本，节省进入时间，并且较快地获得新技术，直接进入东道国市场。一是并购拥有技术优势的企业，也就等同于购买其核心技术，这样可以快速大幅度提升母公司的技术创新能力。除了显性知识的传递，一些难以学习和模仿的隐性知识，也会极大地提升母公司的技术研发能力。二是并购国外企业，可以实现产品在国内低成本生产，在国外高价格销售若将收益转移至母国，母国可以以此提高研发投入，增强自主研发能力，或者购买新技术和引进高科技人员，实现公司技术进步；若将收益留在海外子公司，则可以增强海外子公司的研发经费，进而提高母公司的技术创新水平。三是并购国外企业额，可以促进母公司与发达国家在技术、管理等方面更便捷地融通，特别能够借此获得东道国在上下游产业链等方面的支持效应。同时，由海外子公司带来的对于质量标准等方面的高要求也会倒逼母公司进一步提高自身的产品生产和创新。总之，并购国外公司，中国企业就主动控制和掌握了该企业原有的技术和研发机构、科研人员、设施和销售网络，这为中国企业提供了重新组织技术开发的有利条件，也为获得他国相关的关键技术、科研成果和产品销售渠道创造了机会，进而推动跨国公司技术进步（孙立锋，2018）。

（2）全球制造网络促进颠覆性创新

首先，到欧美发达国家投资。跨国企业在发达国家建立生产加工类子公司，这类子公司一般为中国民营跨国公司并购东道国跨国企业所获得的子公司,或者是中国民营跨国公司为开拓发达国家市场,在这些发达国家直接建立生产基地,这种生产加工类子公司尽管生产成本相对较高,但可以拓展发达国家市场,同时可以利用发达国家的知识储备和人才储备,及时把握世界科技研发的最新动态,通过战略联盟等形式进行联合开发和技术合作,促进研发成果反馈母公司,通过"做中学"促进企业技术水平提升。

其次,到新兴市场和发展中国家投资。这些地区生产要素成本较低,投资企业可以利用其低廉的生产成本,并可降低贸易成本,但这些发展中国家普遍缺乏技术人才,"知识池"中的知识储备不能满足中国跨国企业技术创新的需求,因此在新兴工业化国家和发展中国家构建全球制造网络不大可能很快产生技术溢出效应。但是,中国企业在这些国家投资,就地生产就地销售,有利于获得经营利润,进而通过利润收益反馈机制,间接地增加母公司的研发投入。同时,在这些国家投资并扩大市场份额,可以带动出口,有利于企业规模经营,间接地可以摊薄研发成本(孙立锋,2018)。

(3)全球营销网络促进颠覆性创新

全球营销网络主要是跨国企业为拓展东道国市场,在海外新建或并购的贸易类子公司,这类子公司主要是搜集市场信息,提供贸易服务等,其主要功能不是技术研发。但不能忽视的一个事实是:贸易公司通过搜集市场信息,及时将信息需求信息反馈回母公司,母公司及时调整产品研发策略,满足市场需求。此外,跨国企业建立海外商贸类子公司,特别是跨国并购方式直接获得海外公司较为完善的营销网络,可以极大地提升中国企业在国际市场的占有率。一旦海外市场开拓成功,也能刺激母公司增加研发投入,促进企业技术水平提升。也就是说,跨国企业通过全球营销网络构建也可能促进企业技术创新能力提升(孙立锋,2018)。

## 5.2.4 研究述评

在过去的20年中,国内外不同学者从不同的角度,对全球生产网络、后发企业创新等进行了大量深入的研究。但现有研究大多是研究全球生产网络对企业国际化成长,以及对企业创新绩效的影响,并未从全球生产网络视角下研究后发企业颠覆创新,这也是本章重点拓展的方向。同时,全球生产网络微观层面的研究还比较少。现有研究以面向宏观的国家、地区、产业层面的分析为主,缺少微观企业的数据支持,缺乏从企业角度分析跨地域的全球生产网络构建。此外,全球生产网络构建与企业创新绩效研究主要集中于发达国家,对于发展中国家企业的研究仍处于探索阶段。全球生产网络理论起源于对发达国家跨国公司的研究,其理论框架和研究结论均以发达国家企业作为研究情景。但中国后发企业与传统发达国家企业成长路径差异较大,传统发达国家的跨国公司在国内市场已经成长为具有"独特资源优势"的企业后,才利用自身的独特优势进行全球化扩张,而中国企业是随着全球化的扩张,整合国外的技术资源、市场资源和品牌资源等,进而不断发展壮大,因此研究中国企业后发颠覆创新具有一定特殊性。基于此,本研究创新如下:①研究视角新。国内外相关研究较少从全球生产网络构建视角解释后发企业颠覆性创新成长。近年相关研究开始关注企业国际化、海外研发等对企业创新绩效的影响效应,但相关研究大多利用宏观数据量化研究国际化企业与非国际化企业创新绩效的差异,忽视了企业微观异质性问题。本研究从全球生产网络构建视角和新兴经济体后发特定情境,研究后发企业在国际化进程中如何构建全球生产网络获取创新资源,以及对企业颠覆性创新成长的影响效应。②研究方法新。本研究立足圣龙集团发展实践,开展纵向典型案例研究。案例研究中运用深入访谈和质性分析法,通过深度访谈,对公司颠覆性创新战略及结果、企业构建全球生产网络所面临的各方面因素等进行深入交流。根据访谈资料进行整理,与文献分析中的理论逻辑相联系,进行质性分析研究企业如何构建全球生产网络(生产制造网络、研发设计网络和市场营销网络)获取创新所需关键资源(技术、市场、品牌、管理等),又是如何充分利用创新要素实现企业颠覆性创新发展。本案例理论框架详见图 5-2。

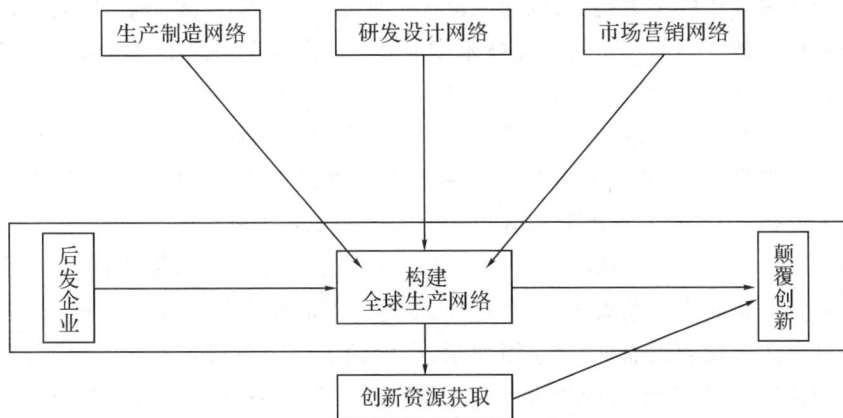

图 5-2　案例理论框架

## 5.3　案例研究对象介绍

### 5.3.1　圣龙集团基本情况

圣龙集团成立于 1996 年,后于 2008 年 12 月整体变更设立股份公司,名为宁波圣龙汽车动力系统股份有限公司。注册地址为宁波市鄞州区工业园区金达路 788 号,法定代表人为罗玉龙。公司主要从事汽车动力总成领域零部件的研发、生产和销售,主要产品为发动机油泵、凸轮轴、变速箱油泵、分动箱油泵等动力总成零部件,产品主要为汽车主机厂提供配套。从产品功能来分,公司产品可以分为泵类产品和轴类产品两大类;从所属系统来分,公司目前产品可以分为发动机零部件和传动系统零部件两大类。通过实施"技术为先、全球开拓"企业发展战略,公司积极参与全球客户的产品同步研发,为客户提供满意的产品解决方案,并根据行业发展趋势开展 5~10 年的产品前瞻性研发,不断推进低碳化、电动化、系统化、智能化的"四化"产品技术战略。通过自身拓展、海外并购等模式,圣龙集团目前已形成"三国五地"国际化布局,是福特、通用、捷豹路虎、大众、宝马、保时捷、克莱斯勒、Stellantis 等国际知名客户及上汽、吉利、江铃、广汽等国内客户的一级供应商。

通过多年的努力,公司成为国家火炬计划重点高新技术企业,所属工程技术中心被评为国家认定企业技术中心,具备了为整车企业同步研发及模块化供货能力,并已进入国际知名整车厂商的全球零部件供应体系。公司曾获得多家汽车制造商的 A 级供应商或优秀供应商评价,子公司 SLW 公司为福特汽车的 Q1 认证供应商。零部件行业的特点是主机厂均有较强的进入门槛,公司产品所配套的客户均为国内外知名主机厂商。

公司拥有完全的核心产品自主设计研发能力,是国内从事油泵、真空泵等泵类产品的企业龙头之一,凸轮轴、变速器零部件等业务国内领先。公司一直专注于发动机油泵、变速箱油泵、凸轮轴等动力总成零部件的研发、生产和销售,经过多年的持续研发投入和经验积累,掌握了具有自主知识产权的核心技术。公司自 90 年代初开始涉足泵类产品的生产,早在 2009 年收购博格华纳北美泵工厂后,公司技术中心融合了变排量机油泵、分动箱油泵、真空泵设计和生产技术,并通过消化吸收再创新将公司整体技术水平提升到新的高度。同年,公司与北美福特成功的全球同步开发第一款变速器油泵,为捷豹路虎成功开发基于油泵和真空泵集成的双联泵。随着新能源汽车的发展,公司基于新能源三合一驱动的需求开发出电子油泵,同步实现润滑和冷却的功能。公司经过多年的发展,搭建起了制造业和金融投资业两大经营平台,在制造业发展上,集团涵盖了汽车核心零部件、地水源热泵空调产业。汽车零部件是集团支柱产业,其中汽车动力系统油泵产品产销量全球前三、国内第一。

### 5.3.2 公司经营模式

首先,生产模式。公司所属行业为汽车零部件制造业,公司主要是作为汽车发动机/变速器制造商的一级配套商直接向其配套供货。由于每一款发动机/变速器都有不同的技术规格,公司需要根据每款发动机/变速器设计与之配套的零部件,因此公司主要采用“以销定产”的拉动式生产模式,根据客户的订单组织生产。从订单获取到制造完成交付并发运,公司形成了客户计划、产品机加工、总成产品装配、最终性能检测的完整业务流程。

其次,采购模式。在采购环节方面,公司制定了严格的采购管理制度对全球供应商进行统一管理,从 QSTP(质量保证能力、服务响应能力、技术开发能力、成本控制能力)等多方面进行考核以确保对供应商的优选。对通过考核的供应商建立合格供应商目录并将其纳入公司全球采购体系内供应商。公司配备强大的供应商质量管理团队实现对供应商的质量管控,过程评审及帮扶提升。公司基于成熟的供应商评价体系(覆盖质量检测、PPM、及时交付率等多维度),对供应商进行年度评定、审核和评级,只有被评定为B 级及以上的供应商才能被列入下一年度合格供应商名单。

然后,销售模式。公司作为国内外二十多家主机厂的一级供应商,产品均以直销的销售方式进行定点定向供货。公司凭借过硬的产品质量、良好的成本控制能力和优良的市场信誉,不断拓展新客户并不断扩大产品在已有客户中的销售份额。在售后服务方面,公司建立了在主要客户所在地派驻售后技术人员的贴近客户的售后服务体系。

### 5.3.3　关键事件和历年荣誉

圣龙集团是国际知名的汽车动力系统解决方案提供商,公司先后被认定为"国家知识产权优势企业""国家汽车零部件出口基地企业""中国汽车零部件制造企业十强""浙江省专利示范企业""省级工业设计中心"等各项荣誉,并于 2020 年荣获"2019 年浙江省人民政府质量奖"。公司发展历程中关键事件和主要荣誉详见表 5-2。

表 5-2　圣龙集团历年重要事件及主要荣誉

| 年份 | 重要事件及主要荣誉 |
| --- | --- |
| 1996 年 | 组建圣龙集团公司。 |
| 1998 年 | 与美国伊顿公司合资成立华纳圣龙有限公司;评为浙江省通用机械制造业最佳经济效益第 11 位,1998 年被评为市级高新技术企业实力工程。 |
| 1999 年 | 1999 年 3 月取得 ISO 9002 质量体系认证证书。 |
| 2000 年 | 2000 年 7 月通过挪威船级社的 QS9000 质量体系认证。 |
| 2001 年 | 2001 年 7 月通过 VDA6.1 认证;拥有了一汽大众、上海大众、金杯通用、上海通用、长安福特等国内客户;与美国 IMI 公司成立了埃美圣龙机械有限公司,总注册资本达 1250 万美元。 |

**续表**

| 年份 | 重要事件及主要荣誉 |
|------|------|
| 2002 年 | 2002 年 3 月通过 ISO 14000 质量体系认证。 |
| 2004 年 | 通过 ISO 14001 质量认证认定。 |
| 2008 年 | 获批国家汽车零部件出口基地企业;被大众、大宇授予最佳供应商;被上海高新技术企业;ISO 9001 质量认证。 |
| 2009 年 | 宁波鄞州圣龙汽车油泵工程技术中心;评为宁波市工业创业创新—技术创新示范企业;圣龙集团与博格华纳收购 SLW 汽车股份有限公司 90% 以上的股份;公司通过 ISO/TS 16949 质量认证;公司成功与福特汽车独家合作同步开发了 6R140 自动变速箱液压油泵产品,此项目系福特汽车首次与中国供应商合作同步开发的产品。 |
| 2010 年 | 成立宁波市企业工程(技术)中心;评为安全质量标准化二级企业(机械)。 |
| 2011 年 | 评为宁波市工业两创倍增发展优秀示范企业、宁波市创新型企业、宁波市专利示范企业。 |
| 2012 年 | 与世界知名凸轮轴毛坯生产企业印度 PCL 公司合资合作相继成立圣龙浦洛西和湖州浦洛西;评为浙江省专利示范企业;获得区政府质量奖。 |
| 2013 年 | "C15 前盖集成式机油泵"荣获宁波市重点工业新产品三等奖。 |
| 2014 年 | 被评为高新技术企业;被评为国家火炬计划重点高新技术企业。 |
| 2015 年 | 参股秦皇岛商业银行和鄞州银行;被评为"国家知识产权优势企业""省级工业设计中心""省级企业研究院",并通过知识产权管理体系认证。 |
| 2016 年 | 圣龙股份股票 IPO 上市;被评为省"三名"企业、"省级重点企业研究院"。 |
| 2017 年 | 被中国合格评定国家认可委员会授予"CNAS 实验室认可";和清华大学苏州汽研院合作研发的轮毂电机项目被列为区重大科技专项。 |
| 2018 年 | 获批入选国家认定企业技术中心;被中国汽车技术研究中心《中国汽车工业年鉴》期刊社评为中国优秀汽车零部件企业评选单项先锋成就奖;一种变排量叶片泵被国家知识产权局评为第二十届中国专利优秀奖;与多所研究机构和企业建立了合作关系。 |
| 2019 年 | 被评为"宁波市制造业单项冠军示范企业""宁波市专家工作站"。 |
| 2020 年 | 荣获"2019 年浙江省人民政府质量奖",公司也成为宁波市仅有的一家获奖企业;12 月成功收购了华纳圣龙的水泵业务和资产。 |
| 2021 年 | 2021 年底,公司按六个业务模块分别建立 VAVE 小组,统筹兼顾制造、采购、技术、质量等,推进降本策略。 |

## 5.4　案例主体分析

圣龙集团成立于 1996 年，成立初期由于技术水平、资金实力和规模相对不足，公司通过市场换技术的方式合资引进美国的汽车零部件产业巨头——博格华纳的技术和资金，以及与美国 IMI 公司成立了埃美圣龙机械有限公司，使圣龙集团在 1998—2007 年之间有了初步发展的实力。2008—2012 年，圣龙集团通过收购 SLW 公司使自身获得一次跳跃式的发展，掌握了油泵领域的前沿技术信息，从被动追市场超越到主动领跑市场。2013—2017 年宁波圣龙集团与印度 PCL 精密有限公司强强联合，成立了宁波圣龙浦洛西凸轮轴有限公司。凭借原材料价格优势、产品的规模化生产以及印度 PCL 公司的先进技术，公司实现了市场销售量以及营业额的持续攀升。同时，宁波圣龙集团经过前期的积累，在已具有了自己的知识源、信息源、人才源和资金源以及以汽车动力总成零部件为核心产业布局的基础上进行了企业集成创新，使企业实力进一步提高。2018 年至今，圣龙集团致力于依托三大规划（零部件产业发展战略规划、技术和产品开发计划、国内和国际市场开拓计划），来实现产业升级，从而走向市场开拓的可持续发展道路。

### 5.4.1　市场起步：外资合作积累实力（1996—2007 年）

圣龙集团成立初期的产品以定排量机油泵和传统凸轮轴为主，传统定排量机油泵结构简单，技术含量低。同类企业为了争夺市场，以降价为手段展开竞争，使利润空间日益减少。传统一体式凸轮轴采用单一的材料，通过铸造或锻造制坯后经多工序切削加工而成，难以同时满足配气机构中对各个部位性能的要求：凸轮要求耐磨损、耐胶着、耐点蚀，轴颈要求滑动性能好，芯轴则要求刚性、弯曲、扭转性能好；且材料利用不尽合理。因此迫切需要进行产品和技术升级。

首先，引进外企提升实力。在自身技术水平较为落后，资金实力和规模较弱的情况下，圣龙集团通过合资引进了美国的汽车零部件产业巨头——

博格华纳的技术和资金,于 1998 年 6 月合资成立了华纳圣龙有限公司。公司凭借在德国和美国的技术开发中心的强大技术支持,以及从德国引进的先进机器和装配线,提供符合及超过客户期望的产品和服务,主要产品为发动机冷却用硅油风扇离合器、塑料风扇及水泵。2001 年,圣龙集团又一次通过合资的方式与美国 IMI 公司成立了埃美圣龙机械有限公司,总注册资本达 1250 万美元,主要生产环保、节能型地(水)源热泵中央空调机组。2007 年,圣龙集团成立宁波圣龙动力系统有限公司扩展市场,该公司传承了圣龙集团的汽车零部件产业,是一家专业生产和销售汽车发动机零部件的国家高新技术企业。

其次,发挥优势扩宽市场。从市场扩张的地理顺序看,圣龙集团沿着"宁波—中国—亚洲—全球"扩张次序渐进式推向全球市场。得益于合资方公司的设计和生产工艺含有多项专利技术,在全球处于领先地位,圣龙的产品迅速赢得了国内客户的青睐,2001 年拥有一汽大众、上海大众、金杯通用、上海通用、长安福特等国内客户,并积极拓展韩国大宇、起亚、现代等亚洲客户。2006 年,圣龙成为中国 100 多家用户服务,包括东风汽车、中国重汽、江铃、北汽福田、江淮汽车、上海大众、长安福特、奇瑞、重庆康明斯、潍柴动力、上海日野和一汽锡柴等,以及现代、大宇、戴姆勒·克莱斯勒、特科(印度)、福特(南非)等国外客户。2012 年,公司经过技术创新开发出适用于各种车辆的产品,如乘用车、各种吨位商用车、巴士及非道路用车,主要客户有福特、通用、戴姆勒、克莱斯勒、大众、尼桑、韩国现代、大宇,和国内主要主机厂等。

## 5.4.2 快速发展:全球并购提升技术(2008—2012 年)

通过前期合作,圣龙集团与博格华纳高层建立了相互信任的关系。另一方面,在汽车行业节能减排的要求下公司现有产品,部分整车及发动机厂开始倾向于采用可变排量泵来替代定排量机油泵,以促进发动机改善燃油经济性、减少附件功率损失,公司迫切需要将技术升级至可变排量机油泵。由于本土研发能力有限,圣龙集团把目光投到了国外,并准确地抓住了契机。

(1)并购外企引入先进技术

2009 年 10 月,圣龙集团以 1599.4 万美元的价格成功收购的 SLW 汽车股份有限公司 90% 以上股份。该公司原系世界 500 强的博格华纳集团下属子公司,位于美国俄克拉荷马州的沙立松市,是全球最大的汽车油泵制造商。2008 年金融危机爆发,由于 SLW 公司效益不佳,博格华纳希望能够尽快将其出售,使 SLW 汽车股份有限公司的报价大幅缩水。圣龙集团果断出手,大大降低了并购成本。2009 年,圣龙集团与博格华纳有限公司在萨利松市设立了 SLW 公司,并以此为主体收购、承接了原属于博格华纳的泵工厂相关资产和人员。

(2)扩张经营转入全球市场

圣龙集团通过这次收购,接手 SLW 公司的技术、生产工厂和全球市场,成为宝马、通用、福特等高端品牌的一级供应商,圣龙集团的汽车油泵市场份额排名也从世界第四位升至第二位。发动机油泵主要销售区域为中国、美国、欧洲,变速箱油泵主要销售区域为中国、美国,分动箱油泵主要销售区域为美国,公司产品主要应用于 OEM 市场,2012—2015 年主要产品在中国、美国及全球 OEM 市场的份额逐年攀升(见表 5-3)。

表 5-3　主要产品在中国、美国及全球 OEM 市场的份额

| 市场 | 产品 | 2012 年 | 2013 年 | 2014 年 | 2015 年 |
|---|---|---|---|---|---|
| 中国 | 发动机油泵 | 5.45% | 6.38% | 7.13% | 8.96% |
|  | 凸轮轴 | 0.89% | 1.50% | 2.68% | 3.10% |
|  | 变速箱油泵 | 0.00% | 0.01% | 1.48% | 5.82% |
| 美国 | 发动机油泵 | 17.84% | 16.99% | 17.50% | 13.46% |
|  | 变速箱油泵 | 2.45% | 2.51% | 2.76% | 0.57% |
|  | 分动箱油泵 | 28.91% | 33.44% | 40.42% | 40.90% |
| 全球 | 发动机油泵 | 3.44% | 3.77% | 4.16% | 4.22% |
|  | 凸轮轴 | 0.23% | 0.40% | 0.72% | 0.85% |
|  | 变速箱油泵 | 0.63% | 0.67% | 1.07% | 1.44% |

注:OEM 市场的占有率根据公司各产品实际销量占各产品 OEM 市场需求量的比例计算。

### 5.4.3 集成创新:强强联合提升实力(2013—2017 年)

通过前期积累,圣龙集团已经在技术能力、资金实力、管理经验等各方面取得巨大的进步。此阶段期间,由于汽车发动机面临轻量化发展趋势,对低噪声和低排放提出了更高的要求,圣龙集团通过全球生产网络积极寻求凸轮轴技术的提升,走出复合式发展的道路。

(1)复合发展实现市场领先

圣龙集团在与市场同行进行竞争时采用的是成本技术组合竞争模式,圣龙依托原材料价格优势(主要原材料凸轮轴毛坯采购价格存在下降趋势,尤其是湖州浦洛西投入运营后)以及产品的规模化生产有效地提高了生产效率,使得单位工、费下降,单位生产成本缩减 14.67%。同时,凭借着公司拥有印度 PCL 公司的先进技术,为长安福特等核心客户提供的原有配套车型供货量不断爬坡并最终实现批量,且不断新增车型,最终实现市场销售量以及营业额的持续攀升,2013—2017 年销售额平均增长 40%以上。一方面,集团汽车油泵、发动机冷却系统零部件方面的全球生产及销售活动持续开展;另一方面,通过合资引进凸轮轴技术,在中国宁波和湖州设立生产基地,采取由先国内客户、后国外客户的渐进式发展道路,通过技术优势和价格优势赢得市场竞争。

(2)逐步完善集成创新机制

圣龙在集成创新中需重点解决获取创新所需的知识源、信息源、人才源和资金源,以及搭建平台、整合资源形成协同创新。圣龙集团具有自主知识产权的核心技术和现代化的产品设计方法。公司前期通过引入外资、并购等多元化方式,圣龙具备了为国内外主机厂进行整车同步开发的能力公司。通过与国内外著名主机厂高层互访,公司捕捉国际信息、抓住行业关键、共性难题进行先期研发,把握技术发展趋势,在客户新项目、新平台推出时迅速匹配客户需求。公司持续重视推进创新平台搭建,圣龙集团技术中心被国家发改委、科技部、财政部、海关总署和税务总局评为"国家认定企业技术中心",下属泵类产品研发中心、配气系统产品研发中心、变速器产品研发中心、电子电控研究中心等产品开发部门及计算机辅助设计、实验室等设计和测试部门,并聘请行业技术专家组建专家委员会。同时,圣龙集团积极引进外部专家组建专家委员会,提升公司的基础研究水平,储备前沿技术,保持公司的持续创新能力。此外,公司积极开展产学研合作和企业间技术合作,与中国汽车工程研究院股份有限公司、宁波浙大联科科技有限公司、湖北精川智能装备股份有限公司、东睦新材料集团股份有限公司等研究机构和企业建立了技术合作关系。圣龙以汽车动力总成零部件为核心,逐渐形成了汽车零部件研发技术中心、生产基地和外贸公司的"研产销一体化"的布局。

### 5.4.4  颠覆创新:产品产业全面升级(2018 年至今)

圣龙集团对于今后企业的发展道路做出了三大规划,分别为零部件产业发展战略规划、技术和产品开发计划、国内和国际市场开拓计划。圣龙集团制定的零部件产业发展战略规划,致力于时刻把握汽车产业节能减排、低噪声、轻量化、智能化、模块化的发展方向,做到以市场为导向,以产品研发和技术创新为驱动力,发挥生产技术和制造工艺优势。进一步打破了国外企业在汽车动力总成核心零部件领域的技术垄断,努力将企业打造成全球公认的汽车发动机进排气系统、动力总成润滑系统、自动变速器关键零部件及技术解决方案的行业领袖。

(1)传统业务与新能源齐头并进

圣龙北美公司 SLW 凭借福特最新一代 6 缸发动机 D35U 变排量油泵的成功量产及良好交付表现,公司获得了福特公司的增量项目授权,同时也获得了北美通用、斯特兰蒂斯 Stellantis 北美最新一代 6 缸发动机业务的项目授权。基于对公司技术、制造及商务优势的一致认可,公司顺利成为中国大众、一汽大众、上汽大众的动力系统关键部件的联合定点供应商,突破了该类产品的外资品牌供应商独供的格局。新客户的获取为公司扩大德系客户市场提供了重要基础。此外,公司多元化布局,同丰田、日产、比亚迪、宁德时代、巨一科技、博格华纳、东风柳汽等客户展开项目交流。新能源领域,公司为通用汽车全球第三代纯电动平台 Ultium 奥特能平台生产的 BEV3 油泵项目进入批产。重庆青山工业将圣龙作为其金康项目电子油泵供应商。同期,公司获得吉利 DHT 混动变速箱电子油泵项目定点,蔚来汽车电子油泵开发定点,博格华纳电子油泵开发定点,威睿动力电子油泵样件定点。随着,公司与理想汽车新一代增程器项目推进顺利,以及与小鹏汇天开展飞行器油泵项目沟通,新业务不断突破为公司业务持续增长提供强有力支撑。同时,商用车客户的开拓取得重大突破,成为潍柴动力在油泵、真空泵和双联泵等产品的供应商,并积极与三一重工、中国重汽、伊顿等商用车客户开展业务对接。

（2）持续推进降本增效

公司持续推进智能化工厂建设,精益管理水平进一步提升。宁波中车基地上汽通用 GF9 变速箱油泵、375T 项目 MES 系统相继投入使用,加之已经实施的 ERP 系统及 PLM 系统,整体完成了中车基地智能工厂的建设。智能工厂的建设不仅有效促成了制造全过程的信息互通互联,各层级操作者和管理者能随时了解车间生产运营的实际状况,生产过程中的全部必需的过程参数得到有效搜集和储存,并提供实时的全过程能力分析及设备运行状态数据,可精准追溯每个产品所使用零件的过程数据,同时通过对制造过程数据的后续分析,实现持续改善的目标。与此同时,高度自动化生产线、全过程防错技术及机器人也普遍应用。

（3）加强智能制造

为进一步实现生产制造过程与远程客户的互动,工厂内部已应用 AR 技术,实现了与客户远程实时信息共享。2021 年通过专业的企业咨询管理专家的 IT 战略规划和智能工厂规划,公司正按照规划内容推进圣龙股份 MES 系统和智能工厂建设工作。在智能制造领域,通过提升高效化管理系统运行能力、大数据分析系统能力建设、打通自动化作业与智能化配套服务体系,进一步提升自动化、智能化、数字化管理水平,真正形成上下游信息互通共享,将信息化资源转化为生产力。

## 5.5 案例分析

### 5.5.1 基于全球生产网络的后发企业颠覆性创新转型机理分析

基于现有理论研究基础,结合后发企业全球生产网络构建实践情况,本研究将圣龙集团的全球生产网络构建活动划分为生产制造网络、研发设计网络、营销渠道网络、市场品牌网络等(详见图 5-3)。

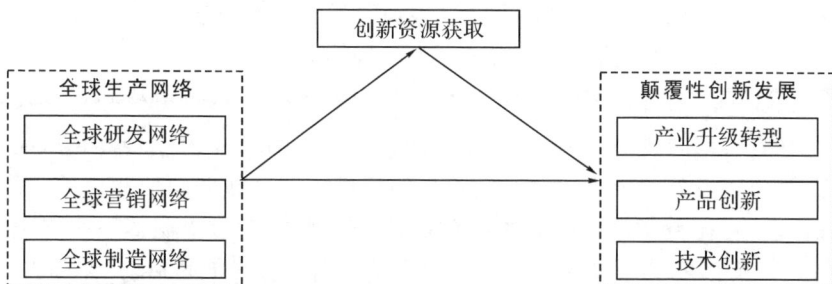

图 5-3 全球生产网构建对后发企业颠覆创新的影响机理

（1）构建全球研发网络与技术颠覆创新

伴随着海外市场需求的扩大,和以网络信息技术为首的全球知识生产方式的发展,西方大型跨国公司开始在全球范围内设立研发机构。中国本土的企业早期由于先天技术实力不足,长期通过零部件和技术引进、模仿等方式向发达国家的企业学习。从 20 世纪 90 年代开始,中国后发企业通过构建全球研发网络开展研发国际化,不断跟进全球产业发展趋势、拓宽知识获取渠道和提升自主创新能力。早期针对发达国家跨国公司的研究认为,企业在海外建立研发机构的初始目的只是为了帮助总部转移技术,支持当地的生产活动;随着生产和销售活动的扩大,研发机构扩张成为本地技术单元,开发适应于东道国市场的产品或工艺;之后进一步升级为全球技术单元,为全球市场开发新产品和新工艺。Cheng 和 Bolon(2013)认为跨国公司设立海外研发机构除了为提高对于东道国需求的应变能力外,还在于获取重要的创新资源,如引进科学人才,统筹各个研发机构在技术、知识和外部资源层面细分创新过程。与传统发达国家的企业不同,Minin 等人认为中国企业建立海外研发机构的最初目的仅仅是为了技术学习,通过与东道国环境的互动获取技术知识外溢,然后将技术和知识转移回企业总部并与国内的研发活动相融合,提高母公司的研发能力。除了技术吸收,中国企业的另一个目的是直接利用东道国的创新资源,雇佣海外优质的研发人才,让中国外派员工与国外专家在合作中提升研发和创新能力。

结论1:企业构建全球研发网络学习和吸收新知识,然后将其转移到母国企业,提高中国本土研发总部的研发能力,最后企业将这种技术能力进一步推广到海外机构,实现产品和工艺在海外市场的本地化。

(2)构建全球营销网络与市场品牌整合能力

企业生产销售渠道供应源于供应链的国际化拓展,是由核心企业及与其存在直接或间接物料供给关系的其他企业共同组成的复杂国际化供应系统。供应商所处的国际化渠道位置不仅使供应商接触并获取相应的资源,同时也使其行为受到国际化渠道关系结构的制约,这对于制造企业资源获取、业务决策、供应商管理实践选择以及绩效结果具有重要影响。但由于企业对供应商国家化渠道关系及其结构理解不足,使企业在管理供应商时始终面临如何利用供应商国际化渠道位置问题,极大地制约了企业对供应商资源和能力的利用。良好的国际化渠道认知能力能够帮助企业有效识别供应商国际化渠道位置,评价其所能带来的信息和声誉资源,增强企业与供应商的整合水平。

随着市场竞争加剧,制造企业除了要求供应商能够准时、高效地提供所需物料外,更要求供应商具有帮助企业实现其战略和获取竞争优势的资源和能力。供应商国际化渠道位置对企业绩效的影响主要表现在两个方面。一方面,卓越的国际化渠道位置能够使供应商更快速、更准确地获取大量且异质的物料、服务、知识和信息等资源,这将进一步增强供应商创新性和供应商学习的可能性,促进供应商对内、外部资源信息的有效整合,从而推动供应商的技术革新和产品的更新换代,提升供应商满足制造企业在成本、质量、交付可靠性、柔性、创新等方面需求的能力,并表现出令企业满意的供应绩效。另一方面,优势的国家化渠道位置也为供应商提供了更多的机会来制定相应的规范和行为标准,从而有效地控制各种资源,这极大地增强了制造企业让供应商参与新产品开发过程的意愿,并为企业通过与供应商合作获取和整合更多与运作和创新相关的优势资源提供了极大的便利(李娜等,2017),从而促进企业在运作和创新等方面绩效的提升。

结论 2:构建全球营销网络对知识、信息等资源的获取和利用的积极影响。同时,占据良好国际渠道位置的供应商能够帮助企业获取其不易接触到的新颖且有价值的知识信息,从而制定更切合实际的发展战略和市场开拓战略。

结论 3:构建全球营销网络企业可以建立品牌国际化体系,及时获取国内外市场的各种信息,有助于企业产品市场调整,获取市场竞争优势。

(3)构建全球制造网络与生产资源配置能力

随着全球化和价值链垂直分解日趋深化,全球生产网络正成为企业发展的重要手段。特别是近 30 年来,全球生产国际化的迅速发展已使其成为全球经济最为重要的载体。作为一种新的企业生态环境,生产制造网络极大地影响了每一个企业的生存与发展。现有生产国际化相关研究认为,更广阔的全球发展提供了企业内部能力发展的新动力(Gulatie et al.,2000)和外部经济的新源泉,是一种更优的企业成长模式。在新的企业生态环境下,内部资源和能力的积累并不是企业成长的唯一动力和决定因素。在竞争激烈和具有较大不确定性的外部环境下,企业的生存和发展需要更多外部力量,企业所拥有的资源和优势成为其成长的另一重要决定因素与标志。相对于主要存在于企业内部的专有资源和能力,企业的优势是企业通过发展外部关系获得的来自全球制造网络的资源与能力。

结论 4:全球制造网络使得企业获得更优的国际化位置、国际化关系等获得的相对其他国际化合作节点更多的利益。

### 5.5.2　圣龙集团"全球生产网络—颠覆性创新转型"战略分析

随着全球经济一体化的快速发展和科技发展的日新月异,企业所面临的市场环境也正发生着深刻变化,全球生产网络构建有助于企业显著提升网络资源的组织整合效果。结合圣龙集团战略实践,公司通过不同阶段的努力和积累,推动了企业颠覆性创新转型。

(1)构建全球研发网络,实现研发国际化

市场起步阶段企业主要产品以定排量机油泵和传统凸轮轴为主。因传统定排量机油泵结构简单,技术含量低,所以,各机油泵生产企业为了争夺市场,以降价为手段展开竞争,使利润空间日益减少。圣龙集团采用"市场换技术"的市场进入模式,通过合资引进了美国的汽车零部件产业巨头——博格华纳的技术和资金。快速发展阶段圣龙集团 2009 年通过并购 SLW公司,承接了 SLW 公司的萨利松实验室,并且在 2011 年在美国底特律,英国利明顿设立研发中心集成创新阶段圣龙集团于 2013 年在德国慕尼黑设立技术中心升级转型阶段圣龙集团形成了中(宁波)、美(底特律)、英(利明顿)、德(慕尼黑)四地联动德全球技术中心。

圣龙集团在发展早期主要经营技术含量较低的产品依靠价格和质量获取市场和利润,但是这样的做法会导致同行业竞争压力的扩大使企业的发展受到限制,圣龙集团在较早的时间就意识到了技术的重要性,但开始时由于受到国内技术水平的限制,国外公司技术的垄断,圣龙集团早期选择合资的方式实现研发国际化,通过研发国际化战略的发展,是自身产品的质量、创新水平得到提高,在国内,国际市场上都获得了发展空间,形成集团自身独特的竞争优势;在资金充足时,圣龙集团改用并购的方式进入目标市场,并购时集团同时获得了被收购企业的技术和研发中心依靠被收购企业的发展形成以当地为中心的发展方式,获取当地竞争优势;之后圣龙集团稳步发展,在已经有了一定的市场基础之后,采用直接在目标地区设立研发基地,可以更好地获取当地采购商的需求,及时对产品做出调整扩大自身竞争优势。

综上,构建全球研发网络让圣龙集团摆脱了在国内依靠产品价格和质量竞争的压力,形成了自身的竞争优势,同时更加靠近目标市场的研发中心也可以更加快速准确地了解到目标地区的客户需要,增强竞争力量。

(2)构建全球营销网络,整合全球渠道资源

圣龙集团作为产业链的中间环节企业,其上游供应商主要有原材料供应商,设备及非生产性物料供应商、生产辅料及 MRO 供应商。市场起步阶段集团生产原材料主要来自国内市场,为了能提供符合及超过客户期望的

产品和服务,圣龙从国外引进了先进的技术和加工设备以及检测设备,如大吨位压铸设备、精密数控车、立式加工中心及多条无尘装配线等先进生产设备。快速发展阶段,圣龙在全球市场采购生产性原料。针对下游客户环节,早期圣龙集团以中国客户为主,依靠技术发展和市场口碑的形成,2004 年成为日本水星、盖茨、TRW 的指定供应商。后期集团成为 FORD(北美)自动变速机油泵全球同步开发供应商,为北美及欧洲客户提供同步开发、技术支持及销售服务。集成创新阶段进入福特汽车等知名主机厂的全球供应体系。升级转型阶段形成完善合理的市场布局公司客户分布覆盖北美、德国、英国、日本、韩国、澳大利亚等国家和地区。

圣龙集团的早期渠道国际化主要针对加工设备的引进,采用国内的生产原材料形成低成本的竞争优势,引进国际上先进的生产设备提供满足客户需求的产品和服务进入国际市场。在集团具备一定实力的时候,开始将原材料采购也进行国际化,从价格、质量等角度进行考量,选择出最适合自身的原材料供应商。对于下游客户,早期主要依托国内市场,通过在国内市场实现自身品牌的树立再加上技术优势,向周边国家发展渠道国际化战略。之后,圣龙采用收购的方式,接手被收购企业的市场和客户,成为国际高端品牌的一级供应商,提高了圣龙的国际市场份额同时也形成了自身的品牌知名度,从而实现了渠道国际化的推进发展,依靠自身所拥有的优势实现客户分布覆盖多个国家和地区。

综上,全球营销网络在不同发展阶段对圣龙有不同的影响,早期使集团拥有生产技术上的竞争优势,在发展阶段渠道国际化扩大了企业国际市场份额和国际品牌知名度,推进了企业产品和服务国际化进程。

(3)构建全球市场网络,推动品牌竞争力

市场起步阶段,圣龙集团通过合资引进了美国博格华纳公司的技术和资金,此时公司依靠合资品牌华纳圣龙来进行品牌国际化,用华纳圣龙来扩张市场,向国际市场拓展。快速发展阶段圣龙依靠收购 SLW 公司获得技术、全球市场,同时树立品牌,推进自主品牌的国际化。集成创新阶段自主品牌完成国际化目标,在国际市场具有一定影响力。

圣龙集团的品牌国际化战略与企业自身的发展紧密联系,在发展初期,通过合资品牌的国际化占据一定的市场份额,用合资品牌来打开市场可以更加快速地获得自主品牌所不具备的优势资源,通过合资品牌的发展为带动自主品牌的国际化发展。在快速发展阶段,圣龙通过收购国际上知名企业,通过被收购企业的品牌知名度来快速推进自主品牌的影响力,为自主品牌打开国际市场,树立自主品牌影响力,使得自主品牌可以更加快速、有竞争力的进入国际市场,增加品牌信任度,增强自身的竞争力量。

综上,圣龙集团依靠全球市场网络多方式,分阶段的品牌国际化战略,一步步推进自主品牌的国际化,树立强有力的品牌影响力。早期的合资品牌国际化,为圣龙将市场范围从宁波扩大至国际,快速发展阶段的收购品牌国际化,使圣龙可以更加快速、更有竞争力的、更好的基础进入目标市场,最终实现自主品牌的国际化,从而带动企业国际化发展战略。

(4)构建全球制造网络,促进产品颠覆性创新

快速发展阶段圣龙集团成功收购美国博格华纳旗下萨立松油泵工厂。集成创新阶段在印度普纳设立生产基地,2014年在美国设立五个加工中心;积极通过并购等建立欧洲(德国)生产和研发基地。2015年,圣龙集团升级转型阶段在印度普纳设立生产基地,形成中(宁波、湖州)、美(俄州)、印(普纳)三国四地的全球生产基地。

圣龙集团在发展早期,因为企业国际化战略并为达到一定程度所以加工生产都在国内进行,随着快速发展阶段收购战略的成功实施,使得圣龙集团有了生产国际化。进入集成创新阶段,国际化市场的进一步扩大,落后的生产国际化无法满足市场的需求,所以圣龙集团设立海外生产基地和加工中心,此时的生产基地位于印度主要是为了获得当地较低的劳动力以及印度汽车行业的先进技术,而在美国设立的是加工中心,最终形成三国四地的生产国际化格局。位于目标市场的生产中心,可以降低获取原材料、运输、劳动力等成本,同时也能与东道国客户更好的交流合作,为其提供更有针对性的产品和服务,提高自身竞争优势。

圣龙集团的生产国际化,为圣龙集团在不同发展阶段带来了资源、劳动力等优势,在降低其生产成本的同时,也让圣龙集团能够在目标市场更有竞争力。在一些重要的东道国市场,生产国际化也是圣龙集团与客户沟通的一个窗口,更加靠近客户和目标市场,能更加及时地发现问题,寻找市场需求提供更有针对性的产品和服务,提高集团竞争力量。

### 5.5.3 基于全球生产网络构建的颠覆性创新发展绩效分析

(1)市场领先

圣龙集团旗下多家公司,涵盖汽车核心零配件、地源热泵空调、化工等多个产业,其中汽车零配件是集团的支柱产业,被国内外多家汽车品牌评为A级供应商。公司始终坚持"顾客满意、持续改进"的质量方针,制定了严格的质量管理目标和完善的质量管理体系,通过提高员工素质、强化过程监督、提升检测手段等持续改进的途径,完善公司的质量管理体系。目前公司已通过多项质量管理体系认证。在体系化运营的基础上,公司不断开展创新活动,吸收福特 Q1 认证、通用 QSB 质量管理体系、六西格玛等先进的管理方法并融入现有的质量管理体系中,提升公司产品的竞争力。在 2021 年度报告中,圣龙集团的主营业务汽车零部件制造业的总收入达到了 12 亿(见表 5-4)。

**表 5-4　2021 年公司主营产品收入情况**

| 主营产品 | 营业收入/百万元 | 营业成本/百万元 | 毛利率/% |
|---|---|---|---|
| 发动机油泵 | 644.2 | 590.9 | 8.25 |
| 凸轮轴 | 171.1 | 147.8 | 13.63 |
| 变速箱油泵 | 342.9 | 367.3 | 22.06 |
| 分动箱油泵 | 43.5 | 36.0 | 17.12 |
| 变速器零件 | 243.9 | 189.9 | 19.2 |
| 其他 | 14.3 | 12.9 | 10.08 |
| 合计 | 1451.1 | 1244.9 | 14.21 |
| 境内 | 1062.6 | 875.1 | 17.65 |
| 境外 | 388.5 | 369.8 | 4.8 |
| 合计 | 1451.1 | 1244.9 | 14.21 |

2019 年,圣龙集团荣获年度浙江省政府质量奖,是 2019 年宁波市唯一获评该奖的企业。浙江省政府质量奖是省政府设立的浙江省最高质量奖

项,是省政府对取得显著经济效益和社会效益企业的认可和奖励。2021年第23届建博会中,圣龙集团荣登2021年宁波市综合企业百强榜,并且在2021宁波市制造业企业百强榜中荣登第34名(见表5-5)。

**表5-5　宁波市2021年制造业百强基本情况**

| 排序 | 企业名称 | 法人代表 | 营业收入/百万元 | 主业 | 区域 |
|---|---|---|---|---|---|
| 1 | 宁波金田投资控股有限公司 | 楼国强 | 10.4 | 综合 | 江北 |
| 2 | 中国石油化工股份有限公司镇海炼化分公司 | 莫鼎革 | 84.7 | 石化 | 镇海 |
| 3 | 奥克斯集团有限公司 | 郑坚江 | 7063720 | 家电 | 鄞州 |
| 4 | 浙江吉利汽车有限公司 | 安聪慧 | 6668851 | 汽车 | 北仑 |
| 5 | 宁波均胜电子股份有限公司 | 王剑峰 | 4788984 | 汽车电子 | 鄞州 |
| 6 | 得力集团有限公司 | 娄甫君 | 3804946 | 文具 | 宁海 |
| 7 | 舜宇集团有限公司 | 叶辽宁 | 3800177 | 光仪 | 余姚 |
| 8 | 利时集团股份有限公司 | 李立新 | 3517263 | 塑胶 | 鄞州 |
| 9 | 宁波钢铁有限公司 | 孙祥胜 | 2983879 | 钢铁 | 北仑 |
| 10 | 宁波博洋控股集团有限公司 | 戎巨川 | 2677358 | 家纺 | 海曙 |
| … | … | | … | … | … |
| 30 | 宁波世茂铜业股份有限公司 | 李立峰 | 740397 | 有色 | 余姚 |
| 31 | 徐龙集团有限公司 | 徐其明 | 771500 | 食品 | 慈溪 |
| 32 | 国能浙江宁海发电有限公司 | 邹海峰 | 711106 | 电力 | 宁海 |
| 33 | 狮丹努集团股份有限公司 | 吴忠宝 | 700626 | 服装 | 海曙 |
| 34 | 宁波圣龙(集团)有限公司 | 罗玉龙 | 679162 | 汽配 | 鄞州 |
| 35 | 百隆东方股份有限公司 | 杨卫新 | 613456 | 纺织 | 镇海 |

(2)技术领先

公司一直专注于发动机油泵、变速箱油泵、凸轮轴等动力总成零部件的研发、生产和销售,经过多年的持续研发投入和经验积累,掌握了具有自主知识产权的核心技术。在收购博格华纳泵工厂后,公司技术中心融合了变排量机油泵、分动箱油泵、真空泵设计和生产技术,并通过消化吸收再创新将公司整体技术水平提升到新的高度。公司掌握的核心技术符合零部件行业节能减排、智能化、模块化的发展方向,覆盖材料应用、产品开发、精密制造、产品验证和检测等各个方面,如油泵的转子型线设计、自动反馈式变排量技术、径轴双向间隙自动压力补偿技术、电驱泵设计技术、双联泵设计技术、气测性能及开启压力技术、装配式凸轮轴设计、连接和压装技术、轻量化技术、油泵含气量测试方法等。目前公司核心技术已在主流产品上得到广泛运用,并在国内外市场具有良好的装机应用记录,稳定性和可靠性获得了客户认可。截至 2021 年,公司累计完成各类科技成果 57 项,其中国家火炬计划项目 4 个,市级新产品 53 项;累计获得国内发明专利 52 项、国内实用新型专利 160 项;获得美国、德国、英国、印度等国的发明专利 13 项(见表 5-6)。其中已经授权的实用新型专利包括电控硅油离合器皮带轮、电控硅油风扇离合器、护风罩一体式离合器等。

**表 5-6　圣龙集团近年专利情况**

| 时间 | 专利名称 | 专利类型 | 专利状态 |
|------|---------|---------|---------|
| 2020 年 | 一种电镀用轴身保护结构 | 实用新型 | 授权 |
| 2021 年 | 一种检测机构 | 实用新型 | 授权 |
| 2021 年 | 带导流叶片的护风圈与发动机总成的装配方法 | 发明专利 | 实质审查 |
| 2021 年 | 护风圈总成的配套方法 | 发明专利 | 实质审查 |
| 2021 年 | 带导流叶片的护风圈和热风扇的中心对位方法 | 发明专利 | 实质审查 |
| 2021 年 | 护风圈总成与散热风扇的装配方法 | 发明专利 | 实质审查 |
| 2020 年 | 电控硅油离合器皮带轮 | 实用新型 | 授权 |
| 2021 年 | 一种铣削检测设备 | 发明专利 | 实质审查 |
| 2021 年 | 电控硅油风扇离合器 | 实用新型 | 授权 |
| 2021 年 | 护风罩一体式离合器 | 实用新型 | 授权 |

(3)财务绩效方面

2012—2018 年,企业历年营业总收入保持稳步增长,从 2012 年的 6.26 亿元增长至 2018 年的 13.1 亿元。除此,与 2012 年相比,2014 年达到约

48.3％的增长率；2016 年相较于 2014 年达到约34.9％的增长率；2018 年相较于 2016 年达到约 4.5％的增长率，其中 2014 年达到了历年来最高营业收入增长率。2020 年企业经营因疫情反复，企业年度营业总收入有所影响，企业营业收入达到 12.22 亿元，虽次于 2016 年以及 2018 年，依然有着可观的营业收入额。2021 年公司收入逆势上升，增加至 14.51 亿元。公司近年营业收入情况详见图 5-4。

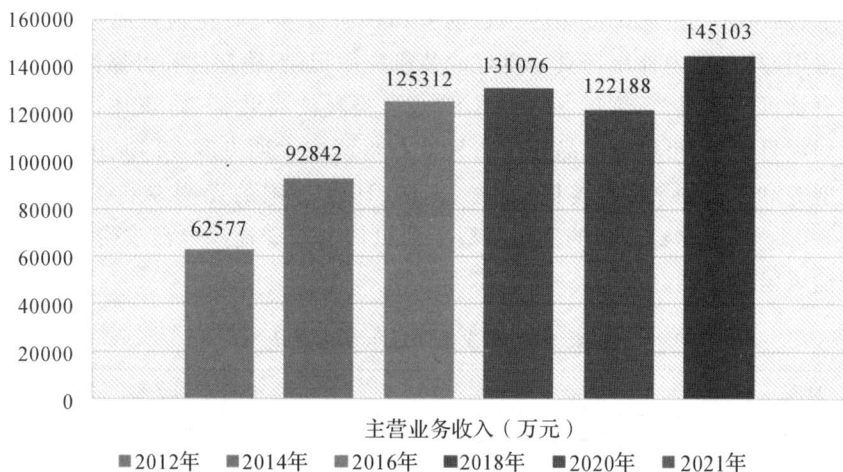

图 5-4  圣龙集团历年主营业务收入

## 5.6  结论与启示

### 5.6.1  案例总结

本研究选择圣龙集团作为案例样本，基于全球生产网络视角研究企业的颠覆性创新升级发展战略，探讨分析在全球生产一体化的外部环境下，企业通过从"被动嵌入"转变为"主动构建"全球生产网络，充分利用国际市场获取技术信息、市场渠道、生产制造资源等，实现颠覆性创新。基于对圣龙集团案例开展系统、纵贯动态研究，我们系统分析了全球制造网络、全球研发网络、全球营销网络等不同网络路径对颠覆性创新转型的前置影响，以及全球生产网络构建过程中创新资源获取对企业颠覆性创新转型的中介影响,揭示了全球生产网络、资源获取对公司颠覆性创新转型的影响机制,进而提出企业如何实施国际化战略行动,进而总结提出颠覆创新的经验启示。主要研究结论如下:

(1)全球生产网络构建促进企业获取全球优质资源

在既有研究中,更多关注于"学习机制"和企业专有能力提升。造成的不利影响是,片面强调内部能力发展和单一成长机制,往往会忽略在新的企业生态环境下后发企业可能得到的成长机会和网络竞争优势。更为重要的是,正如前文已经论述,后发企业不利的网络位势造成的对专有能力发展的制约,事实上是很难通过一个企业的内部努力进行改善。因此,在关注内部能力发展的同时,应该积极调整外部环境可以使企业获得更多的成长动力。内部和外部这两个子系统通过彼此影响和相互作用,形成促进企业成长的耦合效应。两者耦合程度越高,就越能够实现企业的快速成长。全球生产网络构建的重要意义在于利用企业专有能力和网络优势之间的耦合效应,通过不断地建立、扩展和调整网络关系,创造一个有利于企业专有能力持续提升的网络环境;而专有能力的强化会带来更加高级、更为优化的网络关系,进而创造更富有竞争力的网络优势,这样就形成专有能力与网络优势相互促进的企业动态成长机制。

(2)全球生产网络可以促进中国后发企业创新绩效提升

全球生产网络广度能够明显促进中国后发企业技术创新能力提升,并且随着网络构建时期延长,全球生产网络广度对后发跨国企业技术创新能力正向影响逐渐提升。全球生产网络强度同样能够促进中国后发跨国公司技术创新能力提升,但动态影响效应与全球生产网络广度呈现出不同趋势,随着网络构建时期延长,全球生产网络强度对中国民营跨国公司技术创新能力的促进效果呈现出先上升后下降的倒 U 型趋势。全球生产网络差异度能够正向影响中国后发跨国公司技术创新能力,这说明随着跨国公司从全球营销网络向全球制造网络再到全球研发网络升级,企业技术创新能力也逐渐提升。企业对外投资区域知识密集度越高,企业生产率提升效果越明显。企业知识吸收能力越强,其获取的知识溢出效应就越明显,企业创新越显著。

### 5.6.2 研究启示

(1)增强技术创新力,突破技术垄断

核心技术永远是制造业企业的"护城河",是企业立于不败之地的重要法宝,通过掌握新领域核心技术站稳脚跟对于制造业单项冠军企业尤为关键。企业通过加强技术研发,不断对研发与创新投入资源,集聚高端技术人才,加快企业的核心技术研发。除了在资金、技术、创新性人才等层面的投入,还应建立有利于创新的组织结构和激励机制加以配合,包括企业的内部组织架构、绩效考核、产权保护和分配机制等方面。

(2)深化企业文化,坚持品牌建设

面对生产经营多元化和存在着各种机遇挑战的环境中,企业需要不断提升应变能力,可以通过培育和深化企业文化维持企业发展,因为企业文化反映的是企业的核心价值观;同时采用信息渠道收集消费者需求,对未来市场进行预期判断,优化产品质量,满足客户需求,以此来深化企业品牌在消费者心中的认可程度与地位,进而提高企业在市场中的占有率,强化企业的市场竞争力。

(3)明确自身定位,合理制定规划

战略的本质就是带领企业走向未来,基于对未来发展趋势的深度分析与精准判断,合理利用现有组织资源与领导力,规划企业未来战略,完成既定战略目标。企业可以根据自身特点,利用企业优势,选择与企业相匹配的发展道路,研发其他企业没有研发的产品,掌握其他企业没有掌握的技术,健全内部管理控制,逐步提高市场占有率,最终发展成为行业的领头企业,做推动制造业的发展的龙头企业。

(4)完善政策体系,加强人才培育

在人才方面,企业一方面要提升原有内部人员的能力与水平,另一方面也要外聘新行业的相关从业人员,引入先进的管理经验,优化人才队伍结构。此外,从企业人才管理看,建立健全的政策体系,完善的人才培育计划,加强对高新技术人才和管理人才的引进与培育,同时给予激励与宽松政策支持,可以有效防止人才的流失。

# 第6章 海天集团:权变因素变迁下后发企业战略导向与颠覆性创新案例研究

## 6.1 概 述

### 6.1.1 案例研究背景

长期以来,制造业在推动经济体制机制改革和经济长期高速增长中发挥着日益重要的作用。随着世界经济结构与秩序裂变以及中国发展中深层问题累积释放等内外多重因素的叠加影响,制造业的创新发展及转型升级成为推进供给侧结构性改革,实现新时代中国经济由高速增长迈向高质量发展的关键问题。当今世界正经历百年未有之大变局,以数字技术为代表的新一轮科技革命和产业变革加速演进,颠覆性创新不断涌现,为后发经济体实现产业赶超提供了机会。因此,颠覆性创新成为新兴市场国家企业转型的难点以及企业突破价值链低端锁定的重要路径(Karimi 和 Walter,2015)。

作为企业颠覆创新的重要影响因素,较多文献从动因视角进行研究,从中国国情与发展阶段、制度、市场及企业家视野等权变要素出发,分析了中国特定情境下的企业颠覆性创新的缘起。从外部环境看,随着全球产业链分工的不断细化,后发制造企业创新离不开利用外部制度、市场等获取关键资源,如何有效应对外部环境因素变化,成为驱动企业创新转型的重要方式和路径(Ozman M.,2009)。刘培伟等(2017)认为,我国四代中央领导集体关于"自主创新"的认知随情境变化而不断调整,这体现了鲜明的中国特色治理制度,宏观上发挥了"集中力量办大事"的体制优势,但微观主体的创新制度环境尚不充分。中国企业的创新追赶实践多是在转型的"所有制制度"、多样的"技术体制"、多层次的"市场空间"以及新兴的"全球网络"四位一体的中国情境下展开。魏江等(2020)学者基于大市场、强政府、弱技术的情境架构,提出了中国企业创新追赶的非对称战略模式。因此,外部制度变迁、市场环境、技术迭代等外部因素为新兴市场企业创新提供了良好的机遇,但同时企业也面临更艰巨的挑战。

另一方面,从企业家视野方面看,发展中国家创新赶超的一般路径是从模仿、学习开始,通过"干中学",经历对先进技术消化吸收再到自主创新的过程。企业是微观经济的主体,与地处发达国家的技术跟随企业不同,后发企业一般多处于发展中国家,远离技术前沿地区,远离国际主流市场与竞争。在此过程中,企业家和企业家精神在微观企业层面对实现创新赶超往往会起到关键性作用(余菁,2018)。在新经济领域,充满想象空间的新市场机会,企业家战略行为的独特性主要源于制度环境以及经济转型在内容和方式上的特殊性,外部情境要素与企业家及组织行为的互动及共同作用推动了颠覆创新。后发企业发展中从国外源源不断地吸纳和补充新技术领域的创业活动所需的关键性资源,那些有出众组织能力,率先涉足新技术和新业务的企业家,建立自己的社会网络,推动业务持续增长,进而获得对其企业家精神的最丰厚的回报与激励。

民营经济高度发达、民营企业活跃是宁波的显著特色,凭着敢为天下先、敢争天下勇的甬商精神,宁波民营企业迅速发展,成为新时期驱动科技创新的主引擎和引领高质量发展的生力军。近年来,宁波民营企业主动实施创新强企战略,通过"外学内研"突破核心技术,有效提升企业乃至区域创新能力,不断涌现出一批以自主创新实现技术突破、市场突破和产业突破的企业,其主导产品的市场占有率位居国内甚至世界行业前列。根据统计数据显示,目前宁波市95%的上市公司和高新技术企业是民营企业,90%的研发经费来自民营企业,95%的市级以上企业技术中心设在民营企业,82%

的发明专利由民营企业申报和拥有,98 家民营企业的产品市场份额居全国第一,25 家居全球第一,17 家民营企业跻身中国民营企业 500 强。在此背景下,一批极具创新精神和创新能力的民营企业逐渐壮大成长,跃升成为高质量发展的宁波品牌企业。海天塑机正是成长于这一背景下的后发制造企业典型。当前国际环境复杂多变,技术更新迭代日益加快,我国仍有大量制造企业面临技术、资源及能力制约,亟待创新发展破解转型升级困境。在此背景下,处于价值链低端的传统制造企业如何通过在制度、市场、技术巨变环境下获取核心资源?企业家们如何通过自身能力和企业家精神影响,推动企业抓住市场机会实现颠覆创新转型升级?基于后发制造企业发展迫切现实问题,本章以成功实现颠覆创新升级的海天塑机为研究对象,对选取案例进行纵贯系统性分析,动态分析企业家视野、能力、精神等内部因素与制度、市场、技术等外部因素共同作用的影响,研究权变因素演进与企业颠覆创新的关系,进而为新兴市场国家后发传统制造企业转型发展提供借鉴。

### 6.1.2　案例企业典型性

改革开放以来,海天塑机为代表的中国后发制造企业通过为发达国家领先企业代工积极参与全球市场,以市场换技术进而增强企业自身的工艺创新和产品创新能力。海天塑机创始人张静章凭着振兴民族工业的满腔热情,带领企业稳步发展,由贴牌生产逐步转向自主品牌生产,再发展到自主高端品牌产品生产。这期间,海天创始人的视野也从逐渐从"个体经营者的企业家精神—大工业时代的企业家精神—新技术革命浪潮下的企业家精神"在企业创新成长过程中蜕变升华,通过企业家精神作用于组织,推动海天稳步提升企业全球市场话语权,逐渐成长为民营注塑机制造帝国。其研究典型性包括如下:

(1)企业家精神引领组织创新变革的代表

近年来围绕企业成长与企业家精神的相关研究证明了即使在相似环境下的相似企业中,由于企业家大相径庭,企业会选择不同的发展战略,企业家会以不同的方式影响企业的发展进程。海天塑机集团董事长张静章及其家人,由于特殊的机遇进入注塑机领域,一直以强烈的企业家应用的社会责任,坚持锐意进取,推进着海天集团一步步成长为装备中国的典范。在海天发展的每一步都映射了企业家精神在企业发展成长中的重要作用。首先,企业家的责任担当成为海天国际化的动力。宁波民营企业的崛起发展很重要的原因在于宁波本土企业家既有敏锐商业意识,又具有立志带动家乡和国家民族进步的家国情怀和利他精神。因此,敢于担当社会责任为己任和使命,成为驱动企业深耕国际市场的动力源泉。面临中国机械装备制造业严重落后的困境,海天集团董事长张静章先生以"国家兴亡,匹夫有责"的信念,坚定发展装备制造,以工匠精神打磨精品,打造国内注塑机第一品牌,立足产品质量,进军欧美市场,最终实现"装备中国、装备世界"。其次,企业家的创新进取成为推动海天创新发展战略的基石。创新是企业家精神的灵魂和核心,也是中国本土企业家精神的典型特征。技术、管理及机制等创新和应用,是企业发展的重要因素。企业家的创新进取精神也成为企业融入国际市场,真正实现企业创新发展的重要驱动力。在开放多元的国际市场竞争中,海天集团通过海外投资建厂及并购等多元化手段,在国际化扩张过程中传承企业家合作精神,吸纳全球人才构建国际化管理团队,推动企业实现低端颠覆创新。

(2)积极响应外部环境主动变革的代表

产品与市场能够反映一个国家或地区的市场环境(市场规模、市场潜力等),市场环境是影响企业成长以及能否顺利开展跨国投资的关键因素。一般来说,一个国家或地区的市场环境越好,就越有利于民营跨国公司的发展。如果一个国家或地区的市场潜力较大,就会吸引较多的企业开始创业,进而进行生产和投资。良好的市场环境更是给中小企业跨国成长提供了良好的发展环境和机遇。海天主导产品是塑料注射成型机(通称"注塑机"),在我国注塑机占塑料加工机械领域主导地位,年产值占比约为40%。注塑机按照原料加工前的熔融程度及成型工艺的不同,主要分为注塑机、挤出机和吹塑机,约占总产值的80%以上,其中,注塑机产值占比约为40%。在制造业中,注塑机属于重要零部件生产设备,其需求量也与制造业资本成正相关关系。注塑机是一种将塑料通过成型工具制成各种形状的塑料制品的机械设备,是我国产量最大、产值最高、出口最多的塑料机械设备。虽然注塑机的应用领域很广泛,但是在国内,仍然存在巨大发展和提升的空间,注塑机的下游产品主要应用于塑料、汽车、家电等行业。在国外,美国、日本、德国、加拿大等发达国家中,在塑料成型设备中,注塑机产量及需求都非常高,占比高达 60%~85%,这个数字还是有提升的空间的。美、日等注塑机生产大国,进入注塑机市场较早,凭借先发优势垄断国际市场。近年来,随着海天的快速发展,不断通过整合全球资源,提升产品的质量同时也较好地控制了产品成本,公司不断扩大产能占领国际市场,逐渐成长为国际跨国公司。目前,海天的产品已经远销美国、欧洲、南美洲、中东、东南亚等 50 多个国家和地区,设立了巴西、加拿大、墨西哥、意大利、土耳其等 5 个海外分中心,辐射周边地区和市场。

(3)制造业低端技术颠覆创新的典型

一国的研究与发展水平在一定程度上决定了该国企业的技术水准。在科技迅猛发展的今天,技术无疑是影响后发企业成长的一个重要因素。具体来说,技术可以创造需求和市场,同时,技术可以降低成本,提高产品的质量,增强企业在国际市场上的竞争力。反之来讲,一国如果研发水平不够,低下的技术水平就会影响中小企业的跨国成长,在国际市场上的竞争就可能遭遇失败。很多民营企业往往扎堆在劳动密集型行业,从事代工生产,企业积累往往用于扩大生产规模、转投房地产等,而非用于提高技术水平、主动研发创新,从而陷入"低端依赖",无法实现转型升级。在制造业领域,宁波被誉为"制造之都",是国内规模较大的制造业产业集聚区。海天塑机在发展过程中始终以工匠精神作为企业文化核心,坚持技术进步与技术创新,逐渐成为注塑机领域的核心技术拥有者。在国家政策的鼓励和支持下,海天从 20 世纪 70 年代初生产螺钉螺帽等小五金件转向了注塑机的开发与生产,1972 年成功开发了企业历史上第一台注射量 30 克的小型注塑机。目前,海天是国内注塑机行业的领导者,小型注塑机产品国内市场占有率超过30%,大中型注塑机的国内市场占有率超过 60%,同时产品还批量销往 130多个国家和地区,是目前世界产量最大的注塑机设备供应商。

## 6.1.3　案例研究思路

海天塑机从名不见经传的乡镇作坊,艰难起步一步一步成长为国内乃至国际具有影响力的大型企业公司,在其发展进程公司创始人如何应对外部制度、市场、技术等环境因素变化,如何在发挥企业家精神驱动引领企业利用创新关键资源,实施有效战略,成为企业开展颠覆性创新获取竞争优势的关键。本书以影响后发企业创新内外部条件动态变化的权变因素为切入点,研究权变因素演进(即外部环境因素和组织内企业家视野)、创新关键要素获取与企业颠覆性创新的协同关系以及企业如何实现转型升级。关键资源获取和颠覆性创新是权变因素影响下企业战略行动的过程,研究问题具有动态性、持续性和系统性等特征。本书采用单案例研究方法,有助于针对案例企业权变因素演进及后发企业颠覆性创新为主线开展纵贯比较研究,捕捉制造企业后发颠覆创新发展和企业转型升级实践新现象,追踪研究权变理论及企业颠覆性创新战略管理新问题。本案例按照"结构—行动—绩效"的研究思路,对海天塑机颠覆性创新战略行动进行梳理,研究分析后发企业颠覆性创新发展路径机理,以及充分重视外部环境和企业家视野在颠覆性创新战略中的作用,为同类后发赶超企业提供借鉴参考。案例研究思路详见图 6-1。

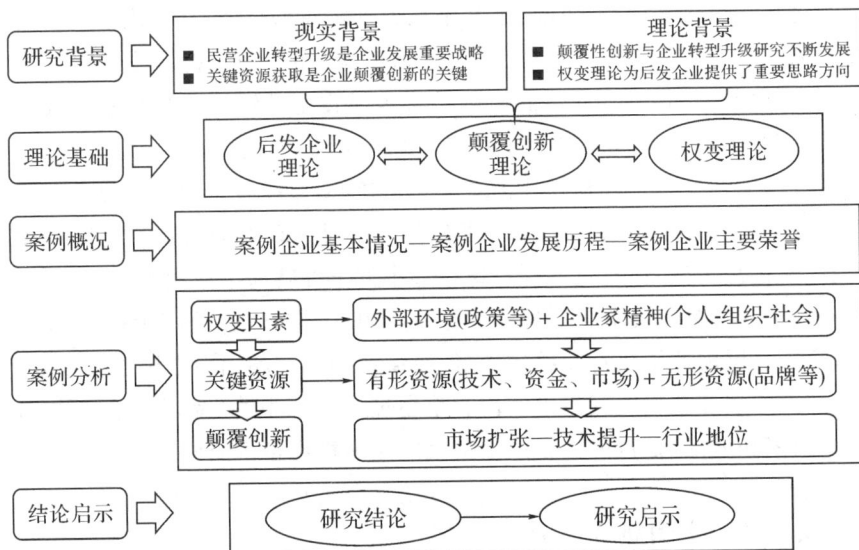

图 6-1  案例研究思路

## 6.2　理论基础

### 6.2.1　权变因素演进与后发企业低端颠覆创新

关于企业颠覆创新及转型升级的影响因素,学者多从企业外部和企业内部两个角度进行研究。在企业创新发展路径选择中,企业外部和企业内部的影响因素分别基于权变理论和资源基础管理论进行研判。权变理论对企业创新发展及转型升级路径的影响主要体现在外部的环境变化与内部的企业家精神,前者包括制度变迁、市场环境及创新体系等,后者则体现为创业者的创新、前瞻性和风险承担等企业家精神。

（1）外部环境分析

后发国家创新理论指出,后发大国在高度开放的条件下很难追赶成功,但中国似乎是个例外。近年来,随着华为、腾讯等在国际舞台上的抢眼表现,中国企业在某些领域已经从创新跟随者,逐渐成为创新引领者,呈现出跟跑、并跑与领跑并存的蓬勃创新力。现有研究多从宏观视角解析国家创新战略与创新体系构建等,鲜有系统梳理中国企业群体创新实践(苏敬勤和高昕,2019)。鉴于中国企业的丰富性、多样性、改革开放 40 年的阶段性以及制度、文化等外部情境的复杂性,本研究以中国制造业企业创新实践的阶段性为纲,总结分析中国后发企业创新战略。首先,随着我国贸易经济的连年快速增长,市场环境发生了急剧变化,土地和劳动力等生产要素供应日趋紧张,企业的成本不断攀升,企业在原有制度安排下难以得到获利机会,从而给后发企业的生存带来了挑战,迫使其要么进行转型升级,要么迁移或停产关闭。其次,原材料价格、劳动力成本、市场竞争、全国性能源紧张、产品市场空间、消费心理变迁与需求升级等市场环境变化所带来的制度不均衡往往可以通过市场的诱致性创新,如重视技术和人力资本,要素和产品相对价格改变,产品附加值提升等来解决(毛蕴诗等,2016)。人民币升值、出口退税下调、贸易壁垒、节能减排等市场环境要素的变化带有政府强制性推动的特点,因此,可以被归纳为林毅夫教授(1989)所指的强制性制度变迁。

除了市场环境要素外,国家(地区)的技术创新环境也是影响企业创新升级的重要外部制度因素。Michael E. Porter(1998)指出,良好的经营环境和支持性制度为公司创新提供了要素保障,企业创新资源和技术与区域环境密切相关。具体到技术创新环境的构成要素,Joshua Gans 等(2003)研究指出,加快信息与通信设施建设、对企业进行技术自主创新提供税收优惠、提供更多风险资金并保证其有效配置、加强知识产权保护等可以促进企业的自主创新。Philip J. Vergrat 等(2006)也认为,政府可以采取多种措施来促进企业积极进行技术自主创新,如制定激励政策、补贴制度、税收优势,投资基础设施建设,并为企业提供相关引导等。国内学者毛蕴诗等(2016)研究指出,政策环境、创新体制和国家的科技投入等宏观环境显著地影响企业的自主创新行为。综上所述,制度变迁、市场环境、技术创新环境等是影响后发企业创新发展战略选择的重要外部环境因素。

(2)企业家精神方面

熊彼特将创新定义为执行新的组合:新产品、新生产方法、新市场、新供应来源、新的组织形式。他认为,以企业家驱动的创新是打断连续的经济循环往复的原因,企业家持续不断地对已经存在的均衡状态进行改变和迭代。而由于新组合所带来的是从内部对原有的经济结构进行革命,连续性地颠覆旧的和创造新的,这就是熊彼特的"颠覆性破坏"(creative destruction)过程,这一过程是内生的动态过程,它与"循环流转"状态具有本质上的区别。目前,学者们普遍认可企业活力来自于创新驱动,同时,企业的创新更多地依赖企业家精神,作为决策者的企业家对企业的创新起到关键性作用或具有显著的影响力(Bureau,2013;毛良虎等,2016)。研究表明,企业家精神确实可以促进企业创新,而且知识产权保护力度较高的地区,企业家精神对企业创新的促进作用显著(潘健平等,2015)。

在企业创立初期,企业家的创业能力至关重要,是企业创立的必需条件。等到企业发展起来,企业家的守业能力与成业能力又决定了企业的持续成长与发展,这是一个能力循环转换的过程(王长斌,2007)。随着企业的不断成长,仅仅依靠企业家的个人能力是不够的,这就需要企业家将个人能力转换为组织创新力,形成组织核心竞争优势,从而不断带动企业的持续成长。由此看来,民营企业家的能力对企业成长有促进作用。同样,在企业成长的不同阶段,对企业家能力的需求也不一样,这迫使企业家通过各种方式与渠道提升自己的能力。初创阶段的企业发展取决于企业家的风险承担能力,需要企业家具备敏锐的眼光与敢于冒险的魄力;成长阶段的企业发展竞争激烈,需要企业家运用自身才能提高公司管理的规范性;在企业成熟阶段,市场上产品同质化现象开始出现,这是需要企业家改革创新,建立起公司独特的核心竞争优势;在企业衰败期,需要企业家果断决策力与眼光进行企业转型,实现迭代重生。在这个过程中,企业家通过"干中学"提升了自己的能力。

## 6.2.2　企业关键资源与后发企业低端颠覆创新

资源基础管理论认为企业通过配置有价值的、稀缺的、不可模仿的资源与能力的异质性,从而获取竞争优势。基于市场的资源被定义为从企业与外部实体之间的相互关系而获得的资源,包括与客户、渠道成员、合作者以及政府中介机构等的关系(Griffith 和 Harvey,2001),能为企业带来有价值的、稀缺的、不完全可模仿的、在战略上难以被竞争对手所复制的外部资产。社会资本或关系资本与基于市场的资源的概念是一致的(Thuy 和 Quang,2005),因此,社会资本也是企业创新关键资源之一。许多学者对社会资本做了细化的界定和分类。赵晶(2010)认为,企业社会资本分内部社会资本和外部社会资本,后者主要包括企业与其他组织间的连带产生的组织间社会资本和企业中关键人员的个人对外连带带来的资源;张克中(2009)从社会资本的视角来研究中国经济转型和发展问题,将社会资本划分为企业家社会资本、企业员工社会资本和企业外部社会资本,并将企业外部社会资本进一步细分为政府、金融机构、商誉、环境和商业伙伴。

Miller 和 Shamsie(1996)从稀缺性、不可替代与不可模仿性出发,将资源区分为财产性资源和知识性资源。财产性资源通常以所有权或法律协议的形式存在,它们赋予某个组织对稀缺的和有价值的投入品、设施、场所或专利的控制权。独立的财产性资源包括资本设备、长期合同和专利等。另外,一些财产性资源以系统及其相互交织的组成部分的形式存在,这些资源通常包括物质设施或设备。大多数设施本身很容易进行复制,而如果将这些资源整合起来,整合系统的协同作用很难复制。一些供应、分销的一体化系统就属这种资源。独立的知识性资源可能以专门技术能力、功能性能力和创新性能力的形式存在(Winter,1987)。这些技能很可贵,因为它们受到不确定的可模仿性的保护。通常很难真正了解这些产生经济收益或带来客户忠诚度的技能到底是什么。因此,竞争对手并不知道购买什么或模仿什么。正如独立的财务性资源那样,企业可以通过同时开发尽可能多的知识性资源来进行企业升级。比如,企业可以同时开发设计、生产和营销方面的专有技术。系统的知识性资源可能以多学科团队工作要求的整合技能或协调技能表现形式出现。企业的这种协调技能或管理技能很难被其他企业模仿。组织内部的资源与能力和外部合作伙伴的支持是后发企业颠覆创新及转型升级的基础(Pfeffer 和 Salancik,2003;杨桂菊,2010)。内部资源与能力往往被视为推动企业升级的物质基础和必要条件。知识性资源和财产性资源存在一定差异性,知识性资源与财产性资源相互补充,并且企业通过整合这些资源创造出更高的竞争优势。

### 6.2.3 案例创新及研究内容

从已有研究来看,权变因素与企业关键资源和后发企业颠覆创新发展逐渐成为学界关注的热点,学者对权变因素演进对企业创新的前置影响作用也形成共识,国内外学者的研究成果为本课题研究奠定良好基础。后发企业颠覆性创新离不开关键资源,权变因素演进为企业创新提供了获取关键资源的机会,同时也为企业能够获取资源带来的动态挑战。现有研究中针对权变因素研究大多是静态视角,并未揭示权变因素演进动态环境下企业颠覆创新战略变化。与此同时,资源观视角下后发企业创新关键资源获取研究尚处于起步阶段。基于现有研究,本研究在海天塑机成长实践基础上,研究后发制造企业如何在权变因素演变动态环境下开展颠覆创新追赶,又是如何通过企业家精神与外部环境因素互动影响企业获取关键资源成功实施颠覆性创新战略,进而实现后发追赶超越。

本研究相关资料主要来自一手调研访谈资料及网络信息平台搜集整理二手资料数据。研究团队与公司总经办、生产、市场及财务等不同部门管理人员及工作人员进行座谈交流,同步开展结构性问卷,调查收集整理一手资料。研究成员通过分组多次访谈、交叉验证访谈等多元手段避免信息漏损,保证数据信度和效度。二手资料主要通过上市公司信息披露数据、主要媒体报道及企业官网等途径收集企业相关数据。基于数据真实性和研究严谨性需要,本章对所有数据进行比对筛查,剔除信息不准确的模糊数据,再根据企业成长阶段纵向分类,归档整理外部环境、企业家精神及企业颠覆性创新绩效等全部资料。基于上述文献整理,本案例主要从以下几方面展开分析:①权变因素演进下,后发制造企业面临的外部环境变化和企业家精神变迁;②基于外部环境驱动,企业家精神如何驱动和引领团队和组织快速响应外部机会,实施颠覆性创新;③后发企业在权变因素演进背景下,如何获取创新关键资源(财产性资源和知识性资源);④基于权变因素演进后发企业颠覆创新沿着"学习导向—效率导向—创新导向"战略路径稳步发展。

## 6.3　案例研究对象介绍

### 6.3.1　海天集团基本情况

海天所在行业是塑料机械装备制造业,属于技术密集型制造业。我国是世界塑机制造产量第一大国,但大部分产品的技术性能仅达到发达国家20世纪末期的第二代技术水平,离新兴第三代技术水平还有差距,且长期依赖国外技术引进,因此仍称不上是塑料机械制造强国。然而,随着塑机产业技术进步与纵向专业化分工的深化,全球网络已成为弥补单个企业内部能力不足、促进产业技术创新和技术扩散的必由之路。

海天集团的前身为江南农机厂,成立于 1966 年,当时由 100 元起家。1970 年,改名为镇海塑料机械厂,在生产农机具的同时,自主研发塑料注射成型机;1972 年研发成功第一代注射量为 30 克的注塑机,从此踏入注塑机行业;1984 年,注册海天商标,正式推出海天注塑机品牌;1994 年,企业进行股份制改造,成立宁波海天股份有限公司,当年销售收入为 1.38 亿元,整体实力和各项经济指标首次位居全国同行业第一;1999 年,海天与德国的德马格合作成立"德马格海天塑料机械有限公司",使企业的产品技术和管理水平上了一个新的台阶;2003 年,以宁波海天股份有限公司为母体,联合股份公司下属控股子公司成立宁波海天集团股份有限公司,当年销售收入达19.8 亿元;2006 年,海天集团将所属核心注塑机研发及生产业务进行重组,以红筹模式在香港成功上市。重组后的海天集团综合了注塑机业务的研发、加工、装配、销售整体流程业务,当年销售收入达 31 亿元,出口创汇1.25 亿美元。

自公司成立以来,50 多年来的发展历程,企业创始人以其坚韧不拔的毅力、果敢创新的魄力,审时度势、高瞻远瞩、敢于开拓、勇于创新,带领着公司抓住发展的良机、实现一次次新的飞跃。1974 年,制造出第一台注射量30 克的注塑机,到 1989 年出口第一台注塑机至欧洲,再到 1994 年成为全球注塑机产量第一的行业领导者,并保持至今。目前,海天以其产量世界第一、技术国内领先位居我国注塑机行业之首,是首批 90 家中国创新型企业之一,也是该行业中已获得相当认可并最具希望成为国际品牌的企业。

## 6.3.2　海天集团业务板块

海天塑机集团有限公司是一家集研发、制造和销售塑料注射成型机的高新技术企业,是我国塑料注射成型装备行业龙头企业,浙江省工业行业龙头企业。经过 50 多年的创业开拓,现已发展成为总资产超百亿的大型跨国公司。海天集团的第一大主业为注塑机产品,是产量世界最大、技术国内第一的注塑机生产基地,目前在世界塑机行业排名第一。同时,数控机床六大系列几十个品种规格,可满足汽车、模具、航空航天、五金等各种机械加工领域需求。集团下辖两个上市公司(海天国际控股有限公司和宁波海天精工股份有限公司)、海天驱动、海天金属、海天智联等五大制造企业及其附属70 余家海内外子公司。2021 年度集团总产值超过 211 亿元,产品及客户遍布全球 130 多个国家和地区。公司产业板块及概况详见表 6-1。

**表 6-1　海天集团产业板块及公司概况**

| 所属产业 | 企业简称 | 企业概况 |
|---|---|---|
| 塑机产业 | 海天国际 | 海天国际控股有限公司(中国香港上市公司,代码 HK01882),主导精密高效、节能环保的注塑机产品,集注塑机的生产及销售于一体。年产量 56000 多台注塑机,远销 130 多个国家和地区——使我们的各项经济指标傲首于全球同行之列,代表中国注塑机的先进水平。海天国际以技术强企,旗下有"长飞亚""海天"两大品牌面向高中低市场,可覆盖塑料加工行业的各个领域。我们秉承"技术应恰到好处"的产品创新战略,聚焦广大用户的切实所需,以独具性价比实现生产效率与灵活性之间的完美平衡,为客户创造竞争优势。 |
| 机床产业 | 海天精工 | 海天精工产业创建于 2002 年,主导大型、高速、精密数控机床产品,现已发展为大港精工、堰山精工、大连精工三大生产基地,覆盖了龙门加工中心、卧式加工中心、数控车铣中心、立式加工中心、数控大型卧式镗铣床、数控立车六大产品系列及几十个品种规格。创建至今,海天精工多次获国内"数控产值十佳企业""自主创新十佳企业"等荣誉。2016 年,海天精工成功在上海证券交易所 A 股上市。 |
| 金属成型产业 | 海天金属 | 海天金属产业于 2016 年正式运行,秉承海天精密设备制造管理理念,主营多种系列压铸机,依托海天塑机、海天精工、海天驱动的产业平台优势,推动压铸行业进步,为客户提供性价比优越的压铸成套设备和完整解决方案,使客户获得具有竞争力的压铸产品生产能力。 |
| 驱动产业 | 海天驱动 | 海天驱动产业筹建于 2006 年,主导节能环保、动力高效的高精尖、新能源技术产品,现涉足控制技术、自动化科技、新能源技术、液压传动系统四大领域包括交流伺服驱动系统、伺服机械手、新能源车、液压驱动等 10 多种产品的研发生产,多项技术专利均填补了国内空白,并承担国家级项目的研发生产,其产品可全面替代进口,已被广泛应用于机械、电子、自动化、船舶以及物流等各种行业中。 |
| 智能制造产业 | 海天智能 | 海天智联的成立依托于海天集团深厚的制造业实践基础,在深刻洞察行业需求的基础上,面向制造企业提供生产过程全覆盖的智能制造及信息化整体解决方案。 |

### 6.3.3　历年重要事件和荣誉

海天集团自成立以来,始终重视自有技术进步和自主品牌建设,公司被科技部、国务院国资委、中华全国总工会联合确认为"全国首批创新型企业";企业技术中心被国家发改委、财政部、海关总署、税务总局联合认定为第十二批国家认定企业技术中心。近年来,公司获得了国家、省级、市级多项荣誉,是全国首批创新型企业、国家重点高新技术企业、全国创建和谐劳动关系模范企业,拥有国家认定企业技术中心、博士后工作站,曾获"中国名牌""重点培育和发展的中国出口名牌""国家科技进步奖"等荣誉。公司成立以来历年重要事件及主要荣誉详见表 6-2。

表 6-2　海天集团发展进程重要事件及主要荣誉

| 年份 | 重要事件及主要荣誉 |
|---|---|
| 1966 年 | 江南农机厂成立(海天前身)。 |
| 1973 年 | 海天第一台注塑机问世。 |
| 1985 年 | 注册"海天"商标。 |
| 1989 年 | 出口海天第一台注塑机;"宁波海天机械制造有限公司"成立。 |
| 1991 年 | 开始兴建海天江南路生产基地。 |
| 1994 年 | 综合经济指标首次位居全国同行第一。 |
| 1997 年 | 荣获"中国机械工业名牌产品"称号。 |
| 1998 年 | 与德商合资的"德马格海天机械有限公司"成立。 |
| 1999 年 | 首创第一台节能注塑机。 |
| 2000 年 | 第一代二板注塑机试制成功;"海天塑料机械(广州)有限公司"成立。 |
| 2001 年 | 海天土耳其子公司成立。 |
| 2002 年 | "宁波海天精工机械有限公司"成立;海天制造了当时锁模力达到36,000kN 的注塑机。 |
| 2003 年 | 海天当选中国塑机协会理事长单位。 |
| 2004 年 | 海天巴西子公司开业;荣获"中国机械 500 强"称号。 |
| 2005 年 | "海天北化科技有限公司"成立;荣获"重点培育和发展的中国出口名牌"称号;被国家认定为"企业技术中心";"宁波海天华远机械有限公司"成立。 |

| 年份 | 重要事件及主要荣誉 |
|---|---|
| 2006 年 | 海天隆重举行创业 40 周年庆典;"国家级博士后科研工作站"成立;"海天国际控股有限公司"在香港成功上市。 |
| 2007 年 | 荣获"中国名牌产品"称号;收购"德国长飞亚塑料机械制造有限公司";"无锡海天机械有限公司"成立。 |
| 2008 年 | 海天国际华东、华南技术中心开业;宁波长飞亚生产基地成立。 |
| 2009 年 | 天剑品牌创立;海天路生产基地投入生产;德国长飞亚制造车间落成。 |
| 2010 年 | 海天日本技术中心成立;塑机年产量突破 30000 台。 |
| 2011 年 | 海天越南生产基地投入生产。 |
| 2012 年 | "宁波海天精工股份有限公司"成立;全球范围内推出全新二代机器;荣获"中国机械工业百强企业"称号。 |
| 2013 年 | 海天新总部大楼在宁波落成;JU66000II 超大型纯两板机试制成功;海天慈善基金会成立。 |
| 2014 年 | 海天印度子公司开业。 |
| 2015 年 | 海天印尼子公司开业;海天墨西哥子公司开业;长飞亚春晓生产基地开业。 |
| 2016 年 | 海天隆重举行创业 50 周年庆典;海天泰国子公司开业;海天通途路生产基地投入生产;海天国际德国有限公司新厂房开业;海天品牌荣登美国纽约时代广场;"海天金属成型设备有限公司"成立;"宁波海天精工股份有限公司"在上交所成功上市。 |
| 2017 年 | 延锋国际供应商大会,海天荣获延锋彼欧 2017 年度供应商"十周年特别贡献奖";张剑鸣总裁当选塑机协会会长;公司先后通过 OHSAS18001 认证和 ISO14001 认证;海天中大型注塑机智能化生产基地落户无锡;海天 MA 系列累计销售量超 20 万台。 |
| 2018 年 | 海天文体中心奠基;荣获"重点高新技术企业"奖;海天印度新厂房投入生产;海天土耳其新厂房投入生产。 |
| 2019 年 | 海天推出全新第三代技术。 |
| 2020 年 | 海天塑机三代机全面推广;"海天大学"正式成立。 |
| 2021 年 | 海天金属保税区基地正式启用;海天文体中心举行开馆交接仪式;海天智联科技有限公司正式成立;数字体验中心正式开放。 |

## 6.4 案例主体分析

海天集团从江南机械厂起步,经历50年发展成为国际注塑机行业的领军企业。海天目前已在9个国家设立了海外直属子公司,覆盖中东(土耳其)、南美(巴西)、北美(墨西哥)、欧洲(德国)、东亚(日本)、南亚(印度)、东南亚(越南、印尼、泰国)9个区域,在全球范围内拥有60多个销售和服务伙伴,海外销售额从2001年的3.12亿元增加到2021年49.30亿元,增长幅度达到了16倍,全球化发展取得了巨大进展。纵观海天集团的发展,大致可划分为初创、探索、创新追赶和颠覆性创新转型四个阶段(详见图6-2)。

| 阶段 | 初创:进入塑机领域 | 探索:国际品牌合作 | 追赶:技术改进创新 | 颠覆:全面快速扩张 |
|---|---|---|---|---|
| 社会环境及关键事件 | 农机用具销售市场一般;一次偶然的机会下,初次进入塑机领域;机械厂购买图纸、参观学习等方式,获得了最初的第一代连杆式注塑机技术;国有塑料机械厂通过与海天合作生产的形式,有效地帮助海天对原先掌握的第一代注塑机产品进行产能扩充。 | 中国来寻找合作伙伴;海天抓住时机与德马格建立合作关系;1989年,海天出口第一台注塑机;1994年,海天的产量名列世界第一,并至今仍保持此地位;海天后续又有机会接触到台湾琼玮、德国德马格的第二代液压注塑机技术。 | 技术的改进创新;与北京化工大学共同投资建成海天北化研究院,加强二板机、伺服节能机的开发,并针对品牌企业需要开发专用注塑机;2002年,海天制造当时中国锁模力最大36000kN的注塑机;2004年,海天制造当时中国锁模力最大40000kN的注塑机。 | 海天包括塑机、精工、金属、驱动和智能制造五大主业;海天拥有长飞亚、海天、天剑三大品牌,全面覆盖了高、中、低档注塑机市场,国内市场占有率第一,全球产量和销售额均第一;成为全球最大的注塑机生产商和先进塑机技术提供商。 |

图6-2 海天集团发展历程阶段

### 6.4.1 初创起步:进入塑机领域(1966—1988年)

海天的前身是江南农机厂,曾经只是一座隐于破庙里的小厂,所有流动资金加起来不过100元。当时的国情以农为重,海天的产品也主要面向"服务农业"靠拢,生产水泵、镰刀、锄头等农机用具。公司创业初期,创始人张静章为销售产品,带着产品的样本以及服务信息,到台州、深圳、广州等地推介产品,不错过任何一个可能会有业务的地方。但尽管付出了十足的努力,企业业绩依然平平未有起色。20世纪70年代,海天在一次偶然的机会下,初次进入塑机领域。1973 年,他在一个农村小作坊里成功试制了第一台 60 克直角式注塑机。当他的注塑机打出第一只当时市场紧缺的塑料凉鞋时,远近引起了不小的轰动。随后,海天没有任何技术基础的情况下,要发展注塑机企业只能进行模仿创新。公司以向国有塑料机械厂购买图纸、参观学习等方式,获得了最初的第一代连杆式注塑机技术。正如一位被访的海天经理所提到的,70 年代全国没有多少企业生产注塑机,海天最初就是和周边的几家国有企业有联系,其中最早的就是上海塑料机械厂。到了 80 年代中期,随着市场需求日益旺盛,海天迫切需要改进原有生产工艺以应付产能不足,而国有塑料机械厂有一大批工程师,因计划体制收入较低,很乐意周末到海天搞"创收"。这样,国有塑料机械厂通过与海天合作生产的形式,有效地帮助海天对原先掌握的第一代注塑机产品进行产能扩充,这一时期以改进型创新为主。

### 6.4.2　探索国际市场:国际品牌合作生产(1989—2000 年)

20 世纪 90 年代,随着中国经济全球化程度的日益深入和行业环境的变化,跨国公司纷纷进入。但由于注塑机生产的特点是要对当地使用客户有足够的了解,否则即使是拥有技术上的优势也很难在短时间内打开市场。进入 90 年代以后,一些跨国公司到中国来寻找合作伙伴,例如德马格,他们的液压注塑机技术非常成熟,在此背景下,海天抓住时机与德马格建立合作关系。同期,海天也取得快速发展。1989 年,海天出口第一台注塑机;1994 年,海天的产量名列世界第一,并至今仍保持此地位;1997 年,海天制造了当时中国锁模力最大 25000kN 的注塑机;1997 年荣获中国机械工业部授"中国机械工业名牌产品"称号;1998 年,海天与德马格塑机集团联手创立合资公司,合作于 2005 年终止。因此,海天能够顺利嵌入全球市场网络,德马格外资企业也可以更多地通过技术许可让海天生产。在这样的行业背景下,海天后续又有机会接触到我国台湾琼玮、德国德马格的第二代液压注塑机技术,并进行模仿创新。90 年代中期,国内注塑机市场快速增长,海天抓住机会与我国台湾琼玮、德国德马格建立合资企业生产产品,这一定程度上也促进了海天对外资技术国产化的水平。在这一阶段,海天的生产从原来

的技术依赖进口到部分部件能够自主生产,海天也将全部的精力投入注塑
机生产中。到了90年代末期,张静章把海天注塑机带进了芝加哥展览会,
这是中国第一台在国外展出的注塑机。

### 6.4.3 加快创新追赶:强化产品技术改进创新(2001—2014年)

进入21世纪,海天加强了对第二代注塑机技术的改进创新。例如,为
了满足中国本地市场低成本、低能耗、高精度的需要,海天与北京化工大学
共同投资建成海天北化研究院,加强二板机、伺服节能机的开发,并针对品
牌企业需要开发专用注塑机。在此期间,专注技术改进和创新,市场也给予
了海天同样的回报。2002年,海天制造了当时中国锁模力最大36000kN
的注塑机;2004年,海天制造了当时中国锁模力最大40000kN的注塑机;
2004—2005年,海天荣获中国机械工业企业管理协会授予"中国机械500
强"称号;2005年,海天全电动技术得以产品系列化,拓展了集团的产品范
围。2005年,海天与北京化工大学合作成立海天北化。北京化工大学是塑
料加工机械领域中顶级学术研究机构,与其合作显示了海天国际对研发的
重视,坚持以研发为基点取得行业领袖的决心。2005年,荣获国家税务总
局、财政部、国家发改委以及中国海关总署评定的"国家认定企业(集团)技
术中心",海天为该年度中国唯一荣获此项荣誉的塑料机械加工企业。
2005—2006年,海天荣获中国商务部授予"重点培育和发展的中国出口名
牌"称号;2006年,海天国际控股有限公司成功在香港证券交易所(SEHK)
挂牌上市,首次公开发行股票,并有幸成为国务院国有资产监督管理委员
会,中华全国总工会,科学技术部认定的"全国首批创新试点企业";2007
年,海天收购德国长飞亚塑料机械制造有限公司;2007年,荣获"中国名牌"
和"中国驰名商标";2008年,"荣获国家级高新技术企业"称号并晋升中国
机械500强、浙江省百强企业称号和全国创新型企业称号。同年,海天国际
华南技术中心、华东技术中心先后开业,2009年,德国长飞亚新厂房正式投
入使用。正是在不断与外部合作过程中,海天注意到第三代全电动注塑机
正在兴起,主导设计正在形成,又从德国长飞亚研发公司引进实验室技术进
行第三代全电动注塑机的研发。与德国长飞亚的合作,海天获得德国最前

沿技术。该阶段，海天在大型注塑机技术和全电动注塑机技术上的代表性产品有：2010 年，海天中德 12 名工程师共同研制了"长飞亚天润 ME"注塑机，该机型拥有十多项欧洲专利；2012 年，海天第二代天锐 VE 开发成功，达到了"国际先进"水平；2013 年，开发了全球最大锁模力的 JU66000 二板式液压注塑机。

### 6.4.4　颠覆创新超越：国际市场快速扩张（2015 年—至今）

通过后期发展，海天包括五大主业，塑机、精工、金属、驱动和智能制造。2002 年，海天精工成立，目前已跻身机床制造也重点企业行列。2006 年，公司创建海天驱动，主要以制造和研发节能注塑机中的伺服电机为基础，拓展到攻克新能源动力设备的核心技术。现如今，海天驱动年产伺服电机 3 万台，已成为国内最大的永磁伺服电机生产基地，公司研制的伺服机械手、行走机械、汽车混合动力等一大批新能源装备，也逐步投入生产。2015—2017 年，海天又新建的两个分厂，2 个海外生产基地，公司全面修订制度和流程，坚持"在发展中巩固，在调整中再发展"的发展思路，稳扎稳打，立足主业前行。为进一步提高技术竞争力，海天于 1990 年与香港宁兴合作，获得自主进出口权，1992 年又先后与我国台湾琼玮和德国德马格合作，获取塑机核心技术。2005 年，海天加入德国研发中心，2007—2011 年，海天与北京化工大学共同完成了一项国家科技支撑计划重点项目，旨在解决精密塑料注射成型的关键工艺，2010 年，海天在日本设立了技术中心，初步形成了全电动机技术的全球研发网络，产品开发平台从搜寻主导转向研究主导。

积累到现在，海天拥有了长飞亚、海天、天剑三大品牌，全面覆盖了高、中、低档注塑机市场，国内市场占有率第一，全球产量和销售额均第一，产品出口到 120 多个国家和地区，在多个国家建立了装配中心和生产基地，成为全球最大的注塑机生产商和先进塑机技术提供商。目前，海天集团中拥有海天国际和海天精工两家上市公司，分别在香港 H 股和中国 A 股上市。通过对集团公司发展数据统计分析，我们可以看出海天集团发展过程中，公司海外业务绩效显著。2001—2021 年公司海外销售收入稳步增长，详见表 6-3。

表 6-3  2001—2021 年海天集团海外销售情况

| 年份 | 海外销售额/亿元 | 较上年增长/亿元 | 增长率/% |
|---|---|---|---|
| 2001 年 | 3.12 | / | / |
| 2002 年 | 4.01 | 0.89 | 28.53 |
| 2003 年 | 5.00 | 0.99 | 24.69 |
| 2004 年 | 6.78 | 1.78 | 35.60 |
| 2005 年 | 8.2 | 1.42 | 20.94 |
| 2006 年 | 9.58 | 1.38 | 16.83 |
| 2007 年 | 12.38 | 2.80 | 29.23 |
| 2008 年 | 13.41 | 1.03 | 8.32 |
| 2009 年 | 8.51 | −4.9 | −36.54 |
| 2010 年 | 15.12 | 6.61 | 77.67 |
| 2011 年 | 18.11 | 2.99 | 19.78 |
| 2012 年 | 17.24 | −0.87 | −4.80 |
| 2013 年 | 17.97 | 0.73 | 4.23 |
| 2014 年 | 20.41 | 2.44 | 13.58 |
| 2015 年 | 22.93 | 2.52 | 12.35 |
| 2016 年 | 23.61 | 0.68 | 2.97 |
| 2017 年 | 29.55 | 5.94 | 25.16 |
| 2018 年 | 32.32 | 2.77 | 9.37 |
| 2019 年 | 33.04 | 0.72 | 2.23 |
| 2020 年 | 35.19 | 2.15 | 6.51 |
| 2021 年 | 49.30 | 14.11 | 40.10 |

## 6.5　案例分析

### 6.5.1　海天集团创新战略导向演进

战略导向指导企业持续健康发展,是构成企业文化的重要核心要素之一,它使企业重视自身在市场环境中自身的定位,让决策者清楚地认识未来企业的目标,作为企业价值取向的一种外在表现形式,为企业的组织行为提供了发展方向和动力,是企业取得优异绩效并持久发展的重要性因素。海天集团自成立以来积极主动实施创新战略,不断提升核心产品、工艺及技术创新能力。随着时间推移外部环境变迁,结合公司基础和条件,其创新战略导向演进分为学习导向、效率导向、变革导向等三个阶段。

(1)第一阶段,以学习为导向开展国际合作

创业企业起步阶段,产品技术创新能力难以达到业界领先水平。初创企业往往通过贸易合作、贴牌代工等方式与业内成熟企业,尤其是国际市场有领先优势的企业合作,在合作中获取创新相关市场、技术等资源信息。在此过程中,企业只有同时满足实现客户价值最大化及渠道过程中相关的合作者利益最优的条件,才能在外部竞争中取胜并在过程中持续提升自身的竞争力。同时,企业内部还需要保持各种信息互通有无的共享机制,并根据共享信息的实际情况采取相应的应对措施和策略。通过开展国际合作,嵌入国际市场,对客户需求进行挖掘并充分调研收集需求,同时,在服务客户过程中注重服务和产品的售前售中及售后服务质量,并对用户进行不定频次的满意度回访,以优质的服务攫取客户价值的最大化。竞争者导向即企业做好竞争者优劣势分析工作,产品和服务上做到人无我有、人有我优,通过掌握的信息随时调整竞争策略进而在竞争中获胜。塑机制造产业链中高端设计大多集中在欧美市场,生产制造以德国、日本和我国台湾地区等较为著名。与大多创业企业相似,海天集团成长过程中,也充分重视对接国际知名企业,利用创始人多年积累的业务关系,先后与我国台湾琼玮、德国德马格等企业建立关键部件合资企业,如螺杆、阀等,提高企业的产品质量和竞

争力,并进入塑机关键部件的国际市场。

(2)第二阶段,以效率为导向提升技术市场

随着企业的成长升级,企业在创业起步阶段一方面积累了技术实力,提升了公司的资金实力和规模,同时在国际合作中积累了国际经营的经验。基于前期技术和市场积累,企业进入相对稳定期后将会进一步拓展市场、提升技术能力。在此期间,企业通过对外部市场的分析继而进行有目的性的战略选择行为,这种行为往往是经过深思熟虑之后才做出的决策(魏江,2008)。部分学者认为企业将积极地参与产品创新、敢于开展带有一定风险的业务、同时敏锐地察觉环境变化并总是率先采取"超前"的行为来打败竞争对手。海天集团通过抓住全球金融危机的契机,从"请进来"方式的国家合作转为"引进来+走出去",以效率为主导逻辑,发起追赶,尝试着向国外引进技术和拓展市场。进入21世纪后,随着电子信息、医疗器械、通信设备等行业对塑料制品需求的兴起,注塑机开始向高精密度方向发展。为了顺应市场及产品技术的发展趋势,2007年,海天正式收购了德国一家注塑机研发公司长飞亚,并从国内派遣了3个技术人员参与德国研发中心的工通过中德工程师的共同努力,海天对原来的HTD问题取得了突破性技术解决,机器性能得到极大提升。2007年10月,海天成功开发出长飞亚天锐VE系列注塑机。该阶段,海天拥有了长飞亚、海天、天剑等三大品牌,全面覆盖了高、中、低档注塑机市场。

(3)第三阶段,以变革为导向颠覆创新发展

随着企业扩张,创新溢出效果达到最大化,企业发展也接近规模边界。在此背景下,完成工艺升级和产品升级的企业会寻求更高层次的跃升,获取持续市场竞争优势。受外部技术、市场等环境因素影响,市场需求变化及技术变迁给企业发展提供新的信息。在竞争激烈、变动快速的环境之下,组织将是利用建构而成的"变革型组织",以更加灵活、有弹性创造恒久竞争优势的组织。由于企业环境日渐复杂而趋向多元化,使得组织必须运用调整、转型、变革来应对环境所带来的快速变迁,因为环境迅速变动,科技、技术与知识急剧增加,倘若组织不能取得最新技术、市场情报来进行学习,终将失去竞争优势。在此背景下,2010年海天集团又在日本设立了技术中心,初步形成了全电动机技术的全球研发网络,产品开发平台从搜寻主导转向研究

主导。因此,该阶段初期,已有一定全电动技术开发经验积累的海天通过将跨国并购作为技术追赶的杠杆,实现了在新兴技术上的进一步追赶;之后又随着跨国研发团队的融合、与国内高等院校的合作以及全球研发网络的建设,逐步掌握了全电动注塑机的核心技术,顺利跨越了技术创新的鸿沟,产品开发平台逐渐转向研究主导,实现了全电动注塑机系列产品的开发。同期背景下,海天先后设立海外生产基地,先后在印度、德国、越南等地建厂。其中,在与印度、越南等国家设立的生产基地进行产品组装生产过程中,与当地企业合作并为这些地区相对落后的企业输出自主研发的产品技术成果。

### 6.5.2　权变因素演化及对战略导向的影响

企业的战略导向演进会受到外部社会环境和内部企业家精神的共同影响。通过梳理分析海天集团的战略导向演进变迁,本章发现权变因素在企业战略导向行动起到关键影响作用。权变因素动态变迁为企业战略导向演进提供了动力和能力,具体作用机制如图 6-3。

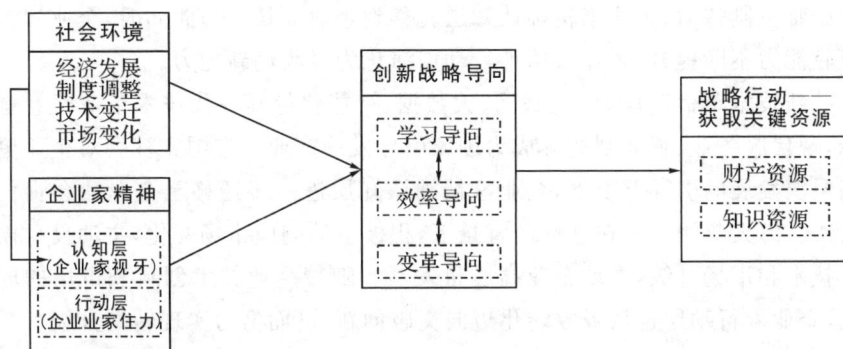

图 6-3　权变因素对战略导向的影响

(1)社会环境因素演化及其影响

社会环境是由制度、经济、技术、市场等因素共同作用形成的社会系统,各项因素的变迁发展推动着社会环境不断进步。社会环境的动态变迁孕育了独特市场机遇,与企业所处时代共同催生企业家精神,可谓是企业创新发展的源泉动力。社会环境具有地域文化属性,不同地区社会环境演化有其特性。改革开放以后,中国社会环境发生巨大变化,不同阶段制度经济变迁涌现出不同企业家精神。

改革初期,我国允许私营制度开启了个体经营的浪潮,以个人价值实现为核心的企业家精神也逐渐涌现。经济体制的变革打破计划体制的束缚,鼓励部分群体开展不同方式的生产经营活动,为先行者提供了前所未有的市场机会。创业前,张静章在江南农机厂先后做过技术、市场、销售等工作,从技术工人做到企业厂长。多年的工作历练,张静章具备优于常人的敏锐判断力和敢为人先的勇气,追求自我价值实现的个人创业企业家精神渐渐形成。

工业化进程阶段,我国现代公司制度的建立以及整体工业实力不断增强,企业家精神从个人发展转向关注企业成长壮大。一方面,企业家熟悉掌握现代公司制度运行规则,企业家行动力通过公司治理渗入企业,形成组织行动力。另一方面,伴随着工业化进程加速,中国企业参与全球价值链分工不断深化,企业家精神认知层也从技术知识引进转向吸收创新。海天集团开始整机制造后,企业家精神认知层转移到企业成长。与此同时,企业知识吸收能力不断提升,企业家精神行动层演化为吸收创新能力。

新技术革命阶段,以互联网、大数据、智能化等新一代技术革命席卷全球,现代服务业、智能制造等成为国家引导发展产业。在国家社会对企业更高层次发展的引导召唤下,企业家精神认知层进一步迁移至企业社会责任层次。海天集团正是在这样的背景下,积极主动响应市场变化,主动投身摸索技术和市场升级,推动企业高质量发展。随着企业技术创新和市场的成熟,企业家行动层也从吸收转化迈向突破创新,进而努力实现转型升级。

(2)企业家精神演化及其影响

企业家精神作为企业独有特殊资源,一直是影响企业创新的关键因素。现有研究对企业家精神内涵解释莫衷一是,综合研究观点可以概括为认知层和行动层两方面。认知层是指企业家对现有环境事物的视野,行动层是企业家创造行动能力。层次观研究为解释企业家精神动态演进提供了理论依据。结合中国经济转型发展特殊情境,企业家视野也从追求个人利益、企业发展到社会责任。以企业家视野为核心的发展导向，决定了企业战略导向行动从学习导向、效率导向到变革导向。同时，企业家行动效果从学习引进、转化吸收到突破创新。

企业成立初期，企业家为实现个人价值初创企业，通过嵌入网络学习引进先进技术。海天集团创始人张静章早年在当地农机厂从技术工人做到厂长，从技术摸索到业务开拓，形成了注塑机产业发展的敏锐判断。公司成立后，张静章明确坚持技术创新发展战略，公司主动学习引进行业知名企业先进技术。凭借多年技术知识积累，张静章带领团队将全部的精力投入注塑机生产中。到了 90 年代末期，张静章把海天注塑机带进了芝加哥展览会，这是中国第一台在国外展出的注塑机。

企业成长发展期，企业家视野迁移至企业发展即组织情怀，通过竞合扩张网络创新业务模式。随着整机制造技术的成熟，张静章带领公司继续坚持技术创新，并以品牌发展战略为核心推广自有品牌。海天加强了对第二代注塑机技术的改进创新。例如为了满足中国本地市场低成本、低能耗、高精度的需要，海天与北京化工大学共同投资建成海天北化研究院，加强二板机、伺服节能机的开发，并针对品牌企业需要开发专用注塑机。在此期间，专注技术改进和创新，市场也给予了海天同样的回报。2002 年，海天制造了当时中国锁模力最大 36000kN 的注塑机；2004 年，海天制造了当时中国锁模力最大 40000kN 的注塑机；2005 年，海天全电动技术得以产品系列化，拓展了集团的产品范围。

企业成熟稳定期，企业家注意力转至企业责任更具家国情怀，通过主动变革战略导向实现产品和市场的突破创新。随着产品市场日益稳定，张静章和企业主动回应新时代高质量发展召唤，推动第三代全电动注塑机。又从德国长飞亚研发公司引进实验室技术进行第三代全电动注塑机的研发。该阶段，海天开发了全球最大锁模力的 JU66000 二板式液压注塑机。之后，公司先后创建海天驱动、海天金属和海天智能制造，以制造和研发节能注塑机中的伺服电机为基础，拓展到攻克新能源动力设备的核心技术。

### 6.5.3 战略导向与后发企业颠覆创新动态协同演进机理分析

(1)权变因素影响推动企业实施战略导向行动

随着社会制度、经济、技术、市场等因素变迁发展,社会环境鼓励倡导价值观作用于企业家,通过企业家视野影响企业发展导向,进而采取相应战略导向行动。受社会环境刺激,企业家为实现个人价值投身创业。基于个人认知和能力判断,企业家以学习引进导向嵌入主流生产网络。企业学习先进企业工艺技术,引进先进设备产线。当社会外部环境发生变化,工业化进程加快以及现代公司制度等出台对企业发展有了更高的要求,企业家视野从关注个体理想转向企业价值,以效率发展为导向实施扩张战略。随着技术迭代更新速度加快,市场需求趋势变化以及工业质量革命等外部环境信号,促使企业家视野迁移至社会责任层次,企业也会以变革转型为导向主动重构资源,帮助企业接轨新技术,从而实现颠覆性创新升级。

(2)战略导向行动推进企业实现颠覆性创新转型升级

通过战略导向行动,企业从其他合作企业获取创新发展知识及资源,通过学习吸收、转化创新等企业家能力作用于企业,实现企业技术、产品等升级。企业初创阶段,企业努力与行业领先企业建立业务联系,主动嵌入行业主流生产网络。通过业务与客户(领先企业)直接联结,引进对方工艺技术标准,通过企业学习行动吸收关键知识,进而实现自身的工艺升级和技术升级。企业发展带动业务客户与供应商增加,转化先进知识培育自主创新。随着企业步入成熟稳定阶段,公司基于转型变革导向,与新技术企业重构纵向联结,同时与高校、科研院所加强侧向联结,突破传统技术同时实现颠覆性创新升级。

(3)战略导向与颠覆性创新升级纵向演进机理

企业的成长发展是内外因素交互影响的动态过程。社会环境及企业家精神演化是企业成长的动力,企业战略导向演进与企业颠覆创新转型升级互动也是企业成长发展过程(详见图6-4)。企业初创阶段,社会环境制度包容及市场机遇,刺激企业家为实现自我价值而投身创业。为掌握生产所需工艺技术,企业以学习引进为导向,通过与客户(先进企业)的天然业务联

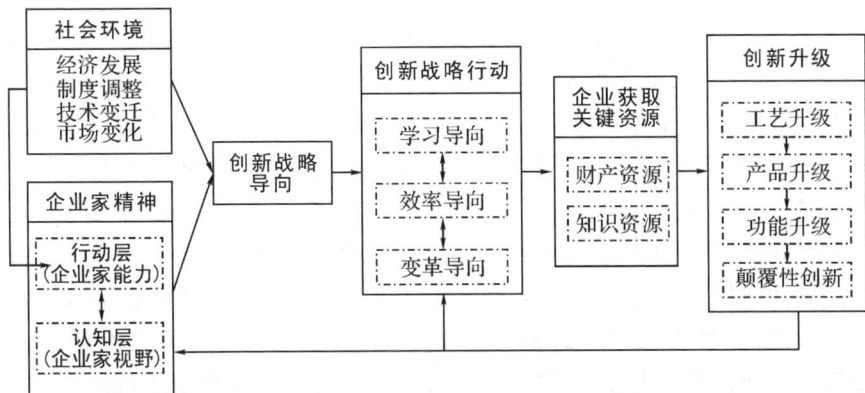

图 6-4　权变因素、战略导向及颠覆创新影响机理

结,企业引进先进企业的工艺、设备及人才,通过消化吸收获取网络创新溢出效应。企业逐渐掌握核心技术,研发制造高阶产品,实现工艺和产品升级。随着企业实力增强,受经济发展及市场扩容的社会环境影响,企业家视野转移至推动企业行业领先。随着关键客户增加,企业实施以效率为导向的发展战略,积极转化先进知识资源,拓展市场,提升技术。当企业发展渐进成熟,社会环境对技术进步及高质量发展有更高要求,企业家精神演化至社会层次。由于企业家视野关注企业社会责任担当,企业以传统业务转型变革为导向,通过传统技术与新技术融合再创,实现产品功能创新突破和业务转型升级。

### 6.5.4　企业创新绩效

(1)产品质量快速提升

海天公司以其产品的优质、高效、节能、档次高、经济效益好而闻名于全国塑料机械行业,海天塑机如今遍及全国各省区市,国内市场占有率中大型注塑机在 60% 以上、小型注塑机在 15% 以上,企业整体实力及各项经济指标连续 11 年在全国同行业中名列首位,是国内同行业公认的排头兵。海天牌注塑机已被外经贸部确认为"国家级重点支持和发展的名牌出口商品",

外销量年年增长,2004 年公司外销量达 8000 万美元,荣获宁波市"海外市场开拓先进奖",2005 年完成外销量 9000 万美元,产品批量出口美国、欧洲、南美洲、中东、东南亚等五十多个国家和地区,产量和销售额居中国同行业首位。受益于全球化进程,2007 年收购德国长飞亚后,海天国际加快海外市场扩展,在德国、日本、越南、巴西、印度和土耳其等国家成立分公司、工厂和技术中心,注塑机产品出口至 130 多个国家。中国注塑机行业的市场集中度较高,海天国际享有绝对领先地位。为了进一步完善外销体系和提高国际注塑机市场占有率,公司拥有了二十多家国际销售代理商后,又先后在加拿大、墨西哥、巴西、意大利、土耳其等国家开设了境外公司和组装厂,以五个海外公司为中心,辐射周边国家和地区,从根本上解决了机电产品在国际上交货期晚和售后服务困难的问题。

(2)客户关系不断扩张

公司自成立以来就专注于建立和维护良好的客户关系,并根据产品应用领域广的特点,积极拓展下游不同行业的应用市场,形成了较为广泛的客户基础。经过多年的稳健经营,公司在技术研发、产品质量及后续支持服务方面均已建立良好的品牌形象和较高的市场知名度,并与轨道交通、航空航天等领域的一大批核心客户建立了长期稳定的合作关系。海天集团董事长张静章在很长一段时间里一直以企业国际化为目标,他曾说过,"人一定要积极向前冲。从长远看,注塑机市场没饱和,别把目光停留在国内,世界塑料机械发展空间还很大"。因此,对他来说,如何把企业推向全球,把更多的海天注塑机销往世界各国,企业"走出去"刻不容缓。目前,海天已经构建了覆盖全国市场的营销网络,拥有较强的渠道控制能力。公司将继续以现有营销网络为基础,提高营销深度,结合品牌拉动,增强客户对公司产品的认知程度。未来公司将进一步完善销售网络,加强各销售片区技术支持力量的建设,开发建立长期的销售网络体系。1978 年,海天注塑机出口为零,经过近 50 的发展和努力,海天将注塑机逐渐推广到世界不同角落,目前,海天的市场已覆盖中国香港地区以及巴西、伊朗、埃及、泰国、美国、英国、法国、马来西亚、南非、新加坡、日本等国家。除此之外,海天还有 20 多家海外代理商,并在土耳其、加拿大、巴西、意大利、美国等国家设立了海外分公司。现在的世界塑机行业中,海天早已名列前茅,是全球注塑机行业的佼佼者,它风卷残云般的市场占领意识令同行为之赞叹。

（3）产品技术研发持续创新

海天集团在注塑机、数控机床等研发领域已经有十余年的经验积累。作为创新型企业，公司取得了 230 项专利，并与国内科研院校合作开发了多项技术，已经成为国内领先的数控机床研发、生产企业。多年来，公司始终站在国内市场与技术的前沿，精确把握市场，以市场、客户为导向，以技术创新为优先的策略，在不断赢得市场份额的同时，也为公司的研发、创新带来新的动力。公司在不断提高自身技术水平，向国际同行看齐的同时，也将继续保持低成本运营并致力于提供高水平服务。目前，海天全面推行交钥匙工程，实施完善的售前、售中、售后服务，为产品提供全周期的服务，不但可为客户提供小型零件全方位数字化工厂的一体化解决方案，更能对客户大型零件的成套加工设备提供全套方案和实施，与客户开展更深层次的合作，渠道管理愈发成熟，营销服务日趋规范，用户忠诚度日益提高。

（4）海外市场深化拓展

注塑行业作为塑料加工行业的一个分支，注塑成型技术因能快速、批量、低成本成型形状复杂的制品，是所有塑料加工技术发展最快的。该行业目前从事注塑加工的技术人员大多没有受过专业的技术训练，分析问题与动手解决问题的能力比较弱；生产的管理还比较落后，生产效率、材料损耗、能源消耗、对环境的污染远远不及国外先进的企业的管理水平。结合海天的发展历程，海天在发展中一直注重开放合作，在与国际伙伴合作过程中，从建立海外销售中心—海外组装中心—海外生产基地，一步一步将海天主动融入国际市场中，通过深谙国际市场参与规则逐渐成熟到主动构建生产制造基地，在获取成本优势的同时，也通过融入当地市场获取市场控制权。目前，公司在海外 9 个国家设有直属子公司，销售和服务合作伙伴遍及 60 多个国家和地区。海天集团海外经营情况详见表 6-5。

表 6-5　海天集团海外经营基本情况

| 海外公司 | 公司地点及规模 | 公司主要业务及定位 |
|---|---|---|
| 海天国际德国公司 | 位于德国巴伐利亚州艾贝尔曼斯多夫，生产面积约 12000 平方米 | 24 个遍布欧洲的销售及服务伙伴，为欧洲范围内的客户提供及时的销售及服务支持——包括及时的订单处理、技术及服务支持和培训等，作为海天国际在欧洲的总部，全面负责欧洲市场的运营。 |
| 海天印度公司 | 位于印度古吉拉特邦，生产面积约 19800 平方米 | 集制造、销售和服务于一体，主要服务印度市场。公司目前在新德里、金奈、孟买、浦那、加尔各答等地拥有办事处，为遍及印度各地的客户提供高效的服务及支持。 |
| 海天越南公司 | 越南平阳省新加坡工业园二期，生产面积 6600 平方米 | 公司还拥有专业的销售及服务团队，为当地客户提供高效支持。公司为客户提供及时响应，也在河内、胡志明市、同奈等地设有服务办事处，并在平阳省拥有仓库。 |
| 海天巴西公司 | 位于巴西圣保罗，生产场地面积 4600 平方米 | 巴西公司设有 8 个服务办事处，为将近 1500 个客户提供优质的服务。我们的国际化专业团队能确保高效的订单处理、并提供全面可靠的客户服务等，全面覆盖注塑技术的各个环节。 |
| 海天土耳其公司 | 位于伊斯坦布尔附近，预计于 2018 年 6 月投入使用，生产场地面积 5000 平方米 | 主要用于整机及配件库存。通过新工厂以及专业的销售及服务团队，我们将为当地客户提供更加可靠、快速的服务及销售支持。 |
| 海天泰国公司 | 位于泰国曼谷，生产场地面积 1400 平方米 | 公司针对当地市场热销机型拥有整机及配件库存，使我们能有效缩短当地市场的交货周期。另外，一支由中国和泰国的服务工程师组成的专业团队，为当地客户提供高效、便捷服务支持与响应。 |
| 海天印尼公司 | 位于印尼北雅加达，生产场地面积 3000 平方米 | 为当地客户提供整机及配件库存，有效缩短了交货周期。此外，我们拥有销售及服务团队，为印尼境内的客户提供快速的服务响应和支持。 |

| 海外公司 | 公司地点及规模 | 公司主要业务及定位 |
|---|---|---|
| 海天墨西哥公司 | 位于墨西哥城的图尔帝特兰,生产场地面积2300平方米 | 提供综合性的售后服务支持,包括设有电话应答中心、一处大型配件仓库、培训中心、试模设施以及备有大量的整机库存,用于及时交付。 |
| 海天日本公司 | 2016年4月成立,位于日本爱知县名古屋,生产场地面积300平方米 | 为世界各国的日系客户提供更好的服务、完善的售后服务,并加强对客户的服务体系建设。目前公司为日系客户提供优质且全面的售后服务及支持。 |

## 6.6　结论与启示

### 6.6.1　案例结论

本研究围绕战略导向演进与企业颠覆性创新升级,选择海天集团作为研究案例样本,探究分析了社会外部环境与企业家精神演化影响下,企业通过战略导向行动提升企业创新能力,进而实现战略导向演进与企业升级协同发展。基于对案例企业成长纵贯动态研究,我们发现社会外部环境及企业家精神权变因素交互影响且动态演化。同时,企业家精神推动企业创新网络行动,战略导向演进积累提升企业行动能力,进而促进企业颠覆创新升级发展。研究结论如下:(1)企业家是企业感受社会环境变迁威胁及机遇,驱动企业制定相应战略的重要纽带。不同的社会环境孕育不同企业家精神,企业家精神认知层即企业家视野沿着"个人—组织—社会"轨迹转移演化,企业家精神行动层即企业家能力也从学习引进到提升至转型变革。企业家精神演化直接影响企业战略导向行动。一方面企业家视野决定企业发展导向从而影响企业战略导向,另一方面企业家能力决定企业的创新溢出收益的程度。因此,新时代高质量发展应充分发挥企业家精神驱动力关键作用,政府应重视舆论引导支持企业承担社会责任,敢于创新推动企业升级转型。(2)战略导向下是企业获取知识等关键资源,促使企业颠覆创新升级的重要路径。经济活动开放化使得战略导向成为企业获取创新关键资源的重要前提。在此背景下，企业初创成立即通过学习导向主动与发达企业合作，引进设备及人才。从学习引进到转化吸收形成自主创新能力，进而通过突破创新推动企业从传统产业跨向新技术领域。因此，新创企业应重视战略导向路径，充分认识战略导向下创新关键资源获取、整合及变革重构等，提升企业创新能力。(3)战略导向演进与企业升级动态协同发展，推进企业持续成长。一方面，在内外部权变因素影响下，企业基于不同组织战略发展导向(如学习导向、效率导向、转型变革导向)，通过外部市场获取知识及资源实现企业升级。另一方面，企业升级提升企业竞争优势，知识资源吸收增强。权变要素推动企业制定更高组织发展导向，进而企业战略导向持续发展演进。企业战略导向行动与创新升级交互影响，创新溢出收益即获取企业转型升级的创新能力，同时企业转型升级又增强企业战略导向行动能力，有助于企业实现更高阶的升级。

## 6.6.2 案例启示

(1)激发企业家精神，增强企业社会责任

企业家精神属于企业智力因素，其中蕴含的社会责任意识与社会责任感决定企业能走多远。作为市场经济的主体，民营企业不仅要创造经济价值，更要创造社会价值，承担应该承担的社会责任。民营企业承担社会责任，是企业实现其社会性的组织需要，是企业保持和发展与各种利益相关者之间的契约关系的需要，更是企业自身伦理道德的需要。民营企业家应关注环境保护，量力而行，奉献爱心，回报社会，积极参与社会公益事业。企业有义务倡导工匠精神，致力于产品质量精益求精，加快产业升级。工匠精神的精髓是注重细节，追求极致，诚心正意，术有专攻，大国气魄，匠人风骨。重实业、强实业的企业家精神是孕育大国工匠精神的土壤，企业家社会责任感和工匠精神的弘扬能使企业在国际化的过程中产生品牌效应，"中国制造"就会通过"中国创造"转型为"大国制造"，各行业的发展与社会整体的服务水平才能够跻身于国际发达水平的行列。

(2)培育国际化视野，制定合理战略

企业开展跨国经营是企业发展到一定阶段的必然产物。面对经济全球化的发展,企业通过营销服务全球化、制造组装全球化、研发设计全球化以及资金运作全球化,吸纳整合全球资金、市场原料、技术和人才等资源,聚集全球资源参与全球市场竞争,是企业未来的发展大趋势。克鲁格曼曾批评,中国有一个很大的失误就是过多地围绕廉价劳动力、进口替代、模仿来制定企业战略,而对产品和服务的创新重视不够。宁波的民营企业必须意识到进行战略调整的必要性和紧迫性。面对全球公司的竞争,企业应当比过去更具备全球视野,采取积极的竞争策略并根据形势变化不断修正调整,更加主动地吸纳整合全球资源来参与全球竞争,否则就有被边缘化的风险。即要考虑在适当的时候,以适当的节奏和投资向发达国家吸取其区位优势资源。

(3)充分整合国际资源,提升企业产业链地位

民营企业家关注企业在国际产业链中的地位和国际资源整合是企业进一步发展壮大的必要条件。我国劳动力比较优势促进了过去 20 年制造业的蓬勃发展,随着人口红利优势的消失和全球产业转移,传统的比较优势失去活力。提升宁波民营企业在全球产业链中的竞争力,最有效的方式是通过创新实现突破。创新不仅包括在商业模式上的创新,而且包括产品和技术上的创新。民营企业通过增加研发,改进技术,创新产品实现价值链的整合,从而推动宁波市民营企业在国际产业链中的地位。民营企业一方面应突破静态比较优势的束缚,升级要素禀赋结构,引导制造业向高增值环节攀升;另一方面,民营企业应建立与跨国公司的供需关联,进一步融入全球生产网络。这一关联的建立有助于企业融入全球产业链分工,尤其有利于本国供应商融入全球价值链。民营企业建立能够整合多个全球产业链环节的国内供应商体系,根据产业链各环节需求,实现有效对接。民营企业在全球产业链地位的提升有助于建立产业集团,壮大企业规模,充分发挥聚集效应和范围经济对宁波企业议价能力的提升作用。

(4)重视人才引进培养,提升管理团队水平

造就一批既了解国情又具有国际化知识的复合型人才,是中国在经济全球化背景下参与国际竞争的迫切要求,也体现了民营企业家的组织战略眼光。首先,民营企业应加强国际化知识的宣传和普及,更加准确全面地了解世界各国的政治、经济、文化、历史、地理和社会发展状况;其次,培养包括

外语语言能力、计算机操作技能等开展国际交流交往所需要的基本技能;再次,学习掌握各领域的国际惯例和规则,培养与国际先进水平和标准相一致的专业技能;最后,培养有宽容精神、尊重个性、勇于创新、对多元文化和价值观念具有良好接纳能力的人才。企业应加大与专业技术院校的合作,利用高校力量进行专业化人才培养,具有相同人才需求的企业可以进行人才联合培养,创建人才共享机制,充分利用现有的资源,制定有效的人才储备机制。在经济全球化背景下,民营企业要发展壮大,确保基业长青,企业家必须具有世界眼光和中国情怀,遵循企业发展战略理论的内在逻辑,在对企业内外部环境进行科学、系统分析的基础上,转变战略管理理念,达成战略管理共识,明确战略目标,制定战略规划,因时制宜、因地制宜地实施并加强企业战略管理。

# 第7章 激智科技:价值网络与后发单项冠军企业颠覆性创新协同演进案例研究

## 7.1 概 述

### 7.1.1 案例研究背景

在大国之间的竞争中,国家的制造业实力逐渐成为判断国家综合实力的主要表现之一。从改革开放直到今天,中国制造业在世界市场中的占比从 3.64% 提升到接近 30%,但大而不强是我国制造业的主要伤痛。根据《2021 年全国科技经费投入统计公报》数据显示,2021 年全国共投入研究与试验发展(R&D)经费 27956.3 亿元,我国 R&D 经费投入强度为 2.44%,且连续 8 年超过 2%,再创历史新高,但是与美国(2.8%)、日本(3.3%)等世界科技强国相比仍有较大差距,且关键技术对外依存度与美国、日本等科技强国相比依然较高,整体上处于全球产业链、价值链的中低端。为了推动中国制造业由大变强的转型目标实现,政府先后提出《中国制造 2025》战略部署、创新驱动战略等,2016 年国家启动制造业单项冠军培育行动以来,截至 2021 年先后组织 6 次遴选共有 848 家企业入选。在此背景下,国内各地同时具备专注于细分领域、重视产品质量等多项要求的行业翘楚企业先后入选成为国家级制造业单项冠军。制造业单项冠军企业在细分领域下拥有冠军级别乃至世界级别的市场地位和技术水平,具有高市场地位和高市场占有率。制造业单项冠军企业是指长期专注于制造业某些特定细分产品市场,生产技术或工艺国际领先,单项产品市场占有率位居全球前列的企业。

制造业单项冠军内涵特点,一是"专项即专业化程度"要求企业必须专注于目标市场,长期在相关领域精耕细作;二是"冠军即创新能力",要求企业在细分领域中拥有冠军级的市场地位和技术实力。这些单项冠军代表着全球细分行业中最顶尖的市场实力,是中国制造业的领头羊,乃至全球制造企业的排头兵。经过改革开放四十多年的发展,宁波凭借良好的区位条件和体制优势,形成了纺织服装、家电、汽车零部件、文具、灯具、轴承、打火机等众多具有块状特色的产业集群;从国有大中型企业到民营企业、从高新技术企业到经营传统产业为主的企业、从制造业到服务业,宁波不断涌现出一批以自主创新实现技术突破、市场突破和产业突破的企业,其主导产品的市场占有率位居国内甚至世界行业前列,被誉为"宁波制造"中的"单项冠军"。在宁波现有单项冠军企业中,有的只做切割丝,有的只做密封圈,有的只做光学镜头,有的只做舞台设备,有的只做一张膜,但他们都有个共同点:深耕细作、专注创新。截至2021年,浙江省宁波市有62家企业被评为单项冠军企业,以全国千分之一的土地面积,培育出了占全国总量7.2%的国家级制造业单项冠军企业,位居国内城市首位。

在当前我国产业结构调整和升级的重要背景下,后发企业开展颠覆性创新存在技术落后、管理难同步和指导方法缺失等问题,难以与技术和资源领先的主流企业进行市场竞争。后发企业利用价值网络演变能够快速占领市场、形成创新追赶,面对复杂多变的市场需求和个性化的用户偏好,可巧妙规避主流企业价值网络的攻击,在相对低端的市场开展价值活动以获取成长空间。制造业单项冠军企业作为高成长性与龙头企业,受到行为惯性、冗余资源及约束失效等因素的限制可能会放弃高风险的创新行为,对创新驱动发展战略没有做出应有的引领带动效应。因此,从价值网络演变视角研究后发单项冠军企业颠覆式创新,找出影响颠覆性创新能力提升的薄弱环节、关键影响因素和路径,这对我国实现后发赶超、提升全球产业价值链的地位有重要意义。

### 7.1.2　案例企业典型性

本研究选择以宁波激智科技股份有限公司为典型案例企业研究后发单项冠军企业颠覆性创新战略,主要考虑激智科技具备后发企业的代表性,企业价值网络演进典型性和颠覆性创新的示范性。

(1)激智科技是后发追赶的代表

自 2007 年成立以来,激智科技一直专注于液晶显示器用光学膜生产技术及工艺的开发。2008 年宁波一厂成立,一线、二线投产,扩散膜量产;2012 年宁波二厂成立,产线扩充至 7 条。2017 年公司与全球量子点生产领头羊 Nanosys 在光学量子点增强膜(QDEF)的开发方面达成战略合作,将尖端纳米技术融入显示器应用,进一步强化公司技术平台。同年,公司部署"一轴一带一核心"发展战略,在保持光学膜领先地位同时,进军具有高增长潜力的产品领域,打造功能性薄膜平台,积极进行新产品研发及市场开拓,通过长期的研发投入和技术积累,公司掌握了独特的自主设备改造、配方设计和精密涂布工艺,公司微复制、雕刻等生产工艺亦为国际先进水平,胶水等配方也为公司 in-house 研发生产,公司较强的配方转化新品能力,堪称实现追赶超越的后发企业的代表。

(2)激智是价值网络运用的典型

与技术先进的跨国公司相比,中国参与全球竞争的企业绝大多数属于后发企业,普遍缺乏关键技术和核心技术,能够动员的各种创新资源也比较少。我国后发单项冠军企业在一个极其复杂且相互冲突的制度与技术环境下实现追赶。价值网络作为颠覆式创新的关键环节,为后发企业快速发展支撑。价值网络演变可以构建新的价值主张,突破传统价值链思维的束缚,扩展延伸形成价值网络形态以重构新的价值创造和获取方式。激智科技是国内显示用光学膜的领先企业,公司从事显示用光学膜及功能性薄膜产品的研发、生产和销售。公司作为国内较早从事生产液光学膜研发、生产、销售的企业,经多年发展,公司在市场、技术和合作关系层面实现了价值网络"识别组建—迭代更新—拓展深化"的演进发展。目前,公司已实现扩散膜市占率在全球范围内的领先,同时高端光学膜稳步增长、新品持续放量,在全球高端显示用薄膜领域的领先地位日益稳固。

(3)激智是颠覆性创新的典型

激智科技是国内首家在 TFT-LCD 光学膜领域中拥有自主知识产权的民营企业。公司依靠光活性材料设计和合成的能力,光学设计与模拟,以六西格玛产品设计以及精密光学薄膜涂布技术,开发出独特的"球体半嵌入式"光学结构,以及增亮效果高,雾化效果好的涂料配方。此外,公司还自主设计出光学薄膜生产机器,制造出高亮度、高性能的光学薄膜。其中自主研发的 BritNit 系列光学扩散膜、增光膜和反射膜采用独特的配方和生产工艺,通过自行设计的涂布生产线制备,已经成功进入国际市场,打破了美国、日本和韩国企业对此行业的垄断。激智公司现有总部宁波一厂、二厂、三厂三大生产基地,配备先进设备,拥有高自动化程度,已形成规模化生产能力;公司另在企业内部设有国家级博士后工作站,在我国青岛、合肥、厦门、台湾地区及韩国等地设立办事处。激智从开始布局低端市场,到技术不断加速升级后对主流市场的渗透、挤压,在市场上已基本完成了低端市场的颠覆性创新。

### 7.1.3 案例研究思路

目前有关后发企业颠覆性创新的研究多静态研究,少动态研究,且从价值网络演进视角出发的相关研究较为缺乏,本课题从价值网络微观视角切入,结合价值网络管理和演化经济学的思想,通过对价值网络概念和维度深入探讨的基础上,研究价值网络演进如何驱动企业颠覆性创新能力的提升,以及价值网络演进各阶段市场、技术及合作关系等要素间的相互作用机理,弥补以往研究多静态研究少动态研究的不足。本项目将构建"价值网络演进与后发颠覆性创新"理论分析框架,按照"结构—行动—绩效"的研究思路,通过对单项冠军企业的颠覆性创新行为进行分析,探究价值网络演进在单项冠军企业颠覆性创新决策过程中的关键作用机制。案例研究思路详见图 7-1。

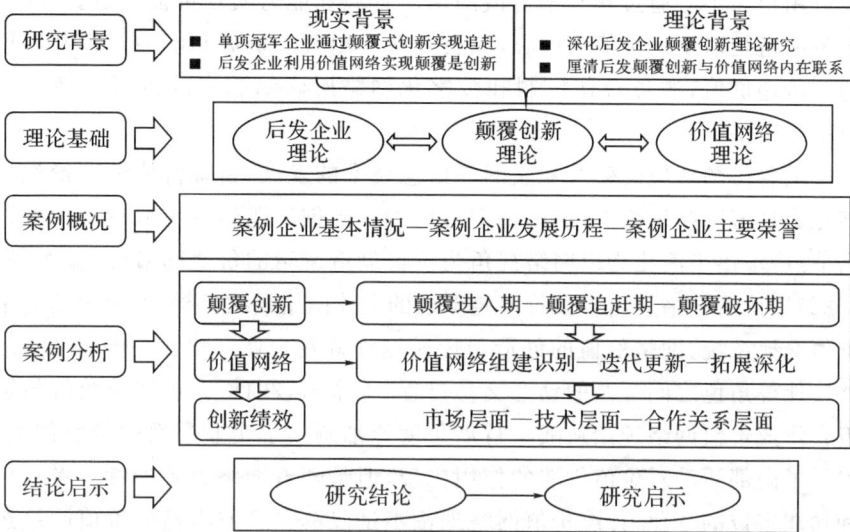

图 7-1 案例研究思路图

## 7.2 理论基础

### 7.2.1 价值网络内涵及特征

国内外学者对价值网络进行了不同领域和情境的探索研究。Slywotz-ky(1998)较早提出,随着国际竞争加剧和互联网技术发展,用户不再满足于传统的批量产品而是追求个性化、定制化的新产品,企业为应对市场挑战,跳出固定的价值链式分工合作模式以寻求整体价值网络的获益。国内学者也对价值网络的相关概念进行了讨论和界定。在此基础上,Greco 等(2013)从产品价值层面出发,认为价值网络是相互交织重叠的个体组成的价值交换系统,在这个系统中生产者、供应者、用户、合作伙伴等企业进行动态的价值创造和交易。Hein 等(2017)认为价值网络是所有网络成员之间相互作用、相互影响而形成的价值生成、分配、传递与消费的形态,各成员企业以用户为中心通过整合全价值网络的资源和能力实现价值创造。综上，价值网络是以用户价值为中心，成员企业利用核心资源和能力互补共同创造和传递价值，通过合作机制和数字化网络所联结起来的价值交换系统（Han，2017）。

随着市场环境巨变及互联网等信息技术的发展，传统价值链理论逐渐演化为价值网络理论，多条以特定价值为基础创造逻辑的价值链及价值网络节点，正逐步演化为以网络视角为价值创造逻辑的价值网络（冯立杰等，2022）。价值网络是由多条价值链形成的立体网络层次结构，实质上是一个价值交换系统，网络价值的创造与传递过程就是企业—顾客—供应商—战略伙伴等角色之间复杂的动态交易过程（王金凤，2018）。虽然传统价值链组合形成价值网络理论从战略行动角度详细阐述了企业层面的价值创造，揭示了内部活动对价值创造的作用机理，但是随着网络关系中参与者角色和功能定位的变化，传统价值网络理论不足以解释日益丰富的价值网络逻辑概念，部分学者从价值网络节点构成视角出发，探究了客户、企业、合作伙伴、竞争者等在价值网络中的作用，强调了企业价值网络的客户驱动性，指出价值网络是一种以客户为核心的价值创造体系（Kathandaraman，2001）。企业成长受其构建的网络关系组合及所获网络资源的影响。依据企业创新战略有针对性地建立网络关系组合，以获取创新战略所需资源实现企业成长（杨锐等，2010）。企业技术能力、市场导向、整合能力形成一种内在机制，通过价值网络合作创新促进企业绩效（吴晓云等，2015）。综上，价值网络的目的是使网络中所有节点均能实现价值创造，它以消费者价值创造为核心，不仅能实现自我组织的发展，还能将特定任务或技术嵌入价值网络以实现共享，同时为节点分配价值。因此，价值网络是不同主体的多重经济关系网络，即不同主体间呈现双向或多向的经济关系。

### 7.2.2 价值网络演进阶段

尽管学界一直没有停止对价值网络研究探索，但价值网络的阶段性演变始终以提升用户价值为核心。一些学者从价值网络形成过程视角出发，探究了价值主张、网络关系构建、价值创造等价值网络形成的重要阶段。随

着价值网络的演变,核心企业以及各利益相关者也在市场、技术等层面进行
了动态的战略调整,利用相互的资源和能力共同创造和传递价值,通过合作
机制和数字化网络进行价值交换(Zott 和 Amit,2013)。Crescenzi 等
(2017)认为价值网络是传统价值链的分解与集成,作为价值网络的基础构
成单元,多条价值链在成员企业的推动下相互交叉重叠形成复杂的价值链
网络。然而,企业不仅应关注价值链等基础环节,还需构建一种包含客户、
供应商、信息交流活动的高业绩价值网络,而且其在建立和发展过程中存在
不同的阶段(Spring 和 Aurora,2013)。Rabellotti(2013)在研究西班牙风
能公司的集群网络时发现,核心企业的价值网络会随着公司建立,并不断成
长扩张,最后形成多元、庞大的动态网络。Ewa(2014)以南非在全球价值链
中的处境为例,研究发现价值链到价值网经历了价值链、价值星系到价值网
络的演变过程。

国内学者周江华等(2012)研究提出,企业价值网络随着颠覆式创新的
发展一般经历构建、更新、衰落和替代等阶段。杨学成等(2015)在研究制造
业服务化的价值共创时发现价值网络发展经历价值链、有形价值链与虚拟
价值链形成的价值矩阵以及柔性价值网络等三个阶段。李维安等(2017)在
研究网络组织时发现,企业价值网络形成机制包括识别、组建、运行和终止
等四个阶段。从国内外学者的研究中可以发现,价值网络的形态与特点伴
随企业的发展呈现动态的演变过程。无论是价值链向价值网络的演变历
程,还是价值网络的形成、扩展直至成熟的变化过程,价值网络的演变核心
是为用户需求提供支持,并实现企业利益的最大化。

### 7.2.3　价值网络演进与后发企业颠覆性创新

价值网络是一种大环境,企业在这种大环境下确定客户需求,并对此采
取应对措施,解决问题,征求客户意见,应对竞争对手,并争取利润最大化。
企业作为价值网络中的一部分,生产的产品和市场构成了嵌套式网络,这种
嵌套式网络就是价值网络中的一部分(冯立杰等,2022)。企业间服务的客
户需求和研发、生产、销售的成本不同,造成了价值网络的不尽相同,这是由
特定客户对产品性能的定义和特定的成本结构决定的。成本控制和利润增

长率的要求都会影响企业对一项创新项目的判断。在成熟企业中,预期回报反过来将推动资源流向延续性创新的项目,而一些后发企业的预期回报较低,导致了他们的资源往往会流向颠覆性创新项目。创新机遇的吸引力和企业在利用这一机遇时遇到的困难程度,是由该企业在相关价值网络中所处的位置和其他诸多因素决定的。成熟企业和后发新兴企业在面对颠覆性创新上的表现天差地别,真正的原因还是他们处在行业内不同的价值网络中(王金凤,2018)。

颠覆性创新的实现路径可分为进入期、赶超期和成熟期,而推动其不断演进的是价值主张设计、价值创造重构和价值实现升级等价值网络下的环节。在颠覆性创新进入期,由于资源劣势整体实力水平落后,后发企业的价值网络展现的是被动的单向依赖关系。在此阶段,后发企业在结合自身能力及可利用的资源,细分市场结构的基础上,以在位企业忽视的非主流市场为突破口,通过定位利基市场、挖掘客户需求和识别技术机会设计合理可行的价值主张,以探寻并利用颠覆式创新机会入侵非主流市场,为价值网络提供可重构的条件资本。在颠覆性创新赶超期,虽已有原始资本积累,但由于核心技术缺失,后发企业无法应对快速扩张所带来的内外部环境变化,因此通过整合配置资源、创新价值组合、改进研发流程来优化价值网络,不断积累产品、技术和市场竞争优势以培育核心能力,最终支撑其迅速占据非主流市场统治地位,并逐渐向主流市场侵蚀(王金凤,2018)。在颠覆性创新成熟期,企业开展颠覆式创新的在于是否能够实现价值网络重构,成功破坏并占据主流市场。在颠覆式创新成熟期,为进一步拓展市场边界、赢得更多市场份额,逐步从非主流市场迁移至主流市场,后发企业依据不同市场的不同特征,与多方利益相关者积极开展多元化营运模式创新,实现共创共赢并提升自身竞争力。面对市场边界的扩大、客户需求的激增等,颠覆性创新的企业会以核心业务为主,不断丰富其他业务种类,实现多元化发展。同时利用已有资源全面优化成本结构,尽可能拉长利润空间,并重视技术的研发以固化竞争优势,保持强劲的竞争优势,实现主流市场的彻底颠覆(冯立杰等,2022)。

### 7.2.4　研究述评

文献回顾发现,后发企业生产要素短缺情况下较难形成对主流企业的技术创新追赶,而颠覆式创新作为一种市场突破,指导后发企业构建并进入利基市场,创新地推出新产品或新服务,通过价值网络的演变升级不断扩大网络边界、侵蚀市场份额,直至形成对主流企业的威胁甚至颠覆主流市场(林春培等,2016)。随着外部市场环境的快速变迁,价值网络被赋予新的功能和特点,价值网络理论在多个方面突破了以往价值链理论的局限,如价值网络呈现不断变换的动态结构,其市场要素、技术要素以及网络成员关系要素等也随着价值网络的演变呈现动态变化态势(郭漫勤等,2021)。因此,学界对价值网络发展演进研究有待进一步深入,关于后发企业颠覆创新活动中价值网络的研究成果较少,尤其是对价值网络演变过程中涉及的市场、技术和合作关系等要素进行分析。与此同时,后发企业如何通过颠覆式创新来实现价值网络的演变,其价值网络演变的具体路径又是何种形态与特征亟待进一步的研究和探索。基于此,本案例基于价值网络视角研究揭示价值网络演进与后发企业颠覆式创新的关系与规律。

## 7.3　案例企业基本情况

### 7.3.1　企业概况

激智科技股份有限公司成立于 2007 年 3 月,位于浙江省宁波高新区,由世界 500 强专业研发、管理团队共同创办,是一家集光学薄膜和功能性薄膜的配方研发、光学设计模拟、精密涂布加工技术等服务于一体的高新技术企业,主要经营范围包括光学薄膜、高分子复合材料、功能膜材料、化工产品(不含危险化学品)的研发、制造及批发、零售,并提供相关技术咨询和技术服务;自营和代理各类商品和技术的进出口业务(不涉及国营贸易管理商品,涉及配额、许可证管理商品的,按国家有关规定办理申请)。公司主营产品属于国家七大战略性产业之一的新材料产业,自主研发的 BritNit © 光学扩散薄膜、光学增亮膜、反射膜、量子点膜、雾化膜、保护膜等产品已广泛应用于光电显示、LED 照明和其他新能源领域。公司主要布局于六大产业,分别是显示行业、手机行业、交通行业、汽车行业、太阳能行业、半导体行业,其产品远销至国际 13 个国家。

激智科技作为国内唯一一家在 TFT-LCD 光学膜领域中拥有自主知识产权的民族企业,其生产的 BritNit 系列光学扩散膜、增光膜和反射膜已经成功进入国际市场,该公司依靠光活性材料设计和合成的能力,光学设计与模拟,以六西格玛产品设计以及精密光学薄膜涂布技术,开发出独特的"球体半嵌入式"光学结构,以及增亮效果高,雾化效果好的涂料配方。此外,公司还自主设计出光学薄膜生产机器,制造出高亮度、高性能的光学薄膜,成果打破美国、日本和韩国企业对此行业的垄断。公司成立以来,研发关键技术已获得多项国家专利授权,截至 2021 年,公司共申请关键核心技术专利206 项,获得专利 72 项(其中授权的发明专利 51 项),参与制定国家标准 2项、行业标准 1 项,均已颁布实施。目前激智科技股份有限公司拥有三大研发基地,共有科技活动人员两百余人,建有"国家级企业技术中心""国家级博士后科研工作站""浙江省重点企业研究院""浙江省高技能人才创新工作室"等系列科研创新平台。

### 7.3.2 公司行业地位

我国在全球 LCD 产业中扮演着越来越重要的角色,上游显示材料国产化份额将进一步提升。在消费升级趋势下,未来量子点、Mini-LED 等高端显示技术的渗透率将持续提升,公司高端光学膜产品有望高速成长。国内电子产业链日趋完善,原材料及制程中关键的功能性薄膜的国产化进程,将随着国内企业技术经验的积累以及供应链安全的市场需求,进入实质性突破及高速成长期。2007—2010 年,公司专注于单一产品扩散膜的研发生产;2011 年,公司新增反射膜产品;2013 年,公司新增增亮膜产品。目前,公司已形成扩散膜、增亮膜、量子点薄膜、复合膜(DOP、POP 等)银反射膜、3D膜、保护膜、手机硬化膜等数十种光学膜产品。公司生产的光学膜产品被广泛应用于电视、显示器、笔记本电脑、平板电脑、智能手机、导航仪、车载显示屏等各类显示应用领域。公司主要产品情况详见图 7-2。

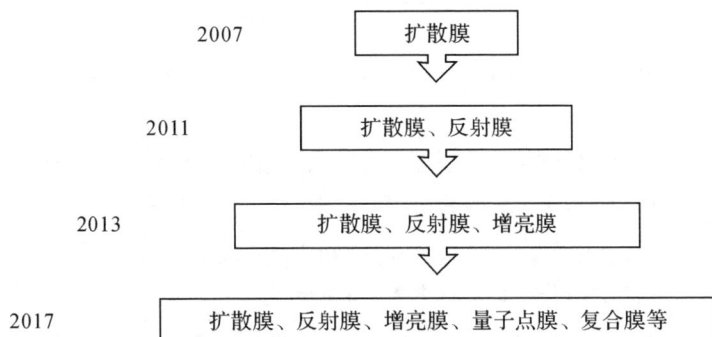

2007 → 扩散膜

2011 → 扩散膜、反射膜

2013 → 扩散膜、反射膜、增亮膜

2017 扩散膜、反射膜、增亮膜、量子点膜、复合膜等

图 7-2 公司主要产品发展情况

作为国内较早从事显示用光学膜研发、生产和销售的企业,公司以"立足于最先进的生产技术和材料科学,成为全球最大、盈利能力最强和最受尊敬的功能性薄膜公司"作为发展目标,自成立以来通过自主研发、设备改造及工艺创新较早突破扩散膜、增亮膜的量产,也是国内实现量子点薄膜、COP、复合光学膜稳定量产供货的少数公司之一,且产品品质处于国际领先水平。

公司不断寻求技术水平的新突破、及时调整产品结构,在核心团队的领导下,公司成功抓住了显示上游材料的国产化机遇,研发并储备了符合行业发展趋势的技术和产品。光学膜的研发和生产是一个集高技术含量、高管理要求和高资金投入为一体的产业,要求企业管理团队具有深厚的专业背景和管理经验。公司核心团队成员大多数具有世界 500 强企业或外资企业的任职经历,部分团队人员具有深厚的专业学术背景,对光学膜行业具有深刻的理解,对市场趋势具有准确的判断和把握能力。因此,公司的核心团队不仅是优秀的企业管理者和领导者,还是光学膜领域的专家。

### 7.3.3 企业历年成就与荣誉

激智发展壮大过程中获得了众多荣誉(详见表 7-2),这些荣誉为激智带来了丰富的人才与广阔的市场,同时,也不断推动着激智稳步发展。

表 7-2　激智历年成就与荣誉

| 年份 | 企业成就与荣誉 |
|------|------|
| 2008 年 | 获得国家发改委彩电产业战略转型产业化项目资助;承担国家"科技型中小企业创新基金"项目。 |
| 2009 年 | 公司入选国家高新技术企业;公司创始人张彦评为全国 30 家优秀华人华侨、张彦入选浙江省"新世纪 151 人才工程"第三层次培养人员。 |
| 2010 年 | 公司入选浙江省重点企业技术创新团队;公司获得第六届宁波市发明创新大赛特等奖;获得工信部"电子产业发展基金"项目支持。 |
| 2011 年 | 公司入选中国百家最具成长性留学人员创业企业;入选宁波市工业创业创新示范企业;评为宁波市专利示范企业。 |
| 2012 年 | 公司获得"光学扩散膜 B188S2"国家重点新产品奖;获得十四届中国发明专利优秀奖;获得宁波市科技进步一等奖;公司入选宁波市名牌产品。 |
| 2013 年 | 公司评为浙江省高新技术企业研究开发中心;公司入选宁波市科技创新团队;公司评为宁波市成长之星工业企业;公司获得浙江省科技进步二等奖;创始人张彦博士入选科技部科技创新创业人才。 |
| 2014 年 | 公司入选宁波市质量强市建设"双百双十"创先示范先进单位;公司评为浙江省电子信息 50 家成长性特色企业;公司评为浙江省专利示范企业;公司评为国家火炬计划重点高新技术企业;公司获得液晶显示用光学薄膜研发团队荣获第五届中国侨界(创新团队)贡献奖。 |
| 2015 年 | 公司入选宁波国家高新区和谐企业创建先进单位;入选国家级博士后科研工作站;公司获得承担国家火炬计划项目"TFT-LCD 显示器用增亮型扩散薄膜"。 |
| 2016 年 | 公司入选浙江省重点企业研究院;公司入选国家知识产权优势企业;公司评为浙江省企业技术中心;公司入选宁波国家高新区重点骨干企业。 |
| 2017 年 | 公司获得宁波国家高新区质量奖;公司入选国家制造业单项冠军示范企业;公司入选浙江省安全生产标准化二级企业(轻工);公司获得"TFT-LCD 光学显示用光学扩散膜"第二次获浙江名牌产品称号。 |

续表

| 年份 | 企业成就与荣誉 |
| --- | --- |
| 2018 年 | 公司入选宁波市制造业百强企业;公司评为宁波市技术创新示范企业;公司获得浙江制造品字标认证;公司获得"显示用高性能光学增亮膜制备关键技术研发与产业化"获宁波市科学技术一等奖;创始人张彦博士获评宁波市科技创新特别奖;激智量子点膜获中国专利奖;光学增亮膜获评 2018 年度宁波市名牌产品。 |
| 2019 年 | 公司研发部荣获"全国工人先锋号"荣誉称号;公司荣获"宁波市和谐企业创建先进单位"荣誉称号;上榜"2019 宁波市制造业企业百强"与"2019 宁波竞争力企业百强";上榜"2019 浙商宁波百强";再次上榜宁波品牌百强榜。 |
| 2020 年 | 激智科技光学膜项目获 2020 年中国电子学会科技进步一等奖;荣获第三届中国新型显示产业链"突出贡献奖";上榜"2020 宁波市制造业企业百强"与"2020 波竞争力企业百强";公司量子点膜产品入选宁波市自主创新产品推荐目录;董事长张彦获评省有突出贡献中青年专家;江北激智认定为国家级高新技术企业;子公司激阳新能源入选国家科技型中小企业;公司首次获批国家企业技术中心。 |
| 2021 年 | 入选宁波市首批企业创新联和体名单;激智科技光学膜项目获 2020 年省科技进步一等奖;子公司激阳新能源荣获 2020 年"质胜中国"光伏背板优胜奖。 |
| 2022 年 | 再度上榜"2022 竞争力企业百强""2022 宁波市制造业企业百强";入选"2022 年宁波市优秀博士后工作站";江北激智新材料有限公司荣获宁波市制造业单项冠军重点培育企业;激智科技光学膜团队荣获 2021 年度宁波市科学技术奖"科技创新特别奖";江北激智复合膜被列入《2022 年度宁波市优质产品推荐目录》;公司下属三家全资子公司被认定为 2021 年度浙江省"专精特新"中小企业;江北激智获评"浙江省高新技术企业研究开发中心";激智科技及两家全资子公司再次认定为市高新技术企业;张彦获选"浙江省新时代中国特色社会主义事业优秀建设者"。 |

## 7.4　案例企业主体介绍

激智自成立以来，从光学膜到量子点膜，填补了一个个国内空白，一步步走向国际领先，目前激智的光学扩散膜出货量已是全球第一，量子点膜技术也已经达到国际先进水平。纵观激智的发展，企业经历了初创成长、积累勃发、突破腾飞三个阶段（详见图7-3）。

| 阶段 | 初创：打开光学薄膜国产化新格局 | 勃发：成为国内光学膜行业领头羊 | 腾飞：成功拓展窗膜市场业务 |
|---|---|---|---|
| 社会环境及关键事件 | 显示器行业主要在东亚地区，中国、日本和韩国是最主要的产区，在液晶屏领域更是几乎包揽了全球制造业务；公司专注于光学薄膜与特种薄膜开发，2008年自主设计组建国内第一条光学膜涂布生产线，并成功量产，打开了光学薄膜国产化的全新格局；2009年，公司设计的国内首条成熟的光学薄膜生产线投入试产。 | 2009年，激智科技获评国家级高新技术企业，入驻宁波国家高新区凌云产业园，生产线增至7条；2012年，激智获"光学扩散膜B188S2"国家重点新产品奖；2015年，激智入选浙江省成长型中小企业，博士后工作站升级为省级博士后科研工作站，浙江省重点企业研究院，研发实力迈上新台阶；2016年11月，激智科技在深交所创业板成功上市。 | 公司上市后，确定"一轴一带一核心"的发展战略；2017年3月，激智与全球量子点龙头Nanosys达成战略合作，Nanosys是全球最大的量子点供应商，也是最早实现量子点显示商业化的企业，与3M公司合作成为开发QDEF薄膜显示路线；公司获评国家制造业单项冠军示范企业、国家技术创新示范企业、国家企业技术中心，荣获中国新型显示产业链发展贡献奖。 |

图 7-3　激智科技发展历程

## 7.4.1　初创成长：打开光学薄膜国产化新格局（2007—2009 年）

2007 年公司创业时，显示器行业主要在东亚地区，中国、日本和韩国是最主要的产区，在液晶屏领域更是几乎包揽了全球制造业务。然而，那时国内没有企业能制造光学扩散膜。长久以来，由于国内没有专门的光学薄膜生产企业，液晶电视、电脑、手机和导航仪的生产厂商不得不花费大量资金从国外进口这些光学薄膜。公司创始人张彦当时正在外企工作，敏锐感觉到创业机会来了。2007 年 3 月，张彦博士携团队创立宁波激智新材料科技有限公司（激智科技前身），创业当年，激智科技"TFT-LCD 用光学扩散膜片"项目参加了中国创业大赛，并获得了创业大赛最佳奖，项目吸引了 1000万美元的风投资金。创业后，公司专注于光学薄膜与特种薄膜开发，2008

年自主设计组建国内第一条光学膜涂布生产线,并成功量产,打开了光学薄膜国产化的全新格局。

新产品在消费群体普遍认同之前,激智科技的产品一开始无人敢试用。当时有客户要看 100 米没有任何瑕疵的光学扩散膜,依靠当时的研发和生产能力,激智科技显得有些"吃力",做了很多次,都达不到要求。2009 年 3月,由张彦团队设计的国内首条成熟的光学薄膜生产线投入试产。该生产线的投产从生产技术上填补了国内空白,成功实现光学扩散膜技术的产业化。同时也让国内液晶显示企业在家门口就能买到高端光学膜产品,在国际市场上拥有了更多议价权。

### 7.4.2 积累勃发:成为国内光学膜行业领头羊(2010—2016 年)

2009 年,激智科技获评国家级高新技术企业,入驻宁波国家高新区凌云产业园,产线增至 7 条。在此期间,行业内技术突出的领军人物唐海江加入激智科技负责生产工艺、技术开发以及解决工业技术难题等一线工作,涵盖了从技术到生产的各个领域,开发出国内最先进的精密涂布技术平台、自主创新的工艺路线及独特的产品配方。唐海江先后在 GE 制造部,研发中心,以及 GE 总部(美国)的技术一线工作 11 年,曾先后赴美国,欧洲等 5 个国家及 GE 研发和生产基地进行相关技能培训。进入激智后,他分别参与国家发改委彩电专项和工信部电子基金项目,身处生产技术一线,主导光学扩散膜设备技术改造项目,对只有 100 万元的国产涂布线设备进行工艺、技术改造。短短的数月内,他的团队攻克了技术瓶颈,激智科技也成为国内最早实现光学扩散膜规模化生产的企业。

2011 年激智被评为宁波市工业创业创新示范企业和宁波市专利示范企业。2012 年,激智获"光学扩散膜 B188S2"国家重点新产品奖、十四届中国发明专利优秀奖、宁波市科技进步一等奖、宁波市名牌产品等荣誉,同年公司销售额突破 2 亿元,兴建自有厂房。2013 年,激智光学膜认定为省级高新技术企业研究开发中心,激智科技获批成为宁波市博士后扶持单位。同时,公司完成股份制改造,成立全资子公司宁波江北激智和象山激智。2015 年,激智上榜"浙江省成长型中小企业"名单,博士后工作站升级为国家级博士后科研工作站,浙江省重点企业研究院,研发实力迈上新台阶。

同国外的光学薄膜相比,激智科技的产品不仅在亮度上远高于国外同类产品,而且价格有优势。同时,激智科技的产品还能实现本地供货,企业只需提前半个月备货即可满足生产需求,这样就大大降低产品的加工和运输成本。从那开始,激智科技的产品陆续成功打入了三星、夏普、富士康、京东方、信利等众多国内外一线品牌终端消费电子生产厂商和液晶面板(模组)厂商,其产品广泛应用于液晶电视、液晶电脑、平板电脑、智能手机和车载显示屏等,成为全球光学扩散膜行业的前三强和国内光学膜行业的领头羊。与此同时,公司开发的光学薄膜产品,使我国光学膜行业进入了国际先进行列,有力推动了国内液晶产业链的自我配套能力和产品档次升级,有利于提升我国光学电子产品制造业的整体实力,带动了国内整个光学薄膜产业的发展,对提升中国液晶产业及平板电视产业具有重要战略意义。2016年是激智科技有了革命性突破的重要一年,激智科技于5月取得应用于背光模组的量子点膜专利,并进行量产销售,开辟了中国量子点膜的市场。同时,公司通过冠捷、中电熊猫、TCL、海信、微鲸、暴风、PPTV 等公司的认证,成为上述企业的供应商。11月,激智科技在深交所创业板成功上市。

### 7.4.3　突破腾飞:成功拓展窗膜市场业务(2017年—至今)

2016年公司上市之后,激智科技管理层结合公司的技术储备、全球新兴产业的发展态势以及创新型公司的发展逻辑,经过反复调研、探讨,最终确定了"一轴一带一核心"的发展战略。简单来说,"一轴一带一核心"战略就是以光电行业为主轴,追踪行业最前沿科技和产品发展,积极进行上下游资源整合,开发功能性薄膜产业带,并以精密涂布技术为核心,强化技术平台,把薄膜技术应用到更广泛的产业。

2017年3月,激智与全球量子点龙头 Nanosys 达成战略合作,Nanosys 是全球最大的量子点供应商,也是最早实现量子点显示商业化的企业,与3M 公司合作成功开发 QDEF 薄膜显示路线。公司创始人及团队有了更宽广的视野,激智科技和宁波当地一些膜生产商一起,在宁波江北区慈城镇打造膜幻动力小镇。小镇有两大产业集群,第一大产业集群是光学膜产业,主要是进口替代型产品。第二大产业集群是动力装备制造产业,主要研发生产包括智能电表、汽车无级变速箱等动力产品。在此期间,公司提出"让激智科技成为世界 500 强企业——中国的'3M'"(世界著名功能性薄膜制造公司)的目标。除了特色小镇,公司还成立激智创新研究院,公司不仅专注光学显示膜产品,还有太阳能背板膜、汽车窗膜、交通道路反光膜等新产品,这些产品有两个共同的特点,一是行业成长性高有一定技术壁垒且国内能做出高品质产品的同行不多;二是与精密涂布相关,只是在不同的涂布材料上实施。

上市以来,公司营业收入从 2016 年的 6.1 亿元增长到 2020 年的 14.2 亿元,员工数约 800 人,拥有 13 名博士,同时还拥有专利数量 104 项,其中发明专利 74 项。近年来,激智科技以科技型公司为己任,抓住新一轮产业革命带来的时代机遇,坚定实施创新驱动战略,实现了从跟跑,到并跑,再到领跑的蜕变。公司也获评为工信部认定的制造业单项冠军示范企业、国家技术创新示范企业、国家企业技术中心,荣获中国新型显示产业链发展贡献奖等。

## 7.5　案例分析

### 7.5.1　"价值网络—颠覆性创新"协同演进机理分析

颠覆式创新视角下后发企业价值网络的演变主要涉及市场、技术和网络成员合作关系等核心要素,在颠覆式创新的不同阶段,各要素间呈现动态复杂的关系,其在市场、技术和合作关系层面具有以下特征:

(1)市场层面

颠覆式创新强调的创新重点在市场突破,并且按照先易后难的实施路径开展价值活动。首先,后发企业在识别市场机会基础上制定低端市场进入战略,构建价值网络寻找适合自身发展的竞争"真空"市场(吴佩等,2016);其次,后发企业依据低端和非主流用户的反馈,运用多种低端市场发展策略进行市场占领;最后,后发企业在低端市场形成领军效应,侵蚀主流市场破坏竞争格局,同时推出高端产品对主流产品进行挑战,利用品牌效应和价格优势攻击主流企业(臧树伟和李平,2016)。

(2)技术层面

后发企业利用成熟技术降低产品创新成本,打造富有特色的高性价比产品,并通过技术积累和持续性创新形成技术壁垒。首先,后发企业通过市场分析发现用户的痛点,为构筑自身竞争优势,利用成熟技术进行组合创新推出功能简单、价格低廉的新产品;其次,对简单产品进行持续性技术创新以实现新产品的快速迭代,不断提升产品价值使产品性能逐渐接近主流产品;最后,后发企业技术发展成熟,以技术优势保障其产品性能与主流企业产品持平甚至实现超越(冯立杰等,2019)。

(3)合作关系层面

后发企业最初难以独立构建网络,企业开展价值活动往往依据专业分工、协作且自主独立的上下游企业建立网络。首先,后发企业在进入目标领域初期,市场知名度和企业认可度往往不高,难以与知名企业建立密切的合作关系,主要通过创新理念和积极的态度以得到合作企业的认可,由此构成的价值网络是一种单向依赖关系;其次,由于低端产品改善用户的痛点一般较为明显,较高的市场需求和产品销量可以提高后发企业在合作网络中的地位,从而使得企业网络由最初的单向依赖关系演变成稳固合作的双向依赖态势;最后,后发企业通过与网络成员的交流沟通等方式促进价值网络融合形成市场和技术优势,构成了统一的企业生态系统(冯立杰等,2019)。

## 7.5.2 激智科技价值网络演进路径分析

后发企业实施颠覆式创新过程其价值网络核心要素市场、技术和合作关系等伴随创新的开展发生动态变化。基于激智科技的成长实践,借鉴杜靖宇(2019)、冯立杰等(2019)研究,本案例从识别组建、迭代更新和拓展深化三个阶段分析激智的价值网络演进路径。

(1)识别组建

价值网络的识别组建价值网络的识别组建源于企业对市场、技术和合作伙伴的精准把握和分析。但当针对市场上主流技术发展方向已超出市场

的实际需求,仍存在难以满足用户的痛点时,后发企业应通过组建新的价值
网络,利用成熟技术的低成本创新解决用户的痛点以迅速抢占低端市场。
创业初期,价值网络的成员数量一般较少,且网络成员间的关系处于探索阶
段,后发企业可通过达成契约争取信任以开展后续合作。激智科技价值网
络的识别组建主要从识别市场机会和探寻合作伙伴等入手。在激智科技创
业前,美、日、韩等光学膜企业在主流市场形成垄断,国内从未涉足光学扩散
膜领域。2008 年,公司创始人张彦携团队自主组建设计了第一条光学薄膜
与特种薄膜并成功量产,打开了国产化的光学薄膜的全新格局。同期,张彦
寻找合伙创始人,其中的三位创始人有在通用电气的工作经历。当时的通
用电气是全世界首屈一指的行业标杆企业,三位创始人在通用的经历、他们
对行业清楚的认知,使得他们在创立激智科技时就对企业自身的定位明确,
这也是激智能扩大规模的重要因素。

（2）迭代更新

价值网络迭代更新一般在进入期价值网络基础上进行,是后发企业在
发展中寻求市场技术与合作伙伴、制定企业快速扩张的组合策略。此时,后
发企业应进一步明晰市场定位,针对用户的诉求点以提升用户价值为核心
要务,推出高性价比、高质量的产品或服务提升企业的市场占有率。同时,
价值网络稳步扩张以不断吸引新的用户。随着价值网络中成员的不断更
迭,网络成员间的依赖关系逐渐加强,价值网络韧性得到不断强化。激智科
技的价值网络迭代更新过程主要通过明确市场定位、提升产品价值和稳固
合作关系等步骤实现。

受制于国内光学扩散膜制造能力薄弱,电脑、液晶电视等生产企业只能
高价进口光学薄膜,相关产品定价权也掌握在美国 3M、日本惠和等少数美
日企业手中。相较于主流光学膜生产企业强调高性能、高利润的市场竞争,
低端市场更适合后发企业的生存和发展。因此,激智科技步入成长阶段,为
了进一步明晰市场定位,公司通过市场细分强化价值网络,构建了低端市场
开拓体系:一方面,随着公司自主设计组建光学膜涂布生产线成功量产并通
过多家客户测试后,抓住用户的痛点并开拓了低端市场;另一方面,激智科
技着手开始量产拳头产品增亮膜,公司主要以增亮膜、扩散膜为重磅产品,
核心竞争力和市占率同步大幅提升,成为增亮膜和扩散膜头部企业。激智

科技光学膜产品高性价比和准确的市场定位等特性为其在低端市场畅销打下了基础,迅猛增长的电脑、手机市场,加之激智产品性能和质量的稳步提升,激智科技与供应商和下游顾客等合作企业的企业关系网络更加稳固。

(3)拓展深化

后发企业开展颠覆式创新构建价值网络进行拓展深化的最终目的不在于占领低端市场,而在于将企业间的价值网络进行融合,然后通过更为庞大的企业生态系统进行高端市场挑战,利用持续性创新和经验积累形成的技术优势不断提升用户价值。激智科技的价值网络拓展深化可以概括为挑战高端市场、形成技术优势和融合合作网络等步骤。

随着公司上市,激智以光电行业为主轴,追踪行业最前沿科技和产品发展,积极进行上下游资源整合,开发功能性薄膜产业带,拓宽薄膜技术应用领域,以精密涂布技术为核心,强化技术平台。在光学显示膜领域研发突破复合膜、量子点膜等高端产品,继续深耕光学膜领域;在汽车领域,公司于2017年收购紫光科技开拓窗膜市场、车膜市场;在新能源领域,2017年激智科技控股激扬新能源开拓光伏背板,2021年通过资本市场定向增发定增拓展光伏封装胶膜;培育业务方面,2017年投资宁波勤邦布局上游基膜,2021年设立控股子公司天圆新材料布局OCA光学胶等。

### 7.5.3 激智科技"价值网络—颠覆性创新"协同演进分析

Christensen认为,后发企业应首先利用市场成熟技术进行产品创新,推出价格低廉、功能便捷的产品迅速打开低端市场;然后通过技术积累持续创新以不断改善产品性能,扩大低端市场份额,向主流企业发起挑战并侵蚀主流市场;最后形成技术和市场优势,完成对主流市场的破坏甚至对主流企业的颠覆。第一阶段,颠覆式创新进入期。该阶段后发企业通过市场机会识别进行低端市场选择,围绕产品创新开展的成熟技术识别、合作企业选择以及相关配套环节筹备阶段。第二阶段,颠覆式创新追赶期。后发企业经过技术积累和持续创新推出多元产品扩大市场份额与主流企业展开竞争阶段。第三阶段,颠覆式创新破坏期。后发企业破坏市场结构,引领行业技术创新方向,对主流企业发起正面攻击甚至将其颠覆阶段。此时,后发企业可依托其竞争优势主动出击与主流企业对抗以改变其市场份额和技术优势,同时构筑市场或技术壁垒以改变并引领行业技术发展方向。如前所述,后发企业实施颠覆式创新过程经历了进入期、追赶期和破坏期,其价值网络核心要素市场、技术和合作关系等伴随创新的开展发生动态变化。因此,后发企业在颠覆创新过程中伴随着企业价值网络的演变,企业创新发展过程中呈现出协同演进的特征。后发企业在颠覆式创新初期经历识别市场机会、改善用户痛点和探寻合作伙伴等过程,在创新追赶期经历了明确市场定位、提升产品价值和稳固合作关系等过程,在颠覆破坏期经历挑战高端市场、形成技术优势和融合合作网络等过程。

(1)后发企业颠覆创新进入期与价值网络识别构建协同演进

由于缺少技术、资金、供应商等各类资源,后发企业初期应注重市场的进入模式,选择主流企业忽视的较低利润的市场构建价值网络,改进现有成熟技术进行产品创新以改善用户痛点,努力争取与知名供应商合作并借助其优势和资源构建自身竞争优势。一方面,在后发企业开展颠覆式创新的进入期,选择主流企业处于领先位置但较少涉足的规模小、利润低的市场,通过市场机会识别,针对主流企业产品存在的短板利用成熟技术进行低成本创新,同时推出高性价比产品以获得用户认可。另一方面,后发企业可通过改善主流企业生产产品的痛点寻求所需成熟技术支持的合作伙伴,与合作企业共享资源。该阶段企业发展相关资料引据详见表 7-2。

(2)后发企业颠覆创新破坏期与价值网络的迭代更新协同演进

后发企业在主流企业忽视的低端市场蓬勃发展,不断扩大的市场占有率让其明确了自身定位,继续围绕用户价值提升优化产品性能,力求做出极致的产品。同时,后发企业的阶段性成功受到了合作伙伴的认可,深度的合作战略也逐渐达成,各方利用自身优势努力稳固关系网络。在主流企业技术溢出和高端市场封锁外的低端市场开展业务,以获得低端用户的支持并且避开主流企业的攻击;进而,后发企业利用成熟技术进行组合和创新,以快速获取低成本技术跃迁,完成产品创新,选择并争取产品上下游企业的信任以利开展全面合作。该阶段企业发展相关资料引据详见表 7-3。

表7-2 颠覆创新进入期与价值网络识别构建协同演进资料引据

| 构念 | 维度 | 引据 |
|------|------|------|
| 颠覆创新进入＋价值网络识别构建 | 市场层面 | 2006年,我国平板彩电产业已经呈现爆发式增长,在国内市场实现自给的同时还能批量出口。但困于当时国内几乎没有企业具有制造光学扩散膜的能力,电脑、液晶电视等生产企业只能高价进口光学薄膜,国产光学薄膜明显处于后发追赶阶段。公司依靠光活性材料设计和合成的能力,光学设计与模拟,以六西格玛产品设计以及精密光学薄膜涂布技术,开发出独特的"球体半嵌入式"光学结构,以及增亮效果高,雾化效果好的涂料配方。随着我国电脑、手机等市场的蓬勃发展,人们消费的不断升级,屏幕的大尺寸化已成为LCD电视持续的演进方向,LCD电视的平均尺寸每年维持一定幅度的提升。和手机的智能化过程一样,在LCD电视细分产品中,智能电视的出现扩展了电视的产业链条。光学膜企业渐渐积累力量,而主流企业对主流产品的过度关注使得它们忽视了低端市场,从而为后发手机制造企业的进入提供了绝佳的市场机会。 |
| | 技术层面 | 液晶面板为例,背光模组约占液晶模组总成本的47%。背光模组通常由背光源、反射膜片、导光板、扩散膜片、增亮膜片及外框等组件组成,其基本原理是将CCFL或LED提供的"点光源"或"线光源",透过层层光学膜提高发光效率,并转化成高亮度且均匀的面光源。随着液晶模组成本降低及结构简化的需求日益增加,市场上也陆续推出了兼具扩散膜和增亮膜功能的微透镜光学膜和具有更好增亮效果的双增亮膜,以满足不同的液晶模组设计需求。受终端消费类电子产品应用领域广泛的影响,同时终端客户在设计具体液晶显示产品的尺寸、型号时会对其市场定位、成本控制进行差异化考虑,激智通过调整背光膜组里不同的背光模片架构方案来实现不同的亮度增益效果。 |
| | 合作关系层面 | 光学膜的研发和生产是一个集高技术含量、高管理要求和高资金投入为一体的产业,要求企业管理团队具有深厚的专业背景和管理经验。公司核心团队成员大多数具有世界500强企业或外资企业的任职经历,部分团队人员具有深厚的专业学术背景,对光学膜行业具有深刻的理解,对市场趋势具有准确的判断和把握能力。在光学膜发展史中有相当长的一段时期里,光学膜技术和市场基本被日本企业惠和(Keiwa)、智积电(Tsujiden)、木本(Kimoto)、东丽(Toray),韩国企业SKC、LGE,美国企业3M以及我国台湾地区企业友辉等少数厂家垄断。为了推出颠覆式产品,激智科技专门成立了采购部门自主进行所有手机配件的采购,创始人团队通过人脉关系与知名供应商建立合作,用其创新理念寻求合作伙伴。激智第一条生产线产品不同优化调整,最终通过客户企业层层审查,获得认证,进入富士康和小米等终端客户原材料供应商名录。 |

表 7-3　颠覆创新破坏期与价值网络迭代更新协同演进资料引据

| 构念 | 维度 | 引据 |
|------|------|------|
| 颠覆创新破坏+价值网络迭代更新 | 市场层面 | 相较于主流光学膜生产企业强调高性能、高利润的市场竞争,低端市场更适合后发企业的生存和发展。因此,为了进一步明晰市场定位,激智科技公司通过市场细分强化价值网络,构建了低端市场开拓体系:<br>通过长期的研发投入和技术积累,公司掌握了独特的自主涂布设备设计、涂布配方设计和精密涂布工艺。其中,自主涂布设备设计方面,公司自主设计了涂布设备的关键涂布工位,并创造性地把多种涂布技术整合到同一台涂布设备上,大大提升了涂布设备生产不同配方产品的工艺自由度;涂布配方设计方面,公司主要产品生产所用配方均为公司自主研发而成,公司研发人员大都具有长期光学膜配方开发的经验,可以根据原料供应商提供的基础树脂材料调配出不同性能的配方,如高透光率和高雾度配方、抗刮伤配方、高光学增益配方等;精密涂布工艺方面,公司开发出了无需储箱的不停机换卷接膜工艺,节约了生产所用原材料、涂布设备的占有空间以及设备的采购成本,同时,公司产品生产过程中,对张力控制更加平稳,因而产品抗翘曲性能更好,创造了经济与社会的双重效益。 |
| | 技术层面 | 激智科技制定了对用户价值负责制度,注重把用户的产品诉求纳入价值网络,快速提升产品的价值。光学膜生产企业均需执行严格的质量检验程序以保证产品品质。同时,由于公司所生产的光学膜成品为卷材,并大多以卷材的方式销售给客户,生产过程中的质量问题可能直接影响整件卷材的品质。因此,公司将质量、技术和工艺作为企业发展的核心推动力并实行全面的质量管理制度,从供应商筛选、原材料入库检验、生产中在线监测、成品收卷确认及品质检测、出货检验、售后定期回访等各个环节保证产品质量。在系列质量控制措施之下,公司先后通过了 ISO 9001:2008 国际质量体系认证、ISO 14001:2004 国际管理体系认证,公司部分产品的亮度、透光率、雾度等指标已达到国外优势公司光学膜产品的性能水平。 |
| | 合作关系层面 | 激智科技高性价比和准确的市场定位等特性为其在低端市场畅销打下了基础,迅猛增长的平板电脑、手机等销量为客户和供应商等合作企业建立了信心,以激智科技为核心的企业关系网络逐渐稳固。凭借持续的产品创新能力、良好的产品品质及服务、快速的供货反应速度、终端应用的快速开发能力,公司产品市场知名度不断提高,终端客户群不断壮大。公司产品通过三星、夏普、富士康、TCL、海信、海尔、长虹、创维等众多国际、国内一线品牌终端消费电子生产厂商和液晶面板(模组)厂商认证,大客户资源优势明显。 |

（3）后发企业颠覆创新追赶期与价值网络的拓展深化协同演进

随着互联网、大数据等信息技术的发展，企业间的合作也越来越趋向于共享和共赢，以后发企业为核心的价值网络逐渐演变为企业生态系统，共同抵御竞争对手。此时，后发企业利用市场和技术优势发起对主流企业的挑战，利用自身高端产品或服务直接竞争，不断侵蚀主流市场份额、构筑自身竞争壁垒，直至改变市场竞争格局，甚至颠覆主流企业。一方面，后发企业可在低端市场销售高性价比产品以获得价格敏感用户支持，通过持续性创新对产品进行升级改造，利用多元产品扩大市场份额，占领低端市场；另一方面，后发企业可利用低端市场优势不断侵蚀主流市场，利用忠实客户的传播吸引主流用户的关注，与主流企业进行竞争。该阶段企业发展相关资料引据详见表7-4。

表7-4　颠覆创新追赶期与价值网络拓展深化协同演进资料引据

| 构念 | 维度 | 引据 |
|---|---|---|
| 颠覆创新追赶＋价值网络拓展深化 | 市场层面 | 随着激智科技扩散膜产品在低端市场逐步呈统治地位，公司推出增亮膜产品销售占比逐年提高，其主要原因是公司通过持续的研发投入陆续攻克了增亮膜产品生产的相关技术难题，自主生产的增亮膜产品于实现量产并投入市场，市场反应良好，对主流市场形成挑战。公司由世界500强专业研发、管理团队共同创办，致力于成为"全球最大、最赢利和最受尊敬的功能性薄膜公司"，在持续研发及技术创新驱动下，公司产品种类丰富，涵盖扩散膜、增亮膜、量子点薄膜、COP、复合膜（DOP、POP等）、银反射膜、3D膜、保护膜、手机硬化膜、光伏背板、窗膜等，广泛应用于光电显示、LED照明和其他新能源领域，在高端显示用薄膜处于领先地位。 |
| | 技术层面 | 激智科技通过自主研发突破了精密微复制技术等方面关键技术难题，布局50余件核心知识产权，开发了高性能光学膜，实现了产业化示范。公司项目研发团队历时10年攻克了液晶显示用高性能光学膜关键制备技术瓶颈，实现了规模化生产，开发出大尺寸、中尺寸、小尺寸等覆盖最全规格，种类最多的自主创新高性能光学膜产品，辉度增益、耐磨性等关键技术指标达到国际先进水平。 |

续表

| 构念 | 维度 | 引据 |
|---|---|---|
| 颠覆创新追赶＋价值网络拓展深化 | 合作关系层面 | 公司成立之初以光电显示领域薄膜起家,主要从事扩散膜和增亮膜的研发生产,不断研发创新突破,把握行业发展趋势。传统产品扩散膜、增亮膜优势稳固,全球市场份额持续提升,公司当前扩散膜及增亮膜均占据全球市场份额第一。公司在光电显示领域前瞻性布局,紧抓显示行业前沿轻薄化、Miniled、量子点等高端显示技术,复合膜、量子点膜等高端膜已进入收获期,实现了业务的快速放量。目前,客户包括三星电子、LG、索尼、松下、Arcelik A. S. 等国外厂商,小米、创维、TCL、海信、海尔、康佳、长虹、京东方、富士康、华为、VIVO、OPPO、冠捷、海康威视、合力泰、国显科技等众多国内终端厂商。 |

### 7.5.4 激智科技创新绩效

我国国内光学膜产业起步较晚,目前只有少数企业进入光学膜生产领域。公司作为国内较早从事光学膜研发、生产、销售的企业,其自主创新能力、技术水平、产品品质和市场地位均处于国内前列。

(1)自主创新能力和技术水平处于国内行业前列

我国光学膜产业是随着近年来 LCD 产业不断向我国国内转移而逐渐发展起来的。国内自主光学膜生产企业从事光学膜研发、生产时间相对较短,与国外优势光学膜企业相比,以本公司为代表的国内自主光学膜企业还属于跟随者。公司总经理、副总经理、研发总监、采购总监、项目总监以及销售总监等公司核心团队成员均具有世界 500 强企业或外资企业任职经历,部分核心团队人员具有深厚的专业学术背景,对光学膜行业具有深刻的理解,对市场趋势具有准确的判断和把握能力。这为公司新产品的开发提供了强大的技术支持和方向指引,是公司自主创新能力和技术水平不断提升的动力源泉。通过不断对产品结构设计、配方研发、光学设计模拟、涂布产线及工艺设计、关键高精密设备设计及制造、检验检测等大量技术细节进行探索和实践,公司先后攻克了采用涂布法生产扩散膜、反射膜和增亮膜的核心技术,实现了光学膜生产的完全国产化和产业化。通过长期的努力和持续的自主创新,截至 2021 年,公司已获得 123 项国家专利授权,其中 92 项为发明专利,成功研发并可量产的光学扩散膜、增亮膜和反射膜产品近 80 余种。公司技术相关主要获奖情况详见表 7-5。

**表 7-5 公司技术相关主要获奖情况**

| 年份 | 公司技术相关获奖 |
| --- | --- |
| 2011 年 | 公司"TFT-LCD 显示器用增亮型光学扩散膜研制"荣获中国科技创业计划大赛组委会颁发的"2011 年中国科技创业计划大赛成就奖"。 |
| 2012 年 | 公司"光学扩散膜 B188S2"被科学技术部、环境保护部、商务部和国家质量监督检验检疫总局评为"国家重点新产品";公司"TFT-LCD 显示器用光学扩散膜"被宁波品牌产品认定委员会评为"宁波名牌产品";公司发明专利"一种光学扩散薄膜及使用该光学扩散薄膜的液晶显示装置"荣获国家知识产权局颁发的"中国专利优秀奖"。 |
| 2013 年 | 公司"TFT-LCD 显示器用增亮型光学扩散膜关键技术研发与产业化"荣获宁波市科学技术奖一等奖;公司"TFT-LCD 显示器用增亮型光学扩散膜"荣获 2013 年度浙江省科学技术奖二等奖。 |
| 2014 年 | 公司被浙江省经济和信息化委员会评为"2014 年浙江省电子信息 50 家成长型特色企业";公司被科技部火炬高技术产业开发中心评为"国家火炬计划重点高新技术企业";公司"BritNit 牌 TFT-LCD 光学显示用光学扩散膜"被浙江省技术监督局评为"浙江名牌产品"。 |
| 2015 年 | 承担国家火炬计划项目"TFT-LCD 显示器用增亮型扩散薄膜"。 |
| 2017 年 | "TFT-LCD 光学显示用光学扩散膜"第二次获浙江名牌产品称号。 |
| 2018 年 | "显示用高性能光学增亮膜制备关键技术研发与产业化"获宁波市科学技术一等奖。 |
| 2020 年 | 激智科技光学膜项目获 2020 年中国电子学会科技进步一等奖。 |

(2)公司产品种类齐全,扩散膜产品全球市场占有率较高

自 2007 年成立以来,激智科技一直专注于液晶显示器用光学膜生产技术及工艺的开发。公司产品已涵盖了液晶显示器背光模组所用的全系列光学膜产品,包括近 50 种各规格、型号的扩散膜产品、20 余种各规格、型号的

反射膜产品及新投入市场的多种型号增亮膜产品。丰富的产品种类及型号可有效满足客户多样化的产品需求,同时,公司产品品质优良,部分型号产品质量已达到国际领先企业的同类产品水平。丰富的产品类型、良好的产品品质及服务为公司终端客户群的不断积累壮大、市场份额不断提升打下了良好的基础。在核心团队的领导下,公司成功抓住显示上游材料的国产化机遇,研发并储备符合行业发展趋势的技术和产品。公司不断寻求技术水平的新突破、及时调整产品结构。应对轻薄化趋势,公司较早布局了二合一、三合一复合光学膜,为国内突破多种光学复合膜研发生产的少数公司。应对高端显示技术渗透率提升的趋势,公司布局了量子点膜、COP 及OLED 发光材料。目前,公司量子点膜、COP 等已经顺利通过多家客户的验证,部分客户已量产出货。公司生产布局及产品发展情况详见表 7-6。

**表 7-6 公司生产布局及产品发展情况**

| 年份 | 相关获奖 |
| --- | --- |
| 2008 年 | 激智科技宁波一厂成立,一线、二线投产,扩散膜量产。 |
| 2012 年 | 激智科技宁波二厂成立,产线扩充至 7 条,业务也由原来单一的扩散膜逐渐变为扩散膜、反射膜双业务并举。 |
| 2014 年 | 公司宁波三厂公司拳头产品增亮膜实现投产,扩散膜、反射膜、增亮膜三大业务格局成型,公司核心竞争力大幅提升,阔步迈入高速发展阶段。 |
| 2017 年 | 公司与全球量子点生产领头羊 Nanosys 在光学量子点增强膜(QDEF)的开发方面达成战略合作,将尖端纳米技术融入显示器应用,进一步强化公司技术平台,同年公司部署"一轴一带一核心"发展战略,在保持光学膜领先地位同时,进军具有高增长潜力的产品领域,打造功能性薄膜平台,积极进行新产品研发及市场开拓。 |

(3)公司客户基本覆盖了国内外一线品牌终端消费电子生产厂商和液晶面板(模组)厂商

通过长期的研发投入和技术积累,公司掌握了独特的自主设备改造、配方设计和精密涂布工艺,具备较强配方转化新品的能力,现场精细化管理突出,可较快实现新品量产化。光学膜下游行业对光学膜产品的光学性能、产品良品率等要求极高,一旦出现产品品质问题,不仅会导致客户大规模退换货,还将直接影响与客户的后续合作,因此,光学膜生产企业均需执行严格的质量检验程序以保证产品品质。公司经过多年发展积累,凭借持续的产品创新能力、良好的产品品质及服务、快速的供货反应速度、配合终端应用的快速开发能力,产品市场知名度不断提高,终端客户群不断壮大。截至目前,公司产品已陆续通过了三星、LGD、夏普、友达、富士康、冠捷、ArcelikA. S.、VIDEOCON、PT Hartono、TCL、海信、海尔、长虹、创维、京东方、天马、同方、惠科、南京熊猫、龙腾光电、信利等众多终端厂商认证并量产交货,基本覆盖了国际、国内一线品牌终端消费电子生产厂商和液晶面板(模组)厂商。

## 7.6　结论与启示

本案例对激智科技这一典型的后发企业颠覆性创新与价值网络协同演进进行探讨,以价值网络为视角,结合激智科技的发展特点,通过对颠覆性创新主要路径及价值网络演进进行归纳总结,尝试厘清二者之间的联系,对后发企业的颠覆性创新提供参考。

### 7.6.1　本案例研究的主要结论

(1)颠覆性创新是后发企业追赶超越的有效路径

颠覆式创新适用企业在市场占有率不高的情况下,依据少部分边缘客户对产品特殊性能的定义,研发不被成熟企业重点关注的产品,通过运用低端策略进入一个新市场或者原本存在的低端市场,依靠低成本结构和产品性能的定义建立起来的价值网络让后发企业迅速在这个市场积累资本,并将其应用到主流市场产品的研发当中,依靠技术的不断升级俘获部分主流市场客户的芳心,最终凭借简便性和价格优势颠覆成熟企业的市场地位。在颠覆式创新的企业面前,被挑战的大公司往往会选择退守利润厚的核心市场,并不会因为一两个挑战者的出现调整整体的企业产品策略,龙头企业往往倾向于依靠已有用户守住企业发展根本。此外,这种挑战者并不是在成熟企业的技术轨道上奋起直追,与大型企业的核心技术"硬碰硬",而是依靠建立自身的技术轨道,不断使产品的技术性能达到主流市场用户的需求,依靠价格等方面的优势实现后发超越。

（2）价值网络影响后发企业颠覆性创新

后发企业在实施颠覆式创新进行创新追赶的过程需要经历进入、追赶和破坏等阶段。进入期,后发企业应注重低端市场突破,利用成熟技术的简化、重组等策略进行低成本的产品创新,顺利进入适合自身发展的利基市场;追赶期,可通过持续性创新积累技术经验和丰富产品种类,进一步开拓市场,不断满足各类消费者的需求;破坏期,随着市场份额的不断扩大以及技术壁垒的完善,后发企业逐渐侵蚀主流市场甚至对主流企业形成颠覆。在此过程中,后发企业价值网络演变主要包括识别组建、迭代更新和拓展深化三个阶段,并且各阶段存在不同的创新特征。其中,在识别组建阶段,注重市场的机会识别和用户痛点的改善,努力寻求供应商以确定合作伙伴;在迭代更新阶段,在进一步明确市场定位的基础上,加深与网络企业的合作以促进技术创新,从而实现产品价值的持续提升;在拓展深化阶段,利用技术和资源优势构筑企业生态系统,与主流企业进行竞争并抢占其市场份额,进而实现赶超。

（3）价值网络与颠覆性创新协同演进

颠覆式创新过程中后发企业价值网络与颠覆性创新呈现协同演变。首先,在价值网络识别组建阶段,后发企业开展颠覆式创新应识别市场机会,抓住用户的痛点并利用成熟技术进行低成本创新以顺利进入低端利基市场,同时善于利用合作企业的资源构建价值网络;然后,为了规避主流企业的攻击,后发企业应通过成熟技术的简化、重组等方式进行新产品低成本研发,进入主流企业忽视的低端市场;最终后发企业应主动与具有资源优势的企业合作,利用合作企业的声誉增加颠覆式产品的卖点,构建企业的价值网络。其次,在价值网络迭代更新阶段,后发企业应以提升用户价值为核心进行持续性技术和产品创新,通过合作企业的能力互补,强化价值网络的韧性从而扩大市场影响力和竞争力。一方面,后发企业应以用户需求为核心构建产品创新机制,将用户纳入价值网络参与产品的研发、设计和升级等环节,通过市场细分和精准定位快速促进产品的迭代;另一方面,后发企业的低端市场统治应使企业间的合作关系从依靠合同建立的契约关系转向互相依赖、技术共享的协同创新关系。最后,在价值网络拓展深化阶段,后发企业与众多合作企业构筑的价值网络引领行业技术创新方向。

### 7.6.2 研究启示

(1)强化价值网络思维与理念

后发企业必须克服固守价值链的低成本制造理念,根据价值网络思维注重为用户和合作企业等要素共同创造价值,以提升网络内部各利益共同体的竞争力。进入信息时代,互联网和物联网的普及使行业环境变得日益复杂和模糊,为了应对消费者的需求升级和不断跨界挑战的竞争者,后发企业不能仅关注价值链内部的价值活动,盲目追求价值链优化和低成本制造,还应将战略思维向价值网络思维转变,关注价值创造整体企业的资源和能力。同时,后发企业应注重协调价值网络的伙伴关系,合理利用和管理外部资源以不断获取整体竞争优势,构建企业间相互依赖、互利互惠的价值网络生态系统。

(2)提高资源整合和优化配置能力

企业不仅要获得自身发展的市场和非市场化资源,还要学会将资源重新配置、利用和释放,帮助企业实现价值增值。后发企业在获取一定资源后,如何分配这些资源将是决定他们日后能否实现颠覆性创新的关键。根据资源依赖理论,客户提供了企业赖以生存的资源,决定资源分配流程,而管理层负责具体决定每个项目获得资源的多少,而这往往会受到他们对自身职场发展目标的影响,追求短期绩效,则容易忽视能带来长期绩效的颠覆性创新的项目。因此,良好的组织建设就显得十分重要。激智科技多年来通过组织建设提高员工整体的文化素质,增强企业内部的凝聚力。同时,与一些院校达成合作,联合培养核心技术人才,为自身的发展注入新鲜血液。如意多年来在组织建设上的投入培育了创新、积极进取的如意文化,在全公司上下形成了以长期绩效为发展目标的理念,一开始不盲目地将资源投入附加值高的主流产品——内燃叉车上,而是关注手动搬运车、电动仓储叉车等具有颠覆性特征的产品上,资源得到了合理配置,市场占有率逐年提高。

（3）提升后发单项冠军企业技术创新能力

低市场导向、高技术导向只适合于拥有明显技术优势的单项冠军示范企业。而对于处于单项冠军培育阶段或技术优势还不足的企业,则更适合选择高市场导向、高技术导向构成的高复杂性战略谋划,或高市场导向构成的高集中性、高复杂性战略谋划。德国等发达国家制造业中的单项冠军,大多在企业成立之初便拥有了领先的技术、卓越的工艺水平或独特的资源,因此它们大多数以"科技领导者"的优势在平稳发展的产业环境下获得细分行业领导者的地位。植根于中国的情境,尤其是老一批的民营企业,往往是在资源极其匮乏、技术基础薄弱的条件下一步步由小到大、由大到强。正如本研究中所揭示的,高技术导向是获得高水平企业成长性的管理认知路径中不可或缺的核心因素。这就要求中国企业在突破"无芯无脑"的过程中,在技术导向下向行业创新链的上游延伸,从被动的学习者、追赶者,更快地升级变成超越追赶的领先者。

（4）积极争取单项冠军企业发展相应的市场支持

外部市场环境的稳定和市场经济的稳健运行是政府规范企业行为,保证优良单项冠军企业健康发展的重要条件。鉴于中国新经济时代的社会背景,企业的国际商业经营环境还需要政府进一步规范。地区政府在注重培养、发现单项冠军企业的同时应大力规范单项冠军企业的经营行为,避免出现恶性竞争,扰乱行业秩序;还要适当支持单项冠军企业的国际化经营行为,从政府层面为企业发展提出指导意见,提出具有前瞻性的政策建议。地区政府也可以加强与世界其他友好国家城市间的交流,为具有国际化发展意向的单项冠军企业提供新的渠道、新的目标地。政府要鼓励单项冠军企业多参与对外技术合作,为单项冠军企业引进外国先进技术提供政策便利,鼓励大众创业、鼓励创新。对于变更经营重点从国际市场退回的单项冠军企业政府也要提供一定政策指引措施,既要努力让企业有迈开步、走出去的勇气,也要保证企业回归国内市场后摸得着方向可以正确参与国内市场竞争。政府在搞好新产业发展的同时也要用现代化技术、设施设备升级传统产业,发挥政府的主导作用。

# 第8章 如意股份:企业家政治能力视角下后发企业颠覆性创新案例研究

## 8.1 概 述

### 8.1.1 研究背景

近年来,随着新科技革命和产业革命的不断推进,在这种日益动态的环境中,颠覆性创新日益成为促进经济增长和提高科技竞争力的关键。越来越多的后发企业探索寻求新的发展领域,试图通过颠覆性创新来重构竞争优势并实现企业的跨越式发展(Giachetti 和 Marchi,2017)。为了在动荡的技术与市场变化环境中获取竞争优势,相较于西方发达国家先进的跨国公司,中国后发企业起步晚,缺乏技术、市场、管理、品牌等核心资源,只有通过颠覆性创新,更深入地洞察和获取那些具有潜在价值和企业特性的资源,并在企业内部形成一些难以被竞争对手所模仿的异质能力。

后发企业在发展过程中,受政治、经济、社会等宏观环境影响,而政治环境是企业外部环境中十分重要的一个方面,已成为现代企业经营发展与战略决策不可忽视的重要外部因素(李德轩和孙道军,2016)。尤其是随着企业面临的政治环境不确定性与复杂性的提高,以及以政府为主体的利益相关者对企业影响的日益广泛,企业除了需要应对市场竞争外,还面临着日益激烈的政治竞争。美国对中兴的封杀,以及华为与中兴遭到的安全门事件无不体现了政治环境中与政府等利益相关者对企业发展的重大影响。而国外跨国公司在进入中国市场时格外重视政商关系也反映了国家政治环境对企业经营成败的关键作用,并且这种作用在中国当前的经济转型背景与关系主导型社会结构下尤为突出。由此,作为企业决策主体的高层领导不仅需要具备市场竞争能力,更需要具有较强的政治能力,以有效应对政治环境及其中政府等利益相关者的要求,处理好与他们的关系,促进企业在正确的、可持续的方向发展。现代企业普遍越来越重视运用政治策略来获取自身发展的竞争优势(Nownes 和 Aitalieva,2015),而作为企业代表的高层领导也必须重塑自身的领导力,提升与政府及监管机构在全球范围内的合作能力,否则将难以胜任领导岗位,因此他们必须是熟练的政治家。

根据业界发展实践及反馈发现,企业及其高层领导与外界的"联结"和"关系",企业成熟的政治策略有助于企业获取信息资源的机会,进而影响其经济效益。与此同时,后发企业"小"而"新"缺乏外部信任存在合法性缺陷(Zimmerman 和 Zeitz,2002),颠覆性创新过程中大都面临技术、人才、市场等资源竞争劣势。在中国转型经济背景下,政府部门等作为企业资源与合法性的重要来源,是企业社会网络中关键的利益相关者。由此,企业家政治能力是否能够促进企业长期绩效与短期绩效提高的问题也日益得到学界的重视。现有研究主要从制度理论及资源观视角解析后发创新追赶的关键因素。一方面,制度及组织生态论对企业外部环境因素作出不同阐释。制度学派认为外部(制度和非制度)因素是驱动后发企业创新追赶的内生变量,外部因素与组织行动交互作用,动态演进推动企业实现追赶超越。另一方面,资源观研究认为组织转型是内部资源及能力的整合重构过程,资源不足无法克服市场壁垒,资源过度容易引致组织惯性或能力陷阱(Karimi 和 Walter,2015),都不利于企业实现颠覆性创新转型。企业能否在多重情境叠加环境中实现颠覆性创新,一方面应充分考虑能否通过成熟的政治策略,有效链接政府、监管部门及生产经营利益相关者,获取企业颠覆创新所需关键资源;另一方面应考虑企业能否克服颠覆性创新中组织合法性障碍,通过整合内外部资源实现价值重构(徐二明等,2018)。

### 8.1.2　研究案例典型性

（1）后发制造企业典型代表

如意股份所在行业是物流装备制造业，属于技术密集型制造业，其发展状况在一定程度上反映出一个国家或地区国民经济及技术发展水平。我国是世界物流装备制造产量第一大国，合理利用发展国内外两个市场，走国际化发展之路是我国装备制造业发展的大势所趋。目前我国装备制造业已经具有相当大的规模。自 20 世纪 80 年代以来，装备制造业通过多种渠道引进国外先进技术，使一批新型、高效、高精度的制造工艺技术在装备制造业中得到广泛应用，为改善产品质量、研制高新产品创造了条件。但是，从总体来看，我国装备制造业高技术含量的高端装备还比较缺乏，核心技术缺少，而中低档产品过剩，同质化竞争激烈，甚至达到"白热化"程度。同时，国内装备制造企业还受到来自国外的制造业在中国抢夺市场的竞争。近年来，进入我国的国外制造企业采取"以资金换市场"的战略，他们在中国投资制造业，大都以合资或独资方式，而是"用最少的技术换取最大的市场"，在核心技术领域对中国进行出口限制。国外装备制造业的参与，加剧了我国装备制造业的竞争。因此，这类行业如何做大做强，代表着中国制造业未来的发展方向。

（2）颠覆性创新追赶典型代表

在宁波市装备制造企业中，如意股份有限公司的技术水平和自主创新能力已经达到国内一流水平。1991 年 11 月，该公司的液压搬运车通过德国 TUV 莱茵公司的安全检测，为国内同行中第一家获得"GS"、"CE"认证；2002 年 11 月，在同行中第一家同时通过 ISO9001 质量、ISO14001 环境、OHSAS18001 职业健康安全三项体系认证；公司的技术中心是省级企业技术中心，已经有 30 多年的搬运车辆生产和设计开发经验，公司现拥有 110 项专利。公司拥有覆盖全国乃至全球的销售体系和售后服务网络，26％的市场占有率，"西林"商标已在全球 68 个国家和地区注册，"西林"牌产品享誉 156 个国家和地区。公司被国家评为高新技术企业，把"科技创新、管理创新、文化创新"理念作为如意发展的根本动力源，推动了企业自身发展，同时也推动了整个行业的技术进步。从 1999 年开始，随着《如意报》的创刊，该公司正式拉开了通过营造企业文化提升科技创新能力的序幕。该公司的实践证明:优秀的企业文化能促进企业竞争力的提高,通过强有力的企业文化推动企业管理能力、技术能力等综合素质的提高,并且最终形成企业的核心竞争力,成为推动企业转型升级的主导力量。

(3)可持续研究典型代表

本书所选择的如意股份最早于 1985 年在宁波宁海创立,30 多年来公司领导层稳定,因此可以保证其发展路径、建设效果以及对于企业创新等变量数据的可获得性。如意是众多民营企业之一,属于非垄断上市公司,具有良好公开信息。研究团队与企业同在一个地理地区宁波,且双方关系良好,建立调研访谈紧密联系,能有效保障获取开展研究所需相关资料。作为国内物流装备制造业的领军企业,如意公司也经常受到新闻媒体的关注报道,便于本研究多样化资料的获取和相互印证比较。

## 8.1.3　研究思路

如意是一家以生产系列叉车、电动车、电动堆高车、手动液压搬运车等机电出口产品的高新技术企业。30 年来,如意公司不断创造搬运世界的奇迹,不断刷新出口纪录,目前产品已出口世界 156 个国家和地区,生产的"西林"牌手动液压搬运车被公认为"中国手动液压搬运车第一品牌","西林"商标已在全球近 80 个国家和地区注册,还主持起草了手动托盘搬运车国家标准 GB/T26947-2011 和手推升降平台搬运车国家标准 GB/T27543-2011 等。如意的产品从第一个阶段 80 年代的"拉紧器",到第二阶段 90 年代的"手动搬运车辆",再到现在产品已经进入到第三阶段"电动工业车辆",如意公司沿着颠覆性创新路径逐渐进军仓储的高端车辆和无人化智能车辆。在其发展进程中,如意公司高层领导政治能力卓越表现,高效灵活的政治策略行动大大提升了企业资源获取、技术创新、市场开拓、组织管理及社会形象管理能力等,进而促进企业成功实施颠覆性创新追赶。本案例基于高层领导政治能力视角分析企业颠覆性创新追赶,结合如意股份的发展历程与颠覆性创新活动轨迹,研究后发制造企业如何利用高层领导政治能力通过政治战略行动(政治战略思维、政策环境掌控、关系网络发展、社会形象管理与组织建设等),提升企业颠覆性创新合法性,推动企业成功实现颠覆性创新追赶。本案例基于"战略—行动—结果"研究逻辑,构建"企业政治战略—组织合法性—颠覆性创新追赶"研究框架,通过文献回顾与分析以及对企业访谈和调研,重点厘清以下几方面内容:①企业家政治能力如何塑造企业颠覆性创新优势。本研究基于资源依赖理论,认为企业高层领导作为影响企业决策和行为的主体,在面临着对外部利益相关者具有较高依赖性的组织情境下,会激发其政治能力特征,促进企业采取政治行为和实施政治战略,以获取掌握在这些外部利益相关者手中的自身所需的资源、支持等,从而提高企业的竞争力。②企业家政治能力与组织合法性的关系研究。组织制度理论的核心观点认为,作为嵌入社会环境中的组织,企业需要符合社会环境要求,获取社会环境中利益相关者认可,获得合法性,才能获取发展所需的资源,实现企业目标,获取竞争优势。因此,研究分析颠覆性创新转型中组织合法性的中介作用。③后发企业颠覆性创新追赶路径研究。从企业家政治能力和合法性视角探索和构建企业家政治能力影响企业颠覆性创新的中介路径。最后,在研究成果的基础上,针对政府和企业提出有效发挥企业家政治能力积极效益的对策建议。主要研究框架思路详见图8-1。

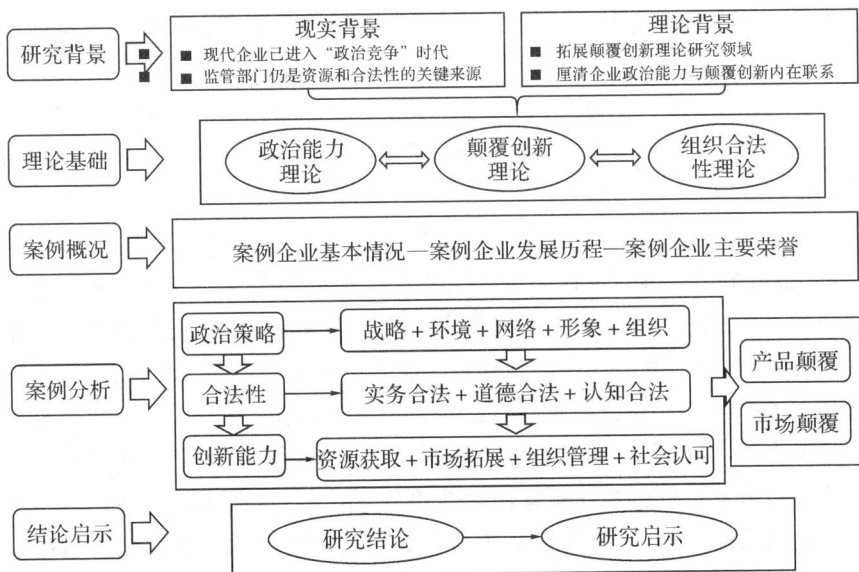

图8-1 案例研究整体思路

## 8.2　案例理论基础

### 8.2.1　企业家政治能力内涵及测度

企业家政治能力(Political capabilities of corporate top leaders)研究起源于国外对企业政治能力(Dahan，2005)研究。企业高层领导指的是企业高层中负责企业经营管理、具有影响力的管理者及其组成的团队，包括董事会主席、副主席、CEO、总经理以及那些直接向他们报告的高层管理人员。现有研究一般认为企业高层领导是企业战略决策的主体，而企业家通常是企业的最高决策权人，属于企业高级领导与管理人员，代表着整个组织(赵曙明和孙秀丽，2016)。此外，企业情境下的政治能力，借鉴已有研究观点，是指有效应对政治环境及其中以政府为主体的利益相关者的能力，包括非市场能力。概括来讲，企业家政治能力是企业高层领导所具备的有效应对政治环境及其中以政府为主体的利益相关者，以获取、运用政治资源与避免政治风险，实现企业与个人目标的战略层面的能力(李燕萍和梁燕，2018)。当前，国内外研究对企业家政治能力结构维度的探讨较少。国外学者主要关注企业政治能力，突出了企业及其高层领导的政治资源整合运用能力、政治和制度环境的适应与影响能力(Brown，2016)等。国内学者则主要关注企业家政治能力，突出的是政治关系网络的发展和运用能力、政治环境的敏锐性与适应能力(周红月，2012)。

近年，国内学者逐渐关注企业家政治能力研究，基于质性研究提出其结构维度，认为企业家政治能力包括政治战略思维、政策环境掌控、关系网络发展、社会形象管理与组织建设共五个维度(李燕萍和梁燕，2018)：政治战略思维能力是能够运用政治思维观念来看待、分析和解决企业战略方向问题的能力；政策环境掌控能力是企业高层领导对业务所在国家政策局势的敏锐性、适应与影响能力；关系网络发展能力是企业高层领导与政府等政治环境中的利益相关者建立、维持良好的关系(包括正式与非正式的沟通联系)与网络的能力；社会形象管理能力是企业高层领导能够有意识地承担社会责任,在政府等利益相关者中塑造企业与个人良好社会形象的能力;组织建设能力主要是企业高层领导重视并能够有效加强企业的思想文化建设、人才队伍建设、党组织建设与制度规范建设,为确保企业正确发展方向提供组织保障的能力(梁燕等,2021)。根据文献企业家政治测量维度详见表 8-1。

表 8-1　企业家政治能力测量维度

| 测量维度 | | 主要内容 |
|---|---|---|
| 企业家政治能力 | 政治战略思维能力 | 具备政治意识和政治思维,重视政治战略,能够运用政治眼光看待分析与解决问题;关注企业整体利益与长远利益,顾全大局,能够平衡各种权力关系,经营管理决策考虑企业稳定与社会影响;能够准确把握企业政治发展方向,确保企业发展方向符合国家政策导向。 |
| | 政策环境掌控能力 | 对企业外部的政治政策环境具有高度的敏锐性与适应能力;善于政策与制度环境塑造并能够承担、防御相应的政治风险,为企业发展塑造有利的行业环境。 |
| | 关系网络发展能力 | 善于与政府等政治环境中的利益相关者建立、维持良好的关系(正式与非正式的沟通联系)获取政府等利益相关者的信任、支持,以实现互利共赢的能力。 |
| | 社会形象管理能力 | 企业高层能够积极遵循国家的政策与法律法规,来塑造企业及自身的良好社会形象;有意识地承担社会责任,在政府等利益相关者中塑造企业与个人良好社会形象的能力。 |
| | 组织建设能力 | 有效加强企业文化建设与员工精神文明教育,善于以思想建设凝聚企业力量;重视并能有效加强企业的文化建设、队伍建设、党组织建设与制度规范建设,提供组织保障的能力。 |

资料来源:梁燕等.企业家政治能力的量表开发及其对企业绩效的影响研究[J].管理学报,2021,18(6):853-863.

## 8.2.2　企业家政治能力与颠覆性创新

大部分西方学者认为企业制定与实施政治战略是获取可持续性竞争优势的重要方式,并能够提高企业的绩效水平。企业积极维持与政府部门之间的关系会影响企业价值水平,并且特殊政治利益可能是由于企业政治战略的制定与实施而引致的。然而,我国企业政治战略与行为在理论上受到否定,因为有些学者认为企业的政治战略与行为是一种非生产性行为,企业把大量的精力投入政治领域,必然影响企业的经营效率,进而影响企业绩效(张维迎,2001)。但总体而言,积极实施政治战略的企业和企业家往往能够得到政府较好的支持和有效的保护,从而取得竞争优势(田志龙和邓新明,2007)。比如,Luo(2001)的研究表明,与政府官员的关系与企业销售增长和利润增长显著相关。与其他企业的关系(横向关系)相比,与政府官员的关系(纵向关系)与企业的表现有更强的关联。也就是说,企业能够从发展与政府官员的关系中获得更多的好处。

当前关于企业家政治能力与颠覆性创新的研究探讨主要存在宏观环境与组织两个层面。宏观环境层面的影响包括为企业发展塑造有益的外部环境、避免政策风险等,组织层面的作用结果主要聚焦于对企业的战略选择及其有效性以及企业的创新创业绩效的研究。前者指企业通过积极政府战略行动,如嵌入政府搭建的创新网络平台方式为新创企业提供资金、技术及社会网络等资源(项国鹏等,2017),其对企业成长的影响主要包括技术创新、贸易出口或经营绩效等。后者是企业通过政治策略行动,为企业搭建了涵盖资本、市场、技术、人才及政府等资源网络,为新创企业突破组织边界和知识边界获取成长所需资源能力等提供支持。对企业竞争优势的影响,国外关于企业政治能力的研究提出,企业积累的政治能力的差异是影响其竞争优势资源发展的重要因素(Brown,2017),但并未深入揭示和验证其间的作用机理。国内关于企业家政治能力的研究也仅通过质性研究提出其有助于塑造企业竞争优势(李燕萍和梁燕,2018)。

### 8.2.3　组织合法性与颠覆性创新

颠覆性创新又称为二次创业，是企业打破既有内外资源均衡，从原业务轨道迁移至新轨道的动态过程，其本质是新组织建立。因此，企业超越升级蕴含不确定因素，也必然面临环境约束和资源缺陷等问题。传统经济学研究大多从组织视角分析了后发企业换道超越风险，例如组织能力、组织特征及机会识别（郑刚等，2016）。合法性研究从企业"社会嵌入"属性视角，解释非市场效率约束影响企业转型，例如市场认可、公众接受、利益相关者矛盾冲突及消费习惯背离等（张玉利和杜国臣，2007）。随着经济一体化及技术市场变革加速，组织合法性成为贯穿企业成长全部过程的常态问题，颠覆性创新和追赶超越阶段"新进入者缺陷"尤为显著（长青等，2019）。

目前，部分学者对组织合法性内涵、范畴及应对策略展开研究。合法性即外部利益相关者根据特定社会的制度和文化环境，对组织行为的认知和评价。按合法性来源包括内部合法性和外部合法性，也可分为社会政治合法性和市场合法性（Dacin 等，2007）。按产生机制可划分为规制、规范和认知合法性（Scott，1995），按层次可分为实用、道德和认知正当性（Suchman，1995），合法性三维测度成为当前引用最多、影响较大的理论解释。基于组织合法性问题产生根源，企业不仅应经济理性，还需规范理性使自身的变革选择得到社会认可、接受及支持（刘振等，2015）。学者们大都认可合法性对创新创业绩效的影响作用，并从组织者特征、创新资源、创新联盟（或网络）绩效等视角进行了深化研究（杜运周，2015；彭伟等，2018）。基于组织合法性问题产生根源，企业不仅应经济理性，还需规范理性使自身的变革选择得到社会认可、接受及支持（刘振等，2015）。学者们大都认可合法性对创新创业绩效的影响作用，并从组织者特征、创新资源、创新联盟（或网络）绩效等视角进行了深化研究（杜运周，2015；彭伟等，2018）。组织合法性不仅是外部因素的特殊影响表现，也是组织自身选择的结果。因此，鉴于组织自身特征及其所处制度环境特征不同，以及组织对制度环境的战略主动性影响差异，Suchman（1995）提出了遵从型、选择型和操纵型三种形式的组织合法性战略。根据组织基础条件，可采用顺从、选择和操纵等应对策略（Zimmerman 和 Zeitz,2002),突破开创性的创业活动甚至可以通过创造环境获取组织合法性。根据组织谋求合法性的不同层次,企业可通过战略和自洽战略(Tornikoski 和 Newbert,2007),声誉传递、关系传递、成就传递等方式获取合法性(Zott 和 Huy,2007)。根据文献组织合法性测量维度详见表 8-2。

**表 8-2　组织合法性测量维度**

| | 测量维度 | 主要内容 |
|---|---|---|
| 组织合法性 | 实务合法性 | 产生于企业的直接利益相关者自利的打算,指企业行为符合外部直接利益相关者期望。 |
| | 道德合法性 | 反应利益相关者对企业及其活动肯定的规范性评价,指企业行为符合当地道德规范意识。 |
| | 认知合法性 | 反应企业活动和文化规则的一致,指企业行为获得当地社会群众的情感认可。 |

资料来源:根据文献资料整理。

## 8.2.4　案例研究创新及思路

现有对企业家政治能力的研究仍主要集中于概念内涵和结构维度,对其作用结果虽有探讨,但仍处于起步阶段,存在诸多不足之处:第一,企业家政治能力在塑造企业颠覆性创新优势中的作用尚未得到充分研究,其内在机理还需进一步揭示。已有研究虽通过理论推导和质性研究初步探讨了企业家政治能力对提升企业颠覆性创新竞争优势的积极作用,但并未深入分析其间的作用机理。第二,缺乏有效的测量工具和对企业家政治能力作用结果的量化实证研究。已有研究虽然提出了运用政治关联、政治捐款等代理变量来测量企业或企业家政治能力的方式,但这种间接测量方法并不能完全涵盖企业家政治能力的各个维度,效用有限。而测量工具的缺乏也使得现有对企业家政治能力作用结果的研究多以质性研究为主,缺乏对理论模型的量化实证检验。本研究立足如意股份发展实践,研究企业如何运用企业高层领导政治策略,帮助企业克服颠覆创新面临的组织合法性问题,进而促进后发企业成功实现颠覆性创新追赶。

案例研究内容及创新点包括:①揭示企业家政治能力与企业颠覆性创新之间的作用机理。已有研究虽从理论上对企业(家)政治能力与企业创新发展之间的直接关系进行了一定分析,但对两者之间的具体作用机制缺乏实证探讨。本研究基于网络研究及组织制度理论,创新性地提出了企业家政治能力通过组织合法性的传导机制影响企业颠覆性创新的作用模型,拓展了企业家政治能力的影响效应研究。②拓展研究后发企业家政治能力测量。已有研究虽然对企业(家)政治能力的概念内涵与作用进行了初步分析,本研究基于案例企业的访谈资料,进一步拓展企业家政治能力测量,为后续实证研究,尤其是基于中国背景的政治能力研究,提供了能够直接测量企业家政治能力的有效工具,为分析与检验企业家政治能力的影响作用提供了重要手段。本案例理论框架详见图 8-2。

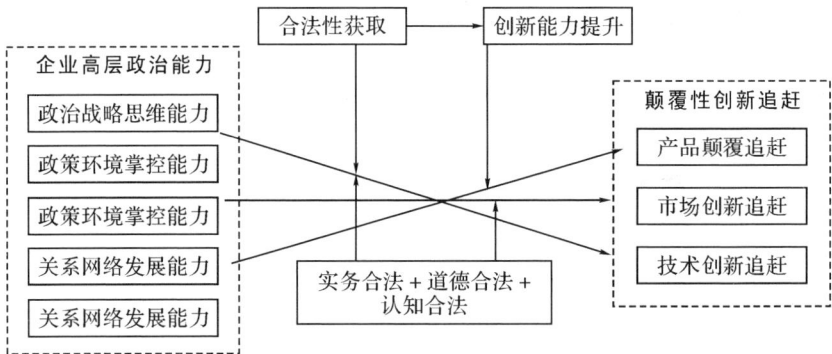

图 8-2　案例理论框架

## 8.3　案例研究对象介绍

### 8.3.1　如意股份基本情况

宁波如意股份有限公司创办于 1985 年 2 月,坐落于宁波市宁海县,前身是宁海县塑料九厂,主要生产普通的塑料制品。1987 年 11 月,如意公司从生产塑料产品转产机电产品。1988 年 3 月，成功开发液压搬运车。1989
年 5 月与宁兴开发有限公司合资，成立中外合资宁波如意机械有限公司，成
为一家以生产系列叉车、电动车、堆垛车、液压搬运车、平台车、拣选车等仓
储物流搬运产品的高新技术企业。目前，公司总资产 5 亿元，生产专利 110
项，员工 1020 余人。

多年来，如意一直专注于仓储物流设备的科研、开发、生产、销售、服务，
全国先后评为国家出口免验企业、浙江省创建劳动关系和谐企业。公司"西
林"牌系列仓储物料搬运车在 2007 年中国名牌认定过程中排名全国第一。
如意专注于叉车制造行业 30 余年，行业地位稳固，公司年产销电动车上万
台，手动车 50 余万台，综合产能领先。目前，公司"西林"牌系列仓储物料搬
运车约占全国出口总量的 26%，为满足市场细分化的需求，如意股份以超
前的思维和发展的眼光，在产品环保，安全，智能化等方面取得了突破，从中
国制造到中国创造，推动企业实现了多品种，多功能，全系列化发展，提升了
产品市场竞争力，秉持合作共赢，至真至诚，万商云集，四海畅通的经营理
念。如意建立起了一张覆盖全国乃至全球的销售体系和售后服务网络。西
林商标已在全球 65 个国家和地区注册，产品畅销全球 152 个国家和地区。
公司连续多年被公司所在宁海县税务局评为纳税大户，是浙江省企业技术
中心、全国高新技术企业，资信 AAA 级企业，荣获"浙江省文明单位""推荐
出口品牌"等。公司"西林"牌系列仓储物料搬运车于 2007 年在中国名牌认
定过程中排名全国第一。根据中国工程机械工业协会工业车辆分会统计，
自 1989 年起，公司"西林"牌仓储物料搬运产品产销量和质量一直稳居全国
同行前茅，"西林"牌产品享誉 156 个国家和地区，如今出口量已占据全行业
近"半壁江山"，西林牌液压搬运车也被认定为"国家免检产品"。

### 8.3.2　公司业务架构

如意主业为叉车整机业务，公司研发和生产的产品众多，主要有 AGV
系列、搬运车系列、堆垛车系列、叉车系列、窄巷道仓储系列、防爆仓储系列、
牵引车及拣选车系列、平台车系列等。

针对商超、新零售、B2C 等复杂业务场景，西林叉车提供智能仓储综合

解决方案,可以分别实现"货到人""订单到人"和"P2P"等智能拣选和搬运,或者几种方案的混合应用。如意高度重视细分行业客户的需求,根据不同的仓储环境条件,量身打造匹配的仓储解决方案。针对像顺丰、德邦、韵达等作业量多的物流公司,如意为其开发手动搬运车、站驾式搬运车、电动平衡重式叉车等系列产品;针对得力文具、景德镇陶瓷厂等环保印刷行业公司,如意为其提供平衡重式电动叉车和跨退式电动堆垛车,并配有配抱夹,提升了作业效率。针对各大商超,如意为其提供座驾大前移、步行式搬运车、站驾式电动堆垛车和低位拣选车,巧妙迎合了其空间狭窄、作业量大的需求;此外,为生鲜冷库行业公司提供冷库前移式叉车、冷库搬运车等产品;为石油化工等危险行业提供防爆式叉车和牵引车,始终在致力于为各行各业提供具有成本效益的一站式智能仓储物流解决方案。

### 8.3.3　公司经营模式

(1)生产模式

如意股份遵循着"出好产品,做好市场,仰不愧天,俯不怍人"的理念,追求高效率、低成本的大规模定制生产模式,配备了激光切割机,等离子切割机,加工中心,自动喷涂流水线,装配流水线,自动焊接流水线等800多台高精尖设备,确保了产品的工艺,并为高品质产品奠定了坚实基础,如意在生产研发上锐意创新,在2013年研发出机器人焊接自动化生产技术,较早实现了"机器换人",不仅推动了企业自身发展,同时也推动了整个行业的技术进步,使"如意"开发出世界领先技术的工业搬运车辆,抢占搬运车辆制高点,延展产业链。

(2)销售模式

如意多年来一直重视在营销上的布局,注重品牌打造和销售体系维护。展会等体验营销是创造品牌价值的方式,大到广交会、美国芝加哥国际物流展、德国汉诺威工业展,小到国内各个城市的工博会,都能看到西林品牌的身影,在销售体系上如意采用线上线下分工合作,实现全网络覆盖。

在全民电商时代,2016年杭州跨境电商线下"综合园区"完成布局之后,如意主动授权杭州西林搬运车有限公司完成对杭州跨境电商空港园区第一批全电动物流专用车的交付工作,正式加盟跨境电商,携手 4S 经销商完成"O2O"模式的无缝衔接,大力部署"西林＋互联网"的仓储物联网项目。如意也广泛运用直播电商营销的方式,在 2020 年如意首次尝试 B 端跨境直播,完成阿里巴巴平台双金布局,达成五星商家星等级和 SKA 商家,进行营销大升级并制定了新的营销策略,最终使得询盘激增 300％。在品牌建设上,如意放弃传统的 OEM 方式,持续吸引全球买家流量,深耕"品牌出海",将"西林"品牌卖向全世界。

另外,如意也积极开展内容营销,在抖音、小红书、快手等 APP 上均有西林叉车的评价,用优质的客户评价、前沿的技术以及有保障的售后服务创造良好的口碑。如今,如意建立起了一张覆盖全国乃至全球的销售体系和售后服务网络,将全国分成七个大区,在上海、北京、广州等全国主要城市和地区设有直属分公司和 200 多个经销服务网点,分别在美国、韩国、德国设立美国西林物流有限公司、韩国西林仓储设备有限公司,德国西林仓储有限公司,国外经销商已达 200 多家。西林商标已在全球 68 个国家和地区注册,产品畅销全球 152 个国家和地区。从中国制造到中国创造,一台台凝聚着如意人智慧和灵感的精品,在中国在世界展现了自身的力量和价值。

为满足市场细分化的需求,如意以超前的思维和发展的眼光,在产品环保,安全,智能化等方面取得了突破,推动企业实现了多品种,多功能,全系列化发展,提升了产品市场竞争力,坚持合作共赢,至真至诚,万商云集,四海畅通的经营理念。如意始终以"聚焦代理制,共赢谋发展"为方针,加大市场投入和渠道建设,国内打造数百家品牌专营店,帮助代理商做强做大,培养一批集品牌、文化、服务、规模为一体的高素质经销商,将多家专营店转型升级为"体验店"来满足多元化的客户需求。围绕"六大产品系列",坚持"代理制"的工作要求,加快发展,提质增效,务实重行,创造业务稳进、管理质效双收,使公司和代理商形成共同发展的良好局面。

### 8.3.4　历年重要事件与荣誉

近 30 年来,如意始终坚持科技创新,管理创新,文化创新的三新理念,致力于研发制造工业搬运车辆。公司"西林"商标陆续被评为"中国驰名商标""浙江省著名商标""浙江省知名商号";多项"西林"牌产品被列为国家火炬计划项目,荣获省市科技进步奖,被评为"中国名牌产品""浙江省名牌产品""浙江省出口名牌产品""全国出口免验产品"。公司获得全国首批"守合同重信用"AAA企业、"国家火炬计划高新技术企业""中国质量诚信企业""浙江省诚信守法创建先进企业""浙江省首批绿色企业""浙江省百强企业""全国机电产品出口先进企业"等称号。公司成立以来,技术、产品、品牌等方面历年重要事件和主要荣誉详见表8-3。

表8-3　如意股份历年重要事件及主要荣誉

| 年份 | 重要事件及主要荣誉 |
| --- | --- |
| 1991年 | "西林"商标获准注册。 |
| 2000年 | "西林"牌手动液压搬运车被认定为"浙江省名牌产品";"西林"商标获准马德里注册,在美国、德国法国、西班牙等近40多个成员国申请注册商标;手动液压搬运车年产10多万台,成为国际搬运车行业三大制造商之一。专业生产西林牌手动液压搬运车、平台车、堆高车、拉紧器、风动工具5大系列产品,产品全部出口,其中搬运车年产量居国际同行第三位。 |
| 2001年 | "西林"商标陆续被评为中国驰名商标;公司被农业农村部、对外贸易经济合作部评为"全国出口创汇先进乡镇企业"。 |
| 2002年 | 搬运车出口量突破15万台,超过日本和瑞典企业。 |
| 2003年 | "西林"牌商标被认定为"浙江省著名商标";国家工商行政管理总局授予公司"全国守合同重信用企业";被评为首批"浙江省绿色企业"。 |
| 2004年 | BF型手动液压搬运车被列入国家级火炬计划项目;浙江省科学技术厅授予宁波如意股份有限公司"浙江省高新技术企业"的称号。 |
| 2005年 | 公司被认定为国家火炬计划重点高新技术企业。 |
| 2006年 | "西林"牌液压搬运车被认定为"国家免检产品";"西林"品牌被中国机电产品进出口商会认定为推荐出口品牌;BF型手动液压搬运车被评为浙江省科技进步三等奖、宁波市科技进步二等奖、宁海县科学技术进步一等奖。 |
| 2007年 | "西林"牌液压搬运车被"中国名牌"产品称号;公司荣获出口商品一类管理企业;公司在宁海主持全国机械行业标准《平衡重式叉车整机试验方法》的审查会和《工业车辆标准体系》标准制定会。 |

| 年份 | 重要事件及主要荣誉 |
|------|------|
| 2008 年 | 公司被认定为全国高新技术企业。 |
| 2009 年 | "西林"品牌被浙江省对外贸易经济合作局授予"浙江省出口名牌"称号;公司荣膺宁波出入境检验检疫"诚信百佳"企业。 |
| 2010 年 | 公司获全国检验检疫协会颁发的首批"质量诚信会员企业"称号;获 2009 年度宁海县工业综合实力 20 强企业、宁海县特色行业龙头企业、宁海县进出口 10 强企业;"如意"商号被认定为"浙江省知名商号"。 |
| 2011 年 | 公司被宁波市工商局、市税务局、市劳动局、市环保局、人民银行宁波市支行联合认定为"宁波市信用管理示范企业"。全县仅 5 家企业获此荣誉;被宁波市企业文化研究会评为市第一批"企业文化示范基地"。宁波市仅有 10 家企业获此荣誉;公司被评为浙江省创建劳动关系先进企业;公司举行与浙江大学现代制造工程研究所合作机器人焊接自动化生产签约仪式。 |
| 2012 年 | 公司的高效节能防爆环保型工业搬运车辆的研发及产业化项目,获得浙江省机械工业科学技术三等奖;公司"西林"品牌在"2012 宁波品牌百强"评榜活动中被评为"2012 宁波品牌百强"。 |
| 2013 年 | 公司荣获"2012 年度浙江省优秀民营企业"荣誉称号;公司通过"浙江省首批诚信守法企业"考核;公司《高效托盘堆垛车关键技术的研发及产业化》项目获 2012 年度浙江省机械工业科学技术二等奖;公司机器人焊接装备研发团队获市"技术创新"团队称号;公司的《托盘搬运车核心技术研发及产业化》项目,获得浙江省机械工业科学技术三等奖。 |
| 2014 年 | 公司获得 2014 年度物联采购联合会科学技术进步奖一等奖、2013 年度市级重点工业新产品二等奖、2004—2013 年度市级平安创建示范企业、2013 年度"安康杯"竞赛优胜单位四项荣誉;公司的"全电动托盘堆垛车(踏板式 CDDK)"项目荣获第 10 届宁波市发明创新大赛设计创新特等奖。 |
| 2015 年 | 被评为浙江省优秀省级企业技术中心;科研项目获浙江省机械工业科技进步三等奖;公司"智能化高位拣选设备关键技术"产品成功入选《中国绿色仓储与配送设备与技术推荐目录》(第一批);推出新产品 CBD25Z-Ⅲ坐驾式电动托盘搬运车和 CBD20L 型全电动托盘搬运车;CDDK 全电动堆垛车获中国专利优秀奖获;宁波市最高科技奖项。 |

**续表**

| 年份 | 重要事件及主要荣誉 |
| --- | --- |
| 2016 年 | 公司获评全国首批"中国出口质量安全示范企业";再次获评国家安全生产标准化二级企业;获评宁波竞争力百强企业(排名第 11 位)、宁波市制造业百强企业(排名第 84 位);获评 2016 年度推荐出口品牌;获评宁海县人民政府"2015 年度工业综合实力五十强企业""2015 年度宁海县进出口五强企业""2015 年度宁海县工业纳税十强企业";公司"高位拣选设备关键技术研发及产业化项目"获浙江省科学技术二等奖;西林步行式电动堆高车 CDD10R—E 斩获德国 IF 设计大奖;"OPS 高位拣选车"被认定为 2016 年度"浙江制造精品"。 |
| 2017 年 | BF 型系列手动托盘搬运车、CBD 型系列电动托盘搬运车、CDD 型系列蓄电池托盘堆垛车、FB 型系列电动叉车、CQD 型系列前移式叉车、CPD 型系列平衡重式叉车、CPDEx 型系列蓄电池防爆叉车、QDD/QSD 型系列牵引车,列入市自主创新产品和优质产品推荐目录;公司推出新品西林迷你 OPSM 迷你拣选车。 |
| 2018 年 | 公司评为宁波市制造业单项冠军示范企业;如意企业研究院被评为浙江省级企业研究院。 |
| 2019 年 | 公司获评全国模范劳动关系和谐企业;西林叉车获评 2019 用户满意的物流技术与装备供应商;被评为 2018 年度宁海县工业综合实力 50 强企业。 |
| 2021 年 | 如意 CSDQ 型 1.6t 自主导航全向移动智能叉车成功入选"浙江制造精品"。 |
| 2022 年 | 公司获评"国家企业技术中心"。 |

## 8.4　案例主体分析

从昔日的无厂房、无设备、无厂房的"三无企业",到如今的无借款、无欠款、无积压品的"新三无"企业,如意公司、西林品牌在第一代掌门人储吉旺的手中相继"呱呱坠地",最初以生产手动液压搬运车等产品在行业内崭露头角,之后研发了电动系列叉车,数年后响应政府号召转型升级开发自动化生产技术和智能化产品。如今,如意已经走上了工业 4.0 的道路上,利用物联网、大数据、云计算积极打造智慧设备、智慧工人和智慧工厂,加快数字化转型,打造灵活、个性化、数字化的产品、服务和生产模式。如意三十多年来搬运世界的发展历程,可以分成三个阶段分析。

## 8.4.1　新创布局:转型主打手动搬运产品(1985—2003 年)

如意的前身可以追溯到 1987 年的宁海县塑料九厂,如意的第一代掌门人储吉旺初涉商海,进入当时的热门行业——塑料业。后来又生产金库门,但由于激烈的竞争和不断上涨的原材料,最终塑料九厂濒临倒闭。1987年,通过浙江省机械设备进出口公司一个业务员的介绍,储吉旺决定转型生产当时风靡国外的拉紧器,并在当年成立了“宁海县机械设备配件厂”,从生产塑料产品转产机电产品。在当年 5 月成功开发出第一款机电出口产品——拉紧器,并在后来赚到了转型以来的第一桶金。1988 年又成功开发了手动液压搬运车并开始小批量生产。10 月,“宁波如意机械有限公司”正式成立,主要生产手动液压搬运车、拉紧器等产品。1991 年,“西林”商标注册成功,西林牌手动液压搬运车、拉紧器、撬棍、大力钳问世。

由于产品主要以出口为主,产品质量认证是客户非常看重的,1991 年,经过一段时间的拼搏,液压搬运车通过德国 TUV 检测,获得 G.S 质量安全证书,1995 年又通过 ISO 9000 质量体系认证,在国外客户心中留下了求质的企业印象。1996 年经过改制成立股份制公司——宁波如意股份有限公司成立,质量研发上,通过 ISO 9001:2000 质量、ISO 14001:1996 环境、GB/T 28001 职业健康安全三项体系认证。之后,公司明确提出并采用“三高三优”策略,即高科技产品、高品位设备、高层次人才和优异的产品质量、优惠的价格、优良的服务。大力推进技术改造,从海外引进喷塑流水线、加工中心、电焊机械操作手、等离子切割机等现代化设备,并向日本同行公司引入“5S”现代管理规则,消化吸收国外先进的生产手动液压搬运车的技术和管理制度。2002 年,西林搬运车出口量已经超过日本和瑞士企业,位居国际同行第三位。

### 8.4.2 创新发展：打造电动工业车"航母"（2004—2013 年）

进入 21 世纪之后，中国物流搬运行业近几年发展飞速，中国生产的手动液压搬运车占世界产量的 60%，但是行业领域的竞争也更加激烈，呈现出低价竞争趋势，2004 年，欧盟对包括如意在内的几乎所有出口欧洲的物流搬运行业企业发起反倾销，如意败诉，失去占其出口 30% 的欧盟市场。在这样的形势下，储吉旺痛定思痛，决定避开同质化竞争，致力于研发高质优价的新产品。

永恒力股份公司是物料搬运设备、仓储及物流技术领域最大的供应商之一，世界著名企业，经过五十年的发展已成为物流设备领域的国际顶级品牌。2003 年如意接受 OEM 的方式为永恒力公司生产产品，但这一贴牌生产的方式并不能帮助西林品牌走向海外，于是在 2004 年 4 月双方达成共识，合资成立"中德合资宁波如意股份有限公司"，德方占 25% 股份，永恒力向如意进行技术转让，这一合作使如意引进了德国先进的技术、设备和管理经验，如意生产的西林产品也正式进入永恒力公司的全球采购网络，并获得其销售网络将西林品牌推向世界。到 2009 年年底，如意在产品上完成了 5 个突破和升级：实现了手动车向电动车的突破、搬运车向堆高车的突破、轻小型产品向大吨位叉车的突破、低附加值产品向高附加值产品的突破、高能耗产品向低能耗产品的突破。在痛失欧盟市场的形势下，如意实施跨国式经营战略，形成了国产化且带有国际性质的产品，提高了产品的竞争优势，走出了市场低价竞争的沼泽地。

早期公司定位主要面向国际市场，产品以出口为主，如意产品在国内市场的份额相对并不大。2005 年，如意在出口的同时开始瞄准国内市场并成立了内销部，全力开发内销市场，并在第二年创造了 5000 万元的销售额，国内市场份额显著提高。世界金融危机让国内机械行业出口型企业进入了一度面临订单为零的寒冬，如意也未能幸免，再加上当时中国叉车行业还处在信息化劳动密集型水平，没有掌握世界顶级的核心技术，产品还达不到创新型高科技含量水平，这使得原本不具备国际竞争力的民族叉车企业雪上加霜。产品滞销，工人失业成为行业内普遍现象，转型升级愈发刻不容缓。如意在这次危机中察觉到了商机，以市场和研发为抓手，一方面，严格按照 ISO 9000 质量认证体系，ISO 14000 环境管理体系的标准控制产品质量，以优质的产品质量和服务最大程度的吸引客户，并利用产品使用的优惠开拓南美、中东的新市场，利用线上产品展示平台节省了沟通成本。另一方面，趁机搞培训、抓攻关、搞创新，最终在 2009 年 6 月订单回升、恢复生产。

### 8.4.3　后发颠覆：积极部署智能化制造(2013 年—至今)

走出金融危机寒冬之后，如意顺应市政府提出的"四换政策"，并发展成为"六换"——"空间换地、机器换人、腾笼换鸟、电商换市、信心换危、清洁换尘"，以智能化发展为方向，加快转型升级。空间换地方面，如意 2013 年开始，逐步改造厂房，改一楼为二楼，提高土地利用率；机器换人方面，2011年，与浙江大学现代制造工程研究所合作机器人焊接自动化生产技术并在两年后成功研发机器人焊接装备，实现了大规模自动化无人化生产。电商换市方面，授权杭州西林搬运车有限公司完成对杭州跨境电商空港园区第一批全电动物流专用车的交付工作，正式加盟跨境电商，携手 4S 经销商完成"O2O"模式的无缝衔接，大力部署"西林＋互联网"的仓储物联网项目。同时，如意升级了经销模式并向全国推广，在"智能仓储""车联网系统""电商与互联网""租赁与融资租赁""投融资与资本运作""后市场"六个主题对经销商进行培训，打造一批高素质的核心经销商群。随着大数据、人工智能，物联网等技术广泛地被国家和社会重视，2015 年，如意部署智能化制造战略，致力于完成生产过程和产品的智能化无人化，打造一批智慧工人，建设智慧工厂。在这一阶段，如意研发出了托盘搬运车核心技术、智能化高位拣选设备关键技术以及永磁同步电机的驱动控制技术，在技术上实现了突破。同时，磁导引 AGV 电动牵引车、锂电池系列拣选车相继问世，产品性能朝着智能化方向迈进一个新的台阶。

2018 年，如意新老掌门人顺利完成交接传承，新总经理上任，管理层发生巨变。国际环境上，美国对中国发动贸易战，对中国数千亿美元的商品加征 25％关税，其中就包括工业运输车、工业机器人、新能源汽车在内的数百种产品。国产物料搬运车出口受阻，同时，钢铁等原材料价格不断上涨，环境成本增加,如意又迎来了一次挑战。在这样的形势下,如意通过高投入、强管理,全面提升如意的产品力、渠道力和品牌力。引进 SAP、ERP 等世界顶级企业管理软件,全面提升了固定资产、库存订单管理、客户信息管理和财务管理效率,实现精细化管理。坚持产品聚焦的战略,探索客户需求,根据使用环境积极开发多类型搬运车,重点聚焦 AGV 无人驾驶系列、N 系列、锂电系列等高附加值产品,积极开展副业,重视配件销售业务和后市场的服务,基本形成亚洲、美洲、欧洲三大标准产品。此外,如意坚持"聚焦代理制,共谋新发展"的发展思路,加大渠道建设,扶持代理商做大做强。成立国内营销公司,下辖销售部、市场部、售后服务部和配件部四部门,打造"小区域销售工作服务圈"。疫情发生之后,各国线下展销陆续停止,如意主动尝试 B 端跨境直播,完成阿里巴巴平台双金布局,线上询盘数激增,品牌顺利完成"出海"。新能源行业具有广阔的发展前景,随着环境成本的提高,如意在 2019 年就和珈伟新能实现战略合作,以此改善自身物流仓储搬运设备新能源的整体方案,并加快新能源产品的开发进程。2022 年,如意再次斩获宁波市高价值发明专利金奖,并获评国家企业技术中心,以技术促进高质量创新,培育高价值产品,公司沿着既定战略,稳步向"绿色仓储、智慧物流"方向迈进。

## 8.5 案例分析

### 8.5.1 企业家政治能力视角下后发企业颠覆性创新机理分析

(1)企业家政治能力促进颠覆性创新

企业家政治能力是一系列行为的组合,主要表现为:高层领导具有政治战略思维能力,顾全大局,能够运用政治思维观念来看待、分析与解决企业问题,确保企业发展方向符合国家政策导向。颠覆性创新是新产品或新技术进入市场,新行业市场供求平衡的再调节过程。受外部动态环境影响,企业家政治能力直接影响企业政策把握、机会获取、资源利用、市场拓展及组织管理等方面,进而影响企业颠覆性创新。企业无法掌握自身发展所需的全部资源,促使企业采取政治行为来获取资源以实现企业目标。企业家作为影响企业决策和行为的主体,会推进企业采取政治行为来影响所处环境及其中关键的利益相关者,以维护自身利益与实现企业目标,而这种政治行为必然会受到企业家能力特征等的影响。在政治战略思维的指导下,一是企业高层领导能够通过有效适应和影响政治环境、塑造良好的社会形象与发展关系网络等与政府等利益相关者建立良好关系,获取以政府为主体的利益相关者的支持,从而有助于企业获取银行贷款与政府补贴、进入垄断或高利润行业等,进而促进企业市场拓展、社会形象;二是企业家对政治环境具有较高敏锐性、适应与影响能力,能够为自身发展塑造良好的外部环境,减少具有威胁或负面影响的政策,进而提高企业创新绩效;三是能够通过组织建设,为运用政治策略与实现企业目标提供内部思想保障、人才保障、组织保障与制度保障。

(2)组织合法性有助于颠覆性创新

合法性来源于利益相关者、政府及公众对组织信念的认同,也是组织结构存在的重要基础。新事物和新的经济活动通常会面临突出的合法性问题,这是因为关键资源的提供者和社会公众对新产品、新技术和新事物的理解、认可和接受要经历一个较长的过程。企业通过新产品、新市场方式开展颠覆性创新,通常不具有被利益相关者信任的经营历史,并且缺乏有效的沟通途径。在信息不完全、环境不确定的情况下,人们往往将新创企业与既有制度环境(如规范、文化和惯例等)的匹配度作为判断新创企业的可信度和可靠度的标准。创新的制度嵌入特征导致几乎所有的新创企业都面临如何被利益相关者认可的合法性问题。

基于制度视角的创新创业研究认为,合法性约束不仅是导致新颖性缺陷和新创企业死亡率高的主要因素,也是造成新创企业创新、创意和技术优势的市场化最终失败的非技术性和非效率性因素。创新性在激发市场机会出现的同时也成为合法性问题产生的内在根源,获得合法性有助于使企业更容易地获取资源、缓解资金压力、克服信誉缺陷,从而有效提高新创企业的存活率和成长性。因此,为了更好地开展创新创业活动、获得成长机会,新创企业必须通过额外的努力、付出额外的代价为创新性和创新活动构建、获取并维护所需的合法性。

（3）企业家政治能力有助于提升组织合法性

部分学者研究提出，制度在组织场域内建立后，就为组织合法性评价提供了标准，从而对组织的行为选择产生约束限制作用。组织需要满足所处环境的合法性要求，才能获取发展所需的关键资源与持续支持，以实现企业目标。而组织要获取外部关键利益相关者较高的合法性评价，就需要采取表面或实质的行动来满足制度要求；同时，合法性可以被看作一种可操控的竞争性资源。企业管理者可以通过操控资源或满足利益相关者需求，获取利益相关者认可来获得合法性，以得到发展所需资源，实现企业目标。

根据已有研究，企业高层领导具备较高的政治能力，有助于企业构建、维护良好的政商关系，得到政府等利益相关者的信任、支持。在中国转型经济背景与"关系"主导型社会结构下，良好的政商关系有助于企业占据核心网络位置，提升企业在其社会网络中的重要性；同时，企业社会网络的构建在不少情况下都会受到地理、阶层、行业、制度等的限制和影响，而企业的良好政商关系则能够帮助企业突破和跨越这些限制和阻隔，进而增强企业的网络中心性。鉴于此，本研究认为，企业家政治能力有助于企业获取政府等关键利益相关者的认可和支持。

### 8.5.2 如意股份"企业家政治能力—组织合法性—颠覆性创新"战略分析

（1）创新布局阶段：洞察市场机会，加强利益相关者合作，转型新产品

创新布局是后发企业通过市场机会识别进行低端市场选择，围绕产品创新开展的成熟技术识别、合作企业选择以及相关配套环节筹备阶段。该阶段，后发企业进行机会识别，在主流企业技术溢出和高端市场封锁外的低端市场开展业务，以获得低端用户的支持并且避开主流企业的攻击。后发企业利用成熟技术进行组合和创新，以快速获取低成本技术跃迁，完成产品创新。同时，后发企业为保障新的产业价值链顺利搭建，选择并争取产品上下游企业的信任以利开展全面合作。

20世纪80年代的宁海，是全国著名的塑料配件加工基地，如果算上模具厂、五金厂，全县有上百家塑料企业，竞争异常惨烈。1985年全国兴起的

"塑料热",让国内大批乡镇企业从事塑料加工,出现了产品价格和原料价格倒挂的怪现状。就在这一年,第一代掌门人储吉旺放弃铁饭碗的工作,创立了宁海塑料九厂,但无奈生产的产品打不开市场,不到一年,便山穷水尽,职工纷纷自谋生路,还欠下 10 多万元债务。天无绝人之路,1986 年,储吉旺决定转行机械,开发外贸产品,赴杭州的浙江省机械设备进出口有限公司争取外贸业务,最后以 30 元略高于成本价的竞价拿下美国钢链公司 46000 套价值 15 万元的拉紧器业务。1987 年 11 月,"宁海县机械设备配件厂"成立,企业正式开始转产机电产品;在塑料加工行业拥挤的条件下,储吉旺果断转型,符合颠覆式创新中与已有业态不同的特征,进军非主流的低端利基市场——拉紧器,并在技术上实现创新,完成了从产生愿景到行动颠覆的过程,虽然这时还未实现技术创新,但已经符合颠覆式创新的部分特征,属于颠覆式创新的起步阶段。基于企业发展实践,提炼梳理该阶段如意股份企业家政治能力、组织合法性及颠覆性创新构念和资料引据详见表 8-4。

表 8-4　核心构念提炼与资料引据

| 构念 | 维度 | 引据 |
| --- | --- | --- |
| 企业家政治能力 | 政治战略思维能力 | 以产业链为导向的国际视野;顾全大局;具有长远眼光;与国家战略保持一致。 |
| | 政策环境掌控能力 | 顺应国家政策趋势,放弃铁饭碗,主动创业;遵守政策法规,正直诚信,坚守道德。 |
| | 关系网络发展能力 | 互利共赢赴杭州浙江省机械设备进出口有限公司争取外贸业务;与宁兴开发有限公司合资成立宁波如意机械有限公司。 |
| | 社会形象管理能力 | 成功开发机电出口产品和液压搬运车;与宁兴合资;液压搬运车通过德国 TUV 检测;行业内首家通过 ISO9000 质量体系认证。 |
| | 组织建设能力 | 实施扩大 SYBC 液压搬运车生产项目;购买倒闭的原二轻系统企业——宁海县燃气设备总厂,扩大液压搬运车生产线。 |
| 组织合法性 | 实务合法道德合法认知合法 | "西林"商标获准注册;液压搬运车通过德国 TUV 检测;行业内首家通过 ISO9000 质量体系认证;获批浙江省第四批重点骨干乡镇企业、"五个一批"重点骨干企业。 |
| 颠覆创新 | 产品创新市场创新 | 进军非主流的低端利基市场—拉紧器,同时转型生产液压搬运机,实现技术创新。 |

（2）创新发展阶段：响应国家政策，拓展外部合作，加强自主技术创新

创新发展是后发企业经过技术积累和持续创新推出多元产品扩大市场份额与主流企业展开竞争的阶段。一方面，后发企业可在低端市场销售高性价比产品以获得价格敏感用户支持，通过持续性创新对产品进行升级改造，利用多元产品扩大市场份额，占领低端市场；另一方面，后发企业可利用低端市场优势不断侵蚀主流市场，利用忠实客户的传播吸引主流用户的关注，与主流企业进行竞争。

2000 年以来，如意年产手动液压搬运车 10 多万台，成为国际搬运车行业三大制造商之一。同时也重视技术创新，大力推进技术和生产改造，从海外引进喷塑流水线、加工中心、电焊机械操作手、等离子切割机等现代化设备。在美国、德国法国、西班牙等近 40 多个成员国申请注册商标，提供品牌知名度。专业生产西林牌手动液压搬运车、平台车、堆高车、拉紧器、风动工具 5 大系列产品，产品全部出口，其中搬运车年产量居国际同行第三位。2002 年，如意搬运车出口量超过 15 万辆，超过日本和瑞典企业，成为"世界搬运车之王"。随着国内许多企业转型制造搬运车，国际市场对中国的搬运车发起的反倾销加快了如意进行技术创新，提高产品技术含量的步伐。如意公司相继研发电动叉车、电动堆高车等高科技物流产品。同期，如意创新管理模式，从日本公司引入"5S"现代管理规则，后来发展成为 7S 管理准则，在企业内部培育具有如意人一套独特的价值观，构建了严谨细致的企业文化，同时非常重视安全问题，构建了一套完整的安全措施并经常演练，在努力承担社会责任的同时推动企业不断发展。基于企业发展实践，提炼梳理该阶段如意股份企业家政治能力、组织合法性及颠覆性创新构念和资料引据详见表 8-5。

（3）后发颠覆阶段：把握消费趋势，突破前沿技术，提升产品质量

颠覆追赶阶段是后发企业破坏市场结构，引领行业技术创新方向，对主流企业发起正面攻击甚至将其颠覆阶段。此时，后发企业可依托其竞争优势主动出击与主流企业对抗以改变其市场份额和技术优势，同时构筑市场或技术壁垒以改变并引领行业技术发展方向。随着第二代如意掌门人储江接手如意事务以来，如意进入"第三次创业阶段"，产品创新也开始进军仓储的高端车辆和无人化智能车辆。这时候宁波市政府提出四个"换"（即：空间

**表 8-5　核心构念提炼与资料引据**

| 构念 | 维度 | 引据 |
|---|---|---|
| 企业家政治能力 | 政治战略思维能力 | 与德国永恒力合资成立中德合资宁波如意股份有限公司;欧盟反倾销应诉,研发电动叉车、电动堆高车等高科技物流产品。 |
| | 政策环境掌控能力 | 成立了内销部,全力开发内销市场;研发电动叉车、电动堆高车等高科技物流产品;董事长随国家领导人出访。 |
| | 关系网络发展能力 | 公司董事长储吉旺随国家领导人出访;与德国永恒力合资成立宁波如意股份有限公司。 |
| | 社会形象管理能力 | 董事长储吉旺被民政部授予"中华慈善奖"荣誉、中国工业车辆协会"终身贡献奖"、评为宁波市改革开放三十年风云甬商。 |
| | 组织建设能力 | 向日本同行公司引入"5S"现代管理规则;购买倒闭的原二轻系统企业——宁海县燃气设备总厂,扩大液压搬运车生产线。 |
| 组织合法性 | 实务合法道德合法认知合法 | 公司荣获出口商品一类管理企业、全国诚信守法乡镇企业、国家火炬计划重点高新技术企业、浙江省高新技术企业;西林商标被认定为中国驰名商标;西林牌液压搬运车被认定为国家免检产品;西林牌液压搬运车获中国名牌产品称号。 |
| 颠覆创新 | 产品创新市场创新 | 超过日本和瑞典企业,成为"世界搬运车之王";产品完成 5 个突破:手动车向电动车的突破、搬运车向堆高车的突破、轻小型产品向大吨位叉车的突破、低附加值产品向高附加值产品的突破、高能耗产品向低能耗产品的突破。 |

换地、机器换人、腾笼换鸟、电商换市)。随着外贸占比达公司营收结构越来越高,公司持续加大跨境电商投入,也在瞄准线上化趋势。2019 年底,公司进一步拓展全球增量市场,发力 B 端直播,增加了客户的黏性,使销量大幅提升。2020 年,如意生研发了一款"高位三向堆垛拣选叉车",中控仪表盘将开关、GPS 定位、叉车操控等功能集成在一起,比起普通叉车显得更加智能,获得广大客户青睐。此外,如意还提供延伸服务,在饱和的市场中创造出市场。推出了"产品试用",客户可以免费试用一个月有兴趣购买的叉车,如果对性能和质量不放心,可以再退回厂方。改变过去机械工程师单干的

形式,大量引进电气工程师,形成技术研发综合团队,实行精细化管理,发挥每一位成员的优势技能。投资700万元改造排污排烟系统,让生产过程中没有污水、废气和噪声污染,把公司打造成"花园工厂"。随着技术成熟,边际成本不断降低,产品性价比提升,产品和服务被主流市场广泛接受,现阶段的如意已经完成了从技术到产品和服务再到整个商业模式的全面颠覆创新。基于企业发展实践,提炼梳理该阶段如意股份企业家政治能力、组织合法性及颠覆性创新构念和资料引据详见表8-6。

表8-6 核心构念提炼与资料引据

| 构念 | 维度 | 引据 |
|---|---|---|
| 企业家政治能力 | 政治战略思维能力 | "中国西林"加盟跨境电商,助推"一带一路";公司利税创历史最高水平;提出"实施科学创新战略,建树百年西林品牌"。 |
| | 政策环境掌控能力 | 建设自动化生产线,扩大锂电车、电动搬运车、电动堆高车的生产规模;加强产学研合作;专注研发生产新产品。 |
| | 关系网络发展能力 | 与珈伟新能战略合作隆重签约;与浙江大学现代制造工程研究所合作机器人焊接自动化生产;维护海外市场与客户。 |
| | 社会形象管理能力 | 董事长储吉旺被民政部授予"中华慈善奖"荣誉、中国工业车辆协会"终身贡献奖"、评为宁波市改革开放三十年风云甬商。 |
| | 组织建设能力 | 不断重视加强企业文化建设;企业党建工作稳步开展;员工培训、提升及生活管理;组织企业内部技能竞赛等。 |
| 组织合法性 | 实务合法道德合法认知合法 | 积极参加各类展会;起草的两项国家标准;积极参与公益、慈善、教育助学等活动;两代领导人获得各级各类荣誉奖项;获评全国模范劳动关系和谐企业、获评"国家企业技术中心"及省市各级各类荣誉称号;西林产品上榜"浙江制造精品"。 |
| 颠覆创新 | 产品创新市场创新 | 超过日本和瑞典企业,成为"世界搬运车之王";产品完成5个突破:手动车向电动车的突破、搬运车向堆高车的突破、轻小型产品向大吨位叉车的突破、低附加值产品向高附加值产品的突破、高能耗产品向低能耗产品的突破。 |

### 8.5.3　颠覆性创新绩效分析

(1)技术创新颠覆

多年来,如意始终坚持科技创新,管理创新,文化创新的三新理念,致力于研发制造工业搬运车辆。300 余名专业工程技术人员,90 名中高级工程师组成的企业科研团队,为如意的技术创新提供了强大的支撑。在消化吸收国内外物流先进理念和制造技术的基础上,如意的科研团队全力开展各种产品的改型设计和技术攻关,60 余项国家专利技术,彰显了如意的科研实力。公司积极增进与浙江大学等研究团队、国内外合作企业以及终端产品制造商的战略合作开发,在叉车领域有着先进且成熟的技术储备,持续深化自身技术领先优势,公司已授权专利数量快速增长。与国内同类企业有效专利数量比较来看,安徽合力股份有限公司具有发明专利 195 个,实用新型专利 1864 个,外观设计专利 821 个,合计 2880 个,位列行业第一。杭叉集团股份有限公司具有发明专利 85 个,实用新型专利 507 个,外观设计专利 58 个,合计 650 个,位列第二。林德(中国)叉车有限公司具有发明专利 51 个,实用新型专利 328 个,外观设计专利 58 个,合计 437 个,位列第三,宁波如意股份有限公司具有发明专利 51 个,实用新型专利 232 个,外观设计专利 46 个,合计 329 个。位列第四。从以上数据可以看出,如意在专利领域的攻城略地走在全国,甚至世界的前列,虽然还无法望第一之项背,但从与之成立时间差不多的企业来看,有效专利数量也算名列前茅。公司近年部分发明专利情况详见表 8-7。

表 8-7　如意公司近年发明专利

| 专利公开号 | 发明专利名称 |
| --- | --- |
| CN104108668A | 一种叉车门架倾斜控制装置及叉车防倾控制方法 |
| CN105607615A | 一种故障诊断系统 |
| CN203362664U | 一种同步油缸 |
| CN205978177U | 一种制动器 |
| CN106991240A | 基于故障树的仓储搬运设备故障诊断方法 |

**续表**

| 专利公开号 | 发明专利名称 |
|---|---|
| CN203938433U | 一种可调节的万能扶手 |
| CN109665464A | 一种移动式叉车自动跟踪的方法及系统 |
| CN207497990U | 一种用于叉车的双重安全防护装备 |

（2）产品渗透主流市场

纵观如意的产品线发展历史，如意不断对叉车的功能进行再细分，对原有市场实现稳固的同时通过细分赛道的推进与开拓不断完成新市场的占据。如意在头个十年中，在产品生产上比较单一，主要立足于利基市场产品的研发销售。随着经济发展，各行各业对叉车的使用环境和方法日益多元化，如意逐渐从低端市场向主流市场渗透，对产品使用环境进行大划分，如冷链仓储系列、窄巷道仓储系列，防爆系列等等。此外，在如今各行各业强调物联网与人工智能的情况下，如意同样积极开辟智能无人搬运车等新兴赛道，将传统产品与时代路线实现有机结合，以长远的目光注重未来叉车市场的发展战略。案例研究发现，如意产品通过低端市场颠覆逐渐实现对主流市场的颠覆，通过产品线生产标准的提高出品远超于业界水准的工业运输车，通过对科研的持续投入来实现学习效应，使自身生产成本逐渐递减。在占领低端市场后向积极成熟市场开拓，坚持产品聚焦战略与不断优化升级的新产品品质战略以适应不断变化的市场风格，始终以顾客价值为导向，以可靠性和价格优势吸引新用户，以此不断提高其在主流市场的占有率。

（3）占据市场中心位置

如意市场的市场创新情况主要依托于两种路径，第一种立足于成熟企业漠视的低端市场，注重边缘市场的消费需求，构建低端价值网络，依靠成本和质量优势逐渐占据低端市场，在达到一定规模后利用市场和非市场的关系网络实现技术追赶，在叉车技术基本符合主流市场消费者性能要求后，注重成本的控制以获取价格优势，逐渐向主流市场渗透。从单一式的手动液压搬运车到如今的冷链仓储系列、防爆仓储系列、从单一人力驾驶到有电磁或光学等自动导航装置 AGV 系列，如意在功能导向和适用环境上不断开辟了市场。第二种消费需求依靠地缘上的市场开拓，这里的市场创新开拓定义为一个原有的消费者需求市场而目前成熟企业尚未涉足的,新市场或许有竞争企业存在,但该市场的开拓成本低于原有市场稳固以及扩大消费者需求的成本,新市场拥有更丰富的企业成长机遇。

在国内,如意从 2005 年开始就成立内销部开发国内市场。2019 年 7 月,如意工业运输车获评"2019 年用户满意的物流技术与装备制造商"。2022 年 5 月,如意获评"国家企业技术中心",官方认证背书帮助如意在质量与产品研发上同样得以保证。如意建立自身品牌效应,在原有市场不断通过口碑以及配套完整生态服务把握具有优势的仓储叉车赛道,并逐渐向主流市场渗透,产品竞争力不断提高。据 2022 年叉车数量和销售量统计,如意国内叉车市场占有率达到 4% 左右,处于国内叉车行业的第三梯队。

在把控国内产品市场的同时,如意集团积极将目光投向全世界,在原有的销售网络建立新销售节点,通过新市场突破扩张自身品牌销路。同时为了更好发挥地区特色协同优势,突破原有的管理体系,尊重习惯异质性,设立分公司,譬如美国西林物流有限公司、韩国西林仓储有限公司等。通过给予当地子公司自主管理权,充分因地制宜能够当地区位优势,完成对海外市场的开拓。2019 年 4 月,如意通过融合国外市场的使用习惯,设计出的叉车产品在 ProMAT2019 展会上大放异彩,2020 年 5 月,如意尝试运用新兴销售方式,突破传统的销售手段,首次采取 B 端跨境电商直播销售方式,签约阿里巴巴平台,成为五星商家星等级和 SKA 商家,为西林叉车销售路线突破扩张新思维。

## 8.6　结论与启示

### 8.6.1　案例总结

本研究选择如意股份作为案例样本,基于企业家政治能力视角研究企业颠覆性创新。基于对如意案例开展系统、纵贯动态研究,我们通过分析政治战略思维能力、政策环境掌控能力、关系网络发展能力、社会形象管理能力、组织建设能力等不同维度企业家政治能力对颠覆性创新的前置影响,以及组织合法性(实务合法性、道德合法性、认知合法性)对企业颠覆性创新转型的中介影响,揭示企业家政治能力、组织合法性对公司颠覆性创新的影响机制,提出企业如何实施政治战略行动,进而总结提出企业颠覆性创新的经验启示。主要研究结论如下:①企业家政治能力(战略思维能力、政策环境掌控能力、关系网络发展能力、社会形象管理能力、组织建设能力)共同作用影响公司颠覆性创新。企业在进行颠覆性创新转型要明确开展颠覆性创新转型活动将面临的外部环境影响。本研究厘清了企业家政治能力对公司开展颠覆性创新的影响。②组织合法性提升组织效率促进颠覆性创新转型。本研究厘清了组织合法性因素对公司颠覆性创新的影响。研究表明,企业的组织合法性在企业家政治能力与企业创新之间具有中介作用,企业创新能力不能独立发挥中介作用,需与组织合法性共同在企业家政治能力与企业颠覆性创新之间发挥中介作用。

### 8.6.2　研究启示

(1)加强自主技术研发

颠覆性技术创新需要企业自身自主技术研究支持。自主研发是颠覆性技术创新乃至整个创新体系的关键源头,唯有取得更多原创理论和系统突破,才能掌握主动权,摆脱关键领域受制于人的困境,从而改变竞争格局和发展格局。其次,实现颠覆性技术创新,还需落地到实用系统。通过案例研究发现,如意股份在发展过程中,重视自主技术研发投入,从第一代产品拉紧器,到第二代产品液压搬运机,再到第三代产品电动工业车辆,如意研发掌握世界领先的工业搬运车辆等技术,抢占了搬运车辆制高点。因此,后发制造企业应耐心打磨技术,专注、坚定地"十年磨一剑",才能获得换道超车的机遇,为企业创新发展提供核心动力。同时,企业在颠覆性创新过程中,应重视机制体制、产学研用、文化生态、平台载体等要合力作用,以挖掘和培育更多优质技术和人才,为我国自主创新注入源源不竭的生命力。

(2)培养企业创新文化

作为企业,想要在激烈的竞争环境下脱颖而出,除了勤劳苦干,企业需对颠覆性技术创新进行思考和探索,才能获得弯道超车、赢得市场的机会。

此外,国家的大力支持颠覆性技术创新,也将会为企业带来巨大的市场机会和发展机会。在本案例中,如意具有长远的战略规划,顶层设计整体推进企业创新发展,发展过程中从资金、制度、人才等方面全面支持创新战略,形成了相对完整的创新文化支持。颠覆性技术是面向未来的技术,因此,后发企业应高度重视颠覆性技术的发现、培育及推广应用。培育、激励一批勇于探索、敢想敢干,有创新意识又有批评精神的新一代科技工作者。同时,在公司上下营造颠覆性技术创新的文化背景,即容忍失败、持续求变的价值观和变革创新、永思进取的社会氛围。

(3)重视高层政治能力培养

政治能力是企业高层领导必备能力,必须提高到认识上的高度。尤其是随着我国经济体制改革取得历史性的巨大进步后,我国社会结构、利益格局也发生了重大变化和调整,在对外开放不断扩大,国际交流日益密切的同时,企业越来越深受国际政治与制度环境的影响。如意案例揭示了企业高层领导政治能力的构成,并揭示了其对企业长期与短期绩效的重要作用,将企业对于如何提高自身经济效益的视线从关注市场能力转移到了关注非市场能力,深化了企业对于通过培养和塑造高层领导政治能力进而提高企业经济效益的认识。因此,后发企业与企业领导应与政府部门或官员保持良好关系对企业获取政策资源、突破制度障碍、防范政策风险等具有重要作用。在中国转型经济背景下,市场环境在很大程度上仍会受政治环境的影响,企业要提高经济效益不仅要增强自身的市场能力,还要综合培养和不断提高企业与企业领导的政治战略思维能力、社会形象管理能力、关系网络发展能力、政策环境掌控能力与组织建设能力,并结合企业面临的具体难题,有针对性的运用某个或综合运用几个方面的政治能力来帮助企业有效应对政策局势的变化。

(4)提高核心竞争力

企业家政治能力有助于社会公众以及政府等对企业高层领导的政治能力具有合理认识,并能够制定出合适的制度规范,引导、约束企业及其高层领导有效运用政治能力与实施政治行为。根据如意案例研究发现,企业家政治能力对企业经济效益的影响需要通过企业组织合法性来实现,也就是说企业高层领导必须首先实现其政治能力对于增强组织合法性和提升创新能力的促进作用,才能进而提高企业的经济效益。因此,对于企业及其高层领导而言,要提高企业的经济效益,除了发展自身的政治能力外,还要重视不断提升企业在其关系网络中的中心性,占据核心的网络位置,并增强组织合法性,促进企业得到供应商、投资商、政府等的广泛认可与支持。

# 参考文献

[1] 长青,孙宁,张强,张璐. 机会窗口、合法性阈值与互联网创业企业战略转型[J]. 管理学报,2020,17(2):177-186.

[2] 陈逢山,付龙望,洪家瑶. 创业网络演化过程如何发生——基于结构—行动互动机制的案例研究[J]. 南开管理评论,2019(2):211-224.

[3] 陈卉,斯晓夫,刘婉. 破坏性创新:理论、实践与中国情境[J]. 系统管理学报,2019,(6):1021-1028.

[4] 冯灵,余翔. 中国高铁破坏性创新路径探析[J]. 科研管理,2015,36(10):77-84.

[5] 付玉秀,张洪石. 突破性创新:概念界定与比较[J]. 数量经济技术经济研究,2004(03):73-83.

[6] 郭小超,雷婧,冯银虎,张璐. 基于知识图谱的国际突破性创新理论研究综述[J]. 科学管理研究,2020,38(01):20-26.

[7] 何小钢. 跨产业升级、战略转型与组织响应[J]. 科学学研究,2019,37(7):1238-1249.

[8] 李泓桥. 创业导向对企业突破性创新的影响研究:互补资产的调节作用[J]. 科学学与科学技术管理,2013,34(03):126-135.

[9] 李平,臧树伟. 基于破坏性创新的后发企业竞争优势构建路径分析[J]. 科学学研究,2015,33(2):295-303.

[10] 李维安,林润辉. 网络治理研究前沿与述评[J]. 南开管理评论,

2014,17(5):42-53.

[11] 李文亮,赵息.外部学习、环境不确定性与突破性创新的关系研究[J].研究与发展管理,2016,28(02):92-101,255-263.

[12] 林春培,黄海媚,吴东儒.基于作者共被引分析的破坏性创新研究学术群类与脉络探析[J].科学学与科学技术管理,2016,37(8):68-81.

[13] 林春培,张振刚,薛捷.破坏性创新的概念、类型、内在动力及事前识别[J].中国科技论坛,2012(2):35-41.

[14] 刘洋,魏江,江诗松.后发企业如何进行创新追赶?[J].管理世界,2013(3):96-108.

[15] 毛蕴诗,林彤纯,吴东旭.企业关键资源,权变因素与升级路径选择[J].经济管理,2016,38(3):45-55.

[16] 毛蕴诗,郑奇志.基于微笑曲线的企业升级路径选择模型:理论框架的构建与案例研究[J].中山大学学报(社会科学版),2012,52(3):162-174.

[17] 彭灿,奚雷,张学伟.高度动态与竞争环境下突破性创新对企业持续竞争优势的影响研究[J].科技管理研究,2018,38(24):10-17.

[18] 彭珍珍,顾颖,张洁.动态环境下联盟竞合、治理机制与创新绩效的关系研究[J].管理世界,2020,36(03):205-220,235.

[19] 秦剑.突破性创新:国外理论研究进展和实证研究综述[J].技术经济,2012,31(11):21-30.

[20] 邵云飞,詹坤,吴言波.突破性技术创新:理论综述与研究展望[J].技术经济,2017,36(04):30-37.

[21] 沈必扬,池仁勇.企业创新网络:企业技术创新研究的一个新范式[J].科研管理,2005,26(3):84-91.

[22] 斯晓夫,刘婉,巫景飞.克里斯坦森的破坏性创新理论:本源与发展[J].外国经济与管理,2020,42(10):125-138.

[23] 苏敬勤,林菁菁,张雁鸣.创业企业资源行动演化路径及机理——从拼凑到协奏[J].科学学研究,2017,35(11):1660-1673.

[24] 孙林杰等.基于创新网络的民营企业创新能力提升路径研究[J].

科学学研究，2017,35(10):1587-1593.

[25] 孙笑明,陈毅刚,王雅兰,汤小莉,冯涛.国家主导技术创新组织模式研究——技术创新选择视角[J].科技进步与对策,2020,41(12):1-10.

[26] 万赫,彭秋萍,钟熙.机构投资者异质性、CEO任期与企业突破式创新[J].科技进步与对策,2020,41(12):1-8.

[27] 王睿智,冯永春,许晖.声誉资源和关系资源对突破式创新影响关系[J].管理科学,2017,30(05):87-101.

[28] 王志玮,陈劲.企业破坏性创新概念建构、辨析与测度研究[J].科学学与科学技术管理,2012,33(12):29-36.

[29] 魏江,冯军政.国外不连续创新研究现状评介与研究框架构建[J].外国经济与管理,2010,32(06):9-16.

[30] 翁智刚,唐元懋,张平.渠道创新绩效传递及动态机制研究——基于中国上市银行2007—2013年面板数据[J].南开管理评论,2015,18(05):110-121.

[31] 吴炯,张引.中国企业家精神内涵研究:以企业家鲁冠球为例[J].管理案例研究与评述,2019,12(6):259-271.

[32] 吴佩,姚亚伟,陈继祥.后发企业颠覆性创新最新研究进展与展望[J].软科学,2016,30(9):108-111.

[33] 吴晓波,付亚男,吴东.后发企业如何从追赶到超越——基于机会窗口视角的双案例纵向对比分析[J].管理世界,2019(2):151-167.

[34] 肖文,林高榜.政府支持、研发管理与技术创新效率——基于中国工业行业的实证分析[J].管理世界,2014(04):71-80.

[35] 胥朝阳,赵晓阳,徐广.风险还是机遇:经济政策不确定性对制造业突破式创新的影响[J].科技进步与对策,2020,37(08):68-76.

[36] 许晓明,宋琳.基于在位企业视角的破坏性创新战略研究综述及应用模型构建[J].外国经济与管理,2008,30(12):1-9

[37] 徐雨森,逯垚迪,徐娜娜.快变市场环境下基于机会窗口的创新追赶研究——HTC公司案例分析[J].科学学研究,2014,32(6):

927-936.

[38] 薛红志,张玉利.突破性创新与公司创业机制研究[J].科学学与科学技术管理,2006(07):54-60.

[39] 薛红志,张玉利.主导企业适应突破性技术变革的整合研究.南开管理评论,2007(03):61-69.

[40] 尹航,张雨涵,刘佳欣.组织距离、知识流动对联盟企业突破式创新的影响[J].科研管理,2019,40(01):22-31.

[41] 应瑛,刘洋,魏江.开放式创新网络中的价值独占机制,打开"开放性"和"与狼共舞"悖论[J].管理世界,2018(2):144-160.

[42] 余菁.企业家精神的涌现:40年的中国实践历程回顾与未来展望[J].经济体制改革,2018(4):12-19.

[43] 臧树伟,胡左浩.后发企业破坏性创新时机选择[J].科学学研究,2017,35(3):438-447.

[44] 臧树伟,李平.基于破坏性创新的后发企业市场进入时机选择[J].科学学研究,2016,34(1):122-131.

[45] 张洪石,付玉秀.影响突破性创新的环境因素分析和实证研究[J].科学学研究,2005(S1):255-263.

[46] 张可,高庆昆.基于突破性技术创新的企业核心竞争力构建研究[J].管理世界,2013(06):180-181.

[47] 张宝建,胡海青,张道宏.企业创新网络的生成与进化——基于社会网络理论的视角[J].中国工业经济,2011(4):117-126.

[48] 张其仔.比较优势的演化与中国产业升级路径的选择[J].中国工业经济,2008(9):58-68.

[49] 张骁,胡丽娜.创业导向对企业绩效影响关系的边界条件研究——基于元分析技术的探索[J].管理世界,2013(06):99-110+188.

[50] 郑刚,郭艳婷,罗光雄.新型技术追赶、动态能力与创新能力演化[J].科研管理,2016,37(3):31-41.

[51] 周江华,仝允桓,李纪珍.基于金字塔底层(BoP)市场的破坏性创新——针对山寨手机行业的案例研究[J].管理世界,2012(2):

112-130.

[52] 周青,吴云,方刚.新常态下企业微创新的特征与类型[J].科学学研究. 2015,33(8):1232-1239.

[53] 杨学成,陶晓波.从实体价值链、价值矩阵到柔性价值网——以小米公司的社会化价值共创为例[J].管理评论,2015,27(7):232-240.

[54] 杨震宁,李东红,李德辉.中国制造业的产业追赶机制——跨案例研究[J].科学学与科学技术管理,2014(10):51-63.

[55] Abernathy W J and Utterback J M. Patterns of Innovation in Technology[J]. Tec-hnology Review,1978,80(7):41-47.

[56] Arnold T,Fang E and Palamatier R. The Effects of Customer Acquisition And retention Orientations on a Firm's Radical and Incremental Innovation Performance[J]. Journal of the Academy of Marketing Science,2011,39(2):234-251.

[57] Brockman B K and Morgan R M. The Role of Existing Knowledge in New Product Innovativeness and Performance[J]. Decision Sciences,2003,34(2):385-419.

[58] Brondoni S M. Innovation and Imitation:Corporate Strategies for Global Competition[J]. Emerging Issues in Management,2012,1(1):10-24.

[59] Cavaliere V and Lombardi S. Exploring Different Cultural Configurations:How Do They Affect Subsidiaries' Knowledge Sharing Behaviors[J]. Journal of Knowledge Management,2015,19(2):141-163.

[60] Chen Y T and Chiu M C. A Case-based Method for Service-oriented Value Chain and Sustainable Network Design[J]. Advanced Engineering Informatics,2015,29(3):269-294.

[61] Chesbrough H and Teece D J. When is Virtual Virtuous? Organizing for Innovation[J]. Harvard Business Review,1996(2):65-73.

［62］Chiva R and Habib J. A Framework for Organizational Learning Types: generative, Adaptive and Zero Learning[J]. Journal of Management & Organization. 2015, 21(3): 350-368.

［63］Corsi S and Minin A D. Disruptive Innovation in Reverse: Adding a Geographical Dimension to Disruptive Innovation Theory[J]. Creativity & Innovation Management, 2014, 23(1): 76-90.

［64］Crescenzi R, Pietrobelli C and Rabellotti R. Innovation Drivers, Value Chains and the Geography of Multinational Corporations in Europe[J]. Journal of Economic Geography, 2017, 14(6): 1053-1086.

［65］Desa G and Basu S. Optimization or Bricolage? Overcoming Resource Constraints in Global Social Entrepreneurship[J]. Strategic Entrepreneurship Journal, 2013, 7(1): 26-49.

［66］Dittrich K and Duysters G. Networking as a Means to Strategy change: The case of Open Innovation in Mobile Telephony[J]. Journal of Product Innovation Management, 2007, 24(6): 510-521.

［67］Dyer J H and Nobeoka K. Creating and Managing a High-performance Knowledge-Sharing Network: the Toyota Case[J]. Strategic Management Journal, 2000, 21(3): 345-367.

［68］Eisenhardt K M and Graebner M E. Theory building from cases: Opportunies and Challenges[J]. Academy of Management Journal, 2007, 50(1): 25-32.

［69］Ewa C. Region Of Southern Africa: International Trade And Global Value Chains[J]. Folia Oeconomica Stetinensia, 2014, 14(2): 239-258.

［70］Fores B and Camison C. Does Incremental and Radical Innovation Performance Depend on Different types of Knowledge Accumulation Capabilities and Organizational Size[J]. Journal of

Business Research, 2016, 69(2): 831-848.

[71] Florian U. Legitimation of New Ventures: A Review and Research Programme[J]. Journal of Management Studies, 2014, 51(4): 667-698.

[72] Freeman C. Networks of Innovators: A Synthesis of Research Issues[J]. Research Policy, 1991, 20(5): 499-514.

[73] Gans J S and Stern S. The Product Market and the Market for Ideas: Commercialization Strategies for Technology Entrepreneurs[J]. Research Policy, 2003, 32(2): 333-350.

[74] Gereffi G. International Trade and Industrial Upgrading in the Apparel Commodity Chain[J]. Journal of International Economic, 1999, 48(1): 37-70.

[75] Giachetti C and Marchi G. Successive Changes in Leadership in the Worldwide Mobile Phone Industry: The Role of Windows of Opportunity and Firms' Competitive Action[J]. Research Policy, 2017, 46(2): 352-364.

[76] Govindarajan V and Kopalle P K. Disruptiveness of innovations: Measurement and An Assessment of Reliability and Validity [J]. Strategic Management Journal, 2006, 27 (2): 189-199.

[77] Greco M, Cricelli L and Grimaldi M. A Strategic Management Framework of Tangible and Intangible Assets [J]. European Management Journal, 2013, 31(1): 55-66.

[78] Gulati R, Nohria N and Zaheer A. Strategic Networks[J]. Strategic Management Journal, 2000, 21(3): 200-215.

[79] Haas M and Ham W. Microfoundations of Knowledge Recombination: Peripheral Knowledge and Breakthrough Innovation in Teams [J]. Advances in Strategic Management 2015 (32): 47-87.

[80] Han Y. Evolution of Global Value Chains and Policies Selection

Based on Value Chains：Discussion of Industrial Countermeasures Between the Chinese Mainland and Tai-wan[J]. Taiwan Studies，2017，(3)：61-67.

[81] Harvey S. Creative Synthesis：Exploring the Process of Extraordinary Group Creativity[J]. Academy of Management Review，2014，39(3)：6-17.

[82] Hein A M，Jankovic M and Feng W. Stakeholder Power in Industrial Symbioses：A Stakeholder Value Network Approach [J]. Journal of Cleaner Production，2017，148(Complete)：923-933.

[83] Hinkler D，Kotabe M and Mudambi R. A story of Breakthrough Versus Incremental Innovation：Corporate Entrepreneurship in the Global Pharmaceutical Industry [J]. Strategic Entrepreneurship Journal，2010，4(2)：233-251.

[84] Huggins R. The Evolution of Knowledge Clusters Progress and Policy[J]. Economic Development Quarterly，2008，22 (4)：277-289.

[85] Humphrey J and Schmitz H. How does Insertion in Global Value Chains Affect Upgrading in Industrial Clusters? [J]. Regional Studies，2002，36(9) ：1017-1027.

[86] Kahkanen A K and Virolainen V M. Sources of Structural Power in the Context of Value Nets[J]. Journal of Purchasing and Supply Management，2011，17(2) ：109-120.

[87] Karimi J and Walter Z. The Role of Dynamic Capabilities in Responding to Digital Disruptiom：A factor-based study of the newspaper industry[J]. Journal of Management Information System，2015，32(1)：39-81.

[88] Klochikhin A. Russia's Innovation Policy：Stubborn Path-dependencies and New Approaches[J]. Research Policy，2012，41 (9)：1620-1630.

［89］Lee K and Malerba F. Catch-up Cycles and Changes in Industrial Leadership: Windows of Opportunity and Responses of Firms and Countries in the Evolution of Sectoral Systems［J］. Research Policy, 2017, 46(2): 338-351.

［90］Leonard B D. Wellsprings of Knowledge: Building and Sustaining the Sources of Innovation［J］. Long Range Planning, 1995, 17(1): 387-392.

［91］Mark C. Entrepreneurship and the Theory of the Firm［J］. Journal of Economic Behavior&Organization, 2004, 58(2): 327-348.

［92］Majchrzak A, Jarvenpaa S L and Bagherzadeh M. A Review of Inter Organizational Collaboration Dynamic［J］. Journal of Management, 2015, 41(5): 1338-1360.

［93］Martins E C and Terblanche F. Building Organizational Culture that Stimulates Creativity and Innovation, European Journal of Innovation Management, 2003, 6(1): 64-74.

［94］Mathews J A. Competitive Advantages of the Latecomer Firm: A Resource-Based Account of Industrial Catch-Up Strategies ［J］. Asia Pacific Journal of Management, 2002, 19(4): 467-488.

［95］Miao Y, Song J and Lee K. Technological Catch-up by East Asian Firms: Trends, Issues, and Future Research Agenda［J］. Asia Pacific Journal of Management, 2018, 35(3): 639-669.

［96］Nieto M J and Santamaria L. The Importance of Diverse Collaborative Networks for The Novelty of Product Innovation［J］. Technovation, 2007, 27(6): 367-377.

［97］Ozman M. Inter-firm Networks and Innovation: a Survey of Literature［J］. Economic of Innovation and New Technology, 2009, 18(1): 39-67.

［98］Phene A, Ladmoe K and Marsh L. Breakthrough Innovation in the U. S. Biotechnology Industry: the Effects of Technological Space and Geographic Origin[J]. Strategic Management Journal, 2003, 27(3): 371-389.

[99] Pittaway L, et al. Networking and Innovation: A systematic Review of the Evidence[J]. International Journal of Management Reviews, 2004, 5(3-4): 137-164.

[100] Pohl H and Elmquist M.. Radical Innovation in a Small Firm: A Hybrid Electric Vehicle Development Project at Volvo Car R&D Management, 2010, 40, (4): 372-382.

[101] Rabellotti R. The Resilience of Clusters in the Context of Increasing Globalization: the Basque Wind Energy Value Chain [J]. European Planning Studies, 2013, 21(7): 989-1006.

[102] Ragin C C and Strand S I. Using Qualitative Comparative Analysis to Study Causal Order Comment on Caren and Panofsky [J]. Sociological Methods & Resesrch, 2008, 36 (4): 431-441.

[103] Ritter T and Gemunden H. Network Competence: Its Impact on Innovation Success and Its Antecedents[J]. Journal of Business Research, 2003, 56: 1437-58.

[104] Rindfeisch A and Moorman C. The Acquisition and Utilization of Information in New Product Alliances: A Strength-of-ties Perspective[J]. Journal of Marketing, 2001, 65(2): 1-18.

[105] Sandberg B and Hansén S-O. Creating an International Market for Disruptive Innovations[J]. European Journal of Innovation Management, 2004, 7(1): 23-32.

[106] Shin J S. Dynamic Catch-up Strategy, Capability Expansion and Changing Windows of Opportunity in the Memory[J]. Industry Research Policy, 2017, 46(2): 404-416.

[107] Siggelkow N. Persuasion with Case Studies[J]. Academy of Management Journal, 2007, 50(1): 20-24.

[108] Song M and Swink M. Marketing-manufacturing Integration Across Stages of New Product Development: Effects on the Success of High and Low Innovativeness Product [J]. IEEE Transactions on Engineering Management, 2009, 56 (1): 31-44.

[109] Stuer C, Husig S and Biala S. Integrating Art as a Transboundary Element in a Radical Innovation Framework [J]. R&D Management, 2010, 40(1): 77-90.

[110] Taylor A and Helfat C E. Organizational Linkages for Surviving Technological Change: Complementary Assets, Middle Management and Ambidexterity [J]. Organization Science, 2009, 20(4): 718-739.

[111] Teece D J. Profiting from Technological Innovation: Implications for integration, collaboration, Licensing and the Failure of Established Firms [J]. Administrative Science Quarterly, 1990, 35(3): 9-30.

[112] Tether B S. Who Co-operates for Innovation, and Why: an Empirical Analysis [J]. Research Policy, 2002, 31 (6): 947-967.

[113] Tsai K H and Wang J C. The R&D Performance in Taiwan's Electronics Industry: a Longitudinal Examination [J]. R&D Management, 2004, 34(2): 179-189.

[114] Wang J, Lai J Y and Hsiao L C. Value Network Analysis for Complex Service Systems: a Case study on Taiwan's Mobile Application Services[J]. Service Business, 2015, 9(3): 1-27.

[115] Wilhelm H, Schlömer M and Maurer I. How Dynamic Capabilities Affect the Effectiveness and Efficiency of Operating Routines Under High and Low Levels of Environmental Dynamism[J]. British Journal of Management, 2015, 26 (2): 327-345.

［116］Wittrock M C. Generative Learning Processes of the Brain［J］. Educational Psychologist，2010，27(4)：531-541.

［117］Zahra S A and George G. Absorptive Capacity：a Review，Reconceptualization，and Extension［J］. Academy of Management Review，2002，27(2)：185-203.

［118］Zagenczyk T J and Murrell A J. It Is Better to Receive than to Give：Advice Network Effects on Job and Work-unit Attachment［J］. Journal of Business and Psychology，2009，24(2)：139-152.

［119］Zimmerman A and Zeitz J. Beyond Survival：Achieving New Venture Growth by Building Legitimacy［J］. Academy of Management Review，2002(27)：414-431.

［120］Zott C and Amit R. The Business Model：a Theoretically Anchored Robust Construct for Strategic Analysis［J］. Strategic Organization，2013，11(4)：403-411.